CW00765355

I CHING
Navegando los cambios

I CHING
Navegando los cambios

Daniel Bernardo

© 2014 by Daniel C. Bernardo

Todos los derechos reservados bajo las convenciones Internacional y Pan-Americana de copyright.

ISBN 978-1-989586-32-7

https://yijingdao.org

Índice

Introducción

El *I Ching* o *Yijing* (*I Ching* según la transliteración tradicional de Wade-Giles, *Yijing* según el nuevo sistema *Pinyin*[1]) o *Libro de los cambios,* originalmente fue utilizado como un oráculo estratégico para señores feudales en la Edad de Bronce de China, hace unos tres mil años, pero con el paso de los siglos su uso fue cambiando, se agregó nuevo material al texto y bajo la influencia del confucianismo se convirtió en un libro de sabiduría filosófica.

El *Libro de los Cambios* es tanto una herramienta oracular como un libro de sabiduría orientada a la vida cotidiana, que no trata de responder a preguntas tales como *porqué estamos aquí* o *donde iremos luego de la muerte;* mas bien se concentra en el arte de vivir y nos muestra como adaptarnos a los cambios y desafíos cotidianos que todos enfrentamos.

El cambio es el estado natural de nuestro mundo. El cambio es inevitable, las situaciones nunca son completamente estáticas. Todos los seres vivimos inmersos en el flujo natural de los sucesos, nada es estable a largo plazo. Al observar los ciclos naturales, los sabios de la antigüedad obtuvieron un entendimiento intuitivo de las leyes que regulan el cambio. El cambio no es caótico o sin sentido, sino que sigue un patrón de desarrollo.

Los 64 hexagramas del *Yijing* son una descripción de las diferentes formas en las que las situaciones pueden evolucionar; los hexagramas describen las etapas del cambio y nos indican como actuar para mantenernos a la altura de cada momento en las cambiantes circunstancias.

Dado que el cambio sucede a través del tiempo, también podemos decir que cada hexagrama describe un tiempo diferente. Hay tiempos para avanzar, tiempos para retirarse, tiempos para la paz, tiempos para hacer la guerra y muchos otros tiempos con distintas cualidades. Cada hexagrama describe un tiempo diferente, un patrón de cambio particular. Esta idea tiene ecos en La Biblia, en Eclesiastés 3:1-8:

> *Todo tiene su tiempo y todo lo que se quiere debajo del cielo tiene su hora: Tiempo de nacer y tiempo de morir; tiempo de plantar y tiempo de arrancar lo plantado; tiempo de matar y tiempo de sanar; tiempo de destruir y tiempo de construir; tiempo de llorar y tiempo de reír; tiempo de estar de duelo y tiempo de bailar; tiempo de esparcir piedras y tiempo de juntar piedras; tiempo de abrazar y tiempo de dejar de abrazar; tiempo de buscar y tiempo de perder; tiempo de guardar y tiempo de arrojar; tiempo de romper y tiempo de coser; tiempo de callar y tiempo de hablar; tiempo de amar y tiempo de aborrecer; tiempo de guerra y tiempo de paz.*

Al conocer qué tipo de tiempo estamos viviendo, podemos tomar medidas preventivas y planificar el mejor curso de acción para evitar los posibles peligros y aprovechar al máximo las oportunidades de cada tiempo. Llamamos a ese tipo de adaptación al tiempo "Navegando los cambios". Los cambios son las olas naturales que recorren el tiempo. Navegar los cambios significa tomar el mejor curso posible entre las olas del mar de la vida. A veces podremos tener un recorrido suave y navegaremos sin mayor esfuerzo, siguiendo las mareas plácidamente, pero en otros casos debemos tener mucho cuidado y esforzarnos para evitar un naufragio.

El *Yijing* nos enseña que muchas veces tenemos que ser extremadamente cuidadosos y debemos esforzarnos para poder superar los malos tiempos y los obstáculos en nuestro camino. También nos indica como podemos evitar que las oportunidades se malogren, tomando el mejor camino para manejar en forma óptima tanto los problemas como las oportunidades.

Contenido y estructura

El *Yijing* describe el cambio como parte de un ciclo permanente, oscilando entre dos principios: uno activo y energético y el otro pasivo y obediente. Esos dos principios, combinándose de distinta forma, son la base de los 64 hexagramas del Libro de los cambios. Mucho tiempo después que la primera parte del *Yijing* fuera escrita, esos principios tomaron los nombres de *yang* y *yin*. La siguiente tabla muestra como ambos se ven cuando son dibujados como líneas de un hexagrama.

Figura	Descripción	Atributos
▬ ▬	Línea *yin*	Femenino, pasivo, oscuro, frío, blando.
▬▬▬	Línea *yang*	Masculino, activo, luminoso, calor, duro.

Todos los hexagramas son dibujos compuestos por la combinación de seis líneas *yang* y *ying* (excepto los hexagramas 1 y 2, que son puro *yang* y puro *yin*).

Distribución de los hexagramas según *Shao Yong*, también conocida como orden de *Fuxi*[2]

(El número de cada hexagrama se muestra resaltado, el número inferior pequeño indica el número binario de cada hexagrama)

2 000000	**23** 000001	**8** 000010	**20** 000011	**16** 000100	**35** 000101	**45** 000110	**12** 000111
15 001000	**52** 001001	**39** 001010	**53** 001011	**62** 001100	**56** 001101	**31** 001110	**33** 001111
7 010000	**4** 010001	**29** 010010	**59** 010011	**40** 010100	**64** 010101	**47** 010110	**6** 010111
46 011000	**18** 011001	**48** 011010	**57** 011011	**32** 011100	**50** 011101	**28** 011110	**44** 011111
24 100000	**27** 100001	**3** 100010	**42** 100011	**51** 100100	**21** 100101	**17** 100110	**25** 100111
36 101000	**22** 101001	**63** 101010	**37** 101011	**55** 101100	**30** 101101	**49** 101110	**13** 101111
19 110000	**41** 110001	**60** 110010	**61** 110011	**54** 110100	**38** 110101	**58** 110110	**10** 110111
11 111000	**26** 111001	**5** 111010	**9** 111011	**34** 111100	**14** 111101	**43** 111110	**1** 111111

Las líneas *yin* y *yang* forman un sistema binario;[3] combinando ambos tipos de líneas en seis diferentes posiciones, se crean los 64 hexagramas (64 = 2 elevado a la sexta potencia) que forman el *Yijing*. Todos los hexagramas están interconectados entre sí; cuando el oráculo contesta una pregunta es frecuente que la respuesta comprenda un par de hexagramas interconectados por líneas cambiantes o mutantes, las que son explicadas en la próxima sección de este libro, **Cómo consultar el oráculo**.

Cada línea de un hexagrama describe una etapa de una situación dada. Las líneas se cuentan desde la base hacia arriba, la línea inferior es la número uno y la superior la número seis. Las líneas indican como la situación se desarrolla a través del tiempo, desde su inicio en la línea uno, hasta su consumación al alcanzar la sexta línea.

Cada hexagrama está compuesto por varios textos oraculares:

El Dictamen (*Guaci*): es un texto que describe el tiempo o tipo de situación que el hexagrama simboliza e indica su pronóstico, ya sea bueno o malo. El título de cada hexagrama se toma de los primeros uno o dos caracteres del Dictamen.

Las líneas (*Yaoci*): a cada línea le corresponde un texto oracular. Las líneas y el Dictamen son la parte más antigua del *Yijing*, conocida como *Zhouyi*.[4] Las líneas indican los peligros y oportunidades que van apareciendo a medida que la situación se desarrolla.

Las Diez Alas: la escuela confuciana le agregó distintos textos aclaratorios al *Yijing*, en esta traducción sólo incorporamos uno de ellos, *Daxiang*, La Imagen, que comprende el ala 3 y parte del ala 4. La Imagen analiza la relación de los trigramas que comprenden el hexagrama (para más información ver **Los ocho trigramas**, en la página 395) y sugiere el mejor curso de acción basado en su interacción.

Realidad y discurso

Los autores del *Yijing* tenían valores diferentes a nuestra sociedad contemporánea. Ellos vivían en una sociedad feudal altamente jerárquica y patriarcal.

Por lo tanto, algunas ideas o la terminología usada por esta traducción pueden resultar ofensivas o extrañas para una sensibilidad contemporánea. Democracia, feminismo y igualitarismo no fueron valores en uso en la Edad de Bronce China y por eso el discurso de esa época puede parecer extraño.

En los comentarios al texto del *Yijing* trato de mostrar las ideas originales del texto desde un punto de vista moderno. He buscado utilizar palabras de género neutro tanto como el lenguaje español me lo permite, sin perjudicar el estilo del texto. Pero también he tratado de atenerme el texto oracular original tanto como es posible –con limitaciones, debido a que hay partes que no están claras y sobre las cuales los eruditos no se han puesto de acuerdo–, porque mi intención es ofrecer una traducción fidedigna, mas que ser políticamente correcto.

Como dijo Richard Wilhelm[5]:

"Debemos mantener aquí el principio fundamental de que el Libro de los Cambios debe ser explicado a la luz de su propio contenido y de la época a la que pertenece."

Los principios fundamentales de la vida no han cambiado desde que el Libro de los Cambios fue escrito, nosotros somos tan malos o tan buenos como lo fueron nuestros remotos antecesores, aunque posiblemente seamos más hipócritas que ellos, porque nos negamos a ver la ingrata realidad y los medios de masas nos pintan una visión rosada del mundo. Las profundas percepciones sobre las relaciones humanas que el *Yijing* nos ofrece siguen siendo válidas y pueden ser aplicadas a nuestras vidas de la misma forma en lo fueron en la China antigua.

Tanto hoy como ayer, nuestro destino es determinado tanto por factores externos a nuestra voluntad como por nuestra propia capacidad. El Libro de los Cambios puede ayudarnos a entender mejor la relación entre la realidad externa y nuestra voluntad y por eso es una herramienta valiosísima que puede mejorar la calidad de nuestra vida si somos capaces de escuchar su mensaje.

Sobre esta traducción

Esta traducción del *Yijing* es concisa y orientada a uso divinatorio. Para permitir a los lectores entender mejor el significado del texto he agregado notas con referencias históricas y culturales, que acompañan a muchos hexagramas. A los efectos de un mejor entendimiento de este libro se recomienda leer el **Glosario** –en la pág. 405– debido que explica los términos que se repiten muchas veces.

Los caracteres chinos que forman los títulos de los hexagramas y que se muestran al inicio de cada hexagrama, se muestran con el estilo tradicional chino, en forma vertical y deberían ser leídos desde arriba hacia abajo.

Notas

1. Los caracteres chinos no tienen nada que indique su pronunciación, por eso, durante la mayor parte del siglo XX se utilizó un sistema llamado Wade-Giles para indicar cómo pronunciarlos, pero en las últimas décadas del siglo XX, el sistema de pronunciación *Pinyin* (que significa "deletreo por sonido"), fue adoptado por China y se impuso casi universalmente.

Pinyin utiliza cuatro tonos para indicar la pronunciación de cada sílaba, indicando los mismos ya sea con diferentes acentos o con números. En este libro, la pronunciación de las palabras y caracteres chinos es indicada usando *Pinyin*. El apéndice sobre pronunciación *Pinyin*, en la pág. 403, tiene más información al respecto. *Yijing* es la versión *Pinyin* de *I Ching*, que era como se indicaba la pronunciación siguiendo el sistema Wade-Giles. *Yi* quiere decir "cambio"; el significado original de *Jing* fue "urdimbre de un telar", pero finalmente tomó el significado de "sagrada escritura, canon, clásico", de ahí que el *Yijing* se conozca como *Libro de los Cambios* o *Clásico de los Cambios.*

2. *Shao Yong* (1011-1077 d. C.) creó el ordenamiento de los hexagramas conocido como *Orden de Fuxi.*

Shao Yong ordenó los hexagramas colocando el mismo trigrama superior en cada columna. Todos los hexagramas en la primera columna tienen a ☷ como trigrama superior, los hexagramas en la segunda columna tienen a ☶ como trigrama superior y así sucesivamente para cada columna, utilizando un trigrama diferente en cada columna.

Asimismo, todos los hexagramas de cada fila, tienen el mismo trigrama inferior, ☷ para la primera fila, ☶ para la segunda y así por el estilo.

Si le asignamos el valor de 0 a las líneas partidas y 1 a las líneas enteras, los hexagramas, leídos de izquierda a derecha y desde arriba hacia abajo muestran la notación binaria desde 000000 hasta 111111, equivalente a los números decimales 0 a 63. El sistema binario –usado actualmente por las computadoras– fue inventado por *Leibniz* en el siglo XVII, pero el ordenamiento de los hexagramas de *Shao Yong* mostraba una notación binaria seis siglos antes y los hexagramas tienen no menos de 3000 años de antigüedad.

Tanto en el sistema decimal como en el binario, los valores de los números dependen de su ubicación. En el sistema decimal el valor de un número situado a la izquierda de otro difiere por un múltiplo de diez. En el sistema binario solo se usan los números 1 y 0 y sus valores, dependiendo de su ubicación difieren por un múltiplo de dos. Usando sólo dos numerales, 0 y 1, cualquier valor decimal puede representarse en el sistema binario:

Binario	Equivalente Decimal
0	0
1	1
10	2
11	3
100	4
101	5

3. Vea la nota 2.

4. El libro de los cambios fue originalmente conocido como *Zhouyi* (El cambio de los *Zhou*). La tradición nos dice que el rey *Wen* escribió el texto que acompañan a cada hexagrama, llamado "El Dictamen" y que su hijo, el duque *Dan*, añadió textos explicativos para cada línea de los hexagramas. Los textos debido a rey *Wen* y su hijo fueron conocidos en su época –la Edad de Bronce en China– como *Zhouyi*, siendo *Zhou* el nombre de la dinastía iniciada por el rey *Wen.* Después que las Diez Alas se añadieron, el *Zhouyi* fue llamado *Yijing* (Libro o Clásico de los Cambios).

5. *Richard Wilhelm* fue un misionero y sinólogo alemán. Su famosa traducción del *Yijing*, publicada en alemán en 1924, ayudó a popularizar al *Libro de los Cambios* a medida que fue traducida a otros idiomas.

Cómo consultar el oráculo

Se ha dicho que cada pregunta tiene su respuesta oculta en sí misma, esto significa que solo una pregunta claramente expresada obtendrá una respuesta significativa.

La misma regla se aplica a las respuestas del *Libro de los Cambios*, es difícil comprender nuestros problemas cuando no sabemos con claridad cuales son y tampoco sabemos como expresarlos.

El *Libro de los Cambios* contesta a las preguntas con uno o dos hexagramas, donde las distintas líneas representan diferentes protagonistas y posibilidades que interactuarán y se presentarán a medida que la situación se desarrolle. Los hexagramas relatan una historia que es también una lección práctica y moral sobre cómo proceder en una situación dada.

El consultante debe aplicar esa historia a su situación, entendiendo qué parte le corresponde y cómo es posible influenciar en forma positiva el resultado final.

Los hexagramas también pueden verse como un mapa simbólico de las posibilidades y peligros subyacentes a la situación. Si usted abre su intuición, podrá entender el mensaje. Posiblemente la respuesta no sea clara en el primer momento, pero si usted medita sobre ella con seriedad, finalmente podrá entender la respuesta del oráculo.

Las preguntas deberán ser definidas con claridad, evitando preguntar varias cosas al mismo tiempo. Si usted quiere elegir la mejor opción entre varias posibilidades, tendrá que preguntar por separado sobre cada una de las alternativas.

Ejemplos:

> ¿Debería comprar la casa situada en las sierras? Esta pregunta es concisa y eso facilitará entender la respuesta.

> ¿Debería ir a París o a Madrid? Este tipo de pregunta no le permitirá obtener una respuesta clara, porque el oráculo no podrá decirle a cual ciudad es conveniente ir.

Otra forma válida de consultar al oráculo es pedirle que describa la situación, opcionalmente indicando un período de tiempo.

Ejemplo:

> ¿Qué posibilidades tengo de iniciar mis estudios en ingeniería agrónoma en los próximos dos años?

Para entender la respuesta necesita recordar bien cual fue la pregunta exacta que hizo. Escriba su pregunta antes de iniciar su consulta, después puede anotar la respuesta en la misma hoja. Reservar una libreta para anotar las consultas al oráculo podría ser una buena idea.

El oráculo a veces actúa como un espejo, mostrando los miedos y esperanzas del consultante La respuesta siempre es acerca del consultante, sus miedos y expectativas y su interacción con el mundo exterior. El oráculo no va a cambiar la situación externa, ni modificar lo que usted siente pero puede ayudarle a entender donde están sus puntos débiles y cuales son sus posibilidades de éxito, para que pueda manejar mejor la situación que le toque vivir.

En algunas ocasiones el significado de la respuesta será claro en el primer momento, otras veces tendrá que meditar sobre el mensaje del oráculo por varios días hasta que pueda encontrar su real significado.

Tome el tiempo necesario para poder entender las respuestas del oráculo. Si hace pregunta tras pregunta, sin pausa, sólo logrará confundirse más.

Obteniendo su respuesta

La consulta oracular produce seis números, que sirven para dibujar uno o dos hexagramas.

Para consultar al oráculo, la mayor parte de la gente usa el método de las tres monedas, que se explica a continuación. Este libro también describe el antiguo método de los palillos de milenrama en la sección **Consultando al oráculo con los palillos de milenrama** en la página 409.

Algunas personas suelen seguir un ritual predefinido antes de la adivinación, como lavarse las manos, prender una varita de incienso, etc.; si usted prefiere hacerlo así, el ritual puede ayudarlo a concentrarse.

Lo más importante es concentrarse, enfocar la mente en la consulta oracular. Si su mente está distraída es posible que no obtenga una respuesta válida. En condiciones ideales, el *Yijing* no debería ser consultado a menos que sea posible hacerlo en forma relajada, sin distracciones ni interferencias.

Cómo usar las monedas para obtener un hexagrama

Se dice que este método se viene utilizando desde el siglo 4 a. C.; el método de los palillos de milenrama es más antiguo, pero el método de las monedas es el procedimiento más utilizado debido a que es la forma más sencilla y rápida para obtener una respuesta oracular.

Tradicionalmente se utilizan tres monedas chinas, que tienen un agujero cuadrado en el centro, pero en la práctica cualquier tipo de monedas servirán, siempre y cuando las tres sean iguales.

Las monedas deben tirarse seis veces para obtener la respuesta, cada tirada genera una línea del hexagrama. Las líneas se dibujan de abajo para arriba, de acuerdo a como caigan las monedas. La siguiente tabla muestra como interpretar las monedas:

Posición de las monedas	Números equivalentes	Resultado obtenido	Dibujo
Tres cruces	2 + 2 + 2 = 6	Una línea *yin* mutante	
Tres caras	3 + 3 + 3 = 9	Una línea *yang* mutante	
2 cruces y 1 cara	2 + 2 + 3 = 7	Una línea *yang* estática	
2 caras y 1 cruz	3 + 3 + 2 = 8	Una línea *yin* estática	

El lado de las monedas opuesto a la cara (sol en México) tiene diferentes nombres en distintos países: cruz, seca, ceca, escudo, sello, águila.

Las caras valen 3 y las cruces 2; sumando los números para las tres monedas se puede obtener 6, 7, 8 o 9 para cada tirada.

Las líneas partidas son *yin* y las enteras *yang*. Solo si el hexagrama dibujado tiene una o más líneas mutantes, se generará un segundo hexagrama, con todas las líneas mutantes invertidas: *yin* se convertirá en *yang* y viceversa.

A medida que tire las monedas, anote el número de cada línea y dibuje a su lado la línea correspondiente, siempre de abajo para arriba, hasta tener seis líneas.

Ejemplo:

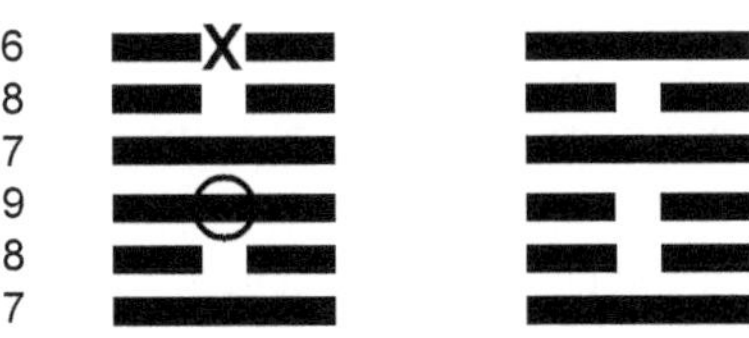

El hexagrama situado a la izquierda en la figura superior (55) es el primero que usted dibujará, de acuerdo a cómo caigan las monedas. En este ejemplo ese hexagrama tiene dos líneas mutantes: una línea *yang* en la tercera posición y una línea *yin* en la sexta posición.

Dibuje el segundo hexagrama (21) tal cual como el primero, pero reemplazando las líneas mutantes por sus opuestas. Si la línea mutante es *yang* reemplácela por una línea *yin* y viceversa. En el ejemplo anterior las líneas mutantes en la tercera y sexta posición son reemplazas por sus contrarias.

Si no hay líneas mutantes obtendrá un solo hexagrama.

Después de dibujar el/los hexagrama/s consulte la **Tabla de trigramas y hexagramas** en la página 413 para obtener el número de el/los hexagrama/s obtenido/s.

Volviendo al ejemplo de la página anterior, donde se obtuvo el hexagrama 55 que se convierte en el 21, debemos leer el Dictamen, la Imagen y la tercera y sexta líneas del hexagrama 55, pero solo el Dictamen y la Imagen del hexagrama 21.

En líneas generales, el hexagrama 55 es el punto de inicio de una situación que llevará al hexagrama 21, el cual describe la situación final.

Cómo interpretar el oráculo

Si obtiene un sólo hexagrama, la situación no cambiará muy rápidamente y sólo debería leer el Dictamen y la Imagen para saber cómo se desarrollarán las circunstancias y qué tipo de conducta es la más apropiada.

Si obtiene dos hexagramas, el primer hexagrama describe la situación inmediata y el segundo su futuro desarrollo, aunque ambos pueden estar vinculados de otras formas.

El texto de las líneas mutantes sólo se leerá en el primer hexagrama, lea el Dictamen y la Imagen correspondiente a ambos hexagramas.

Cómo interpretar las líneas mutantes

Es útil aplicar algunas reglas para evitar contradicciones en las interpretaciones de las respuestas con varias líneas mutantes y así conseguir respuestas más claras.

Si mutan entre una y cinco líneas, deben leerse todas las líneas mutantes en el primer hexagrama.

Note que si sólo muta la sexta línea (la de más arriba) o si mutan más de 4 líneas, el énfasis se pondrá en el segundo hexagrama.

Cuando mutan varias líneas, la línea superior es la más importante, porque define la conclusión de la situación. Si hubiera contradicción entre la línea superior y otras líneas mutantes o el Dictamen o la Imagen, tome el texto de la línea superior como el oráculo más válido.

Procedimientos alternativos para interpretar las líneas mutantes

Cada línea mutante vincula el primer hexagrama con otros hexagramas. Si mutasen varias líneas se produciría un segundo hexagrama, pero asimismo, cada una de esas líneas mutantes puede ser cambiada –sin modificar las otras líneas– generando un hexagrama distinto para cada línea. En esos casos, lea solamente el texto de la línea del hexagrama vinculado. Ese texto servirá de explicación suplementaria para el texto de la línea mutante original.

Use este método con prudencia y sólo cuando muten varias líneas y cuando sea necesario clarificar el significado de alguna línea.

Ninguna línea muta

Solo hay un hexagrama. Lea el Dictamen y la Imagen. La situación puede evolucionar lentamente.

Sólo una línea muta

Lea el texto de la línea mutante en el primer hexagrama, como también el Dictamen y la Imagen de ambos hexagramas. La línea toma precedencia sobre el Dictamen. En caso de contradicción entre la línea y el Dictamen, tome la línea como el oráculo válido.

Si la línea mutante es la superior, en la sexta posición, el tiempo del primer hexagrama está pasando; en ese caso lea sólo el texto de la línea mutante y el Dictamen y la Imagen del segundo hexagrama.

Dos, tres o cuatro líneas mutan

Lea las líneas que mutan en el primer hexagrama, además de leer el Dictamen y la Imagen en ambos hexagramas.

Cinco líneas mutan

Lea las líneas que mutan en el primer hexagrama, además de leer el Dictamen y la Imagen en ambos hexagramas.

La situación descripta por el primer hexagrama va a concluir pronto.

Todas las líneas mutan

La situación descripta por el primer hexagrama va a concluir pronto, por eso el segundo hexagrama es el más importante. No lea las líneas mutantes, sino solo el Dictamen y la Imagen de cada hexagrama.

Nota: los hexagramas 1 y 2 tienen un texto especial para leer cuando todas las líneas mutan.

Relaciones entre las líneas mutantes

Las líneas describen la evolución de la situación, desde abajo (inicio) hasta llegar a la línea superior (final), cada línea ilustra un momento distinto de la situación –que puede ser bueno o malo– pero las líneas también describen relaciones entre distintas personas.

Las líneas tienen una jerarquía natural, por eso muchas veces describen relaciones entre gente de distinta posición social.

La primer línea representa a alguien en una posición social baja, con poca experiencia, un principiante o alguien que no tiene poder. Puede indicar también una influencia o una persona que recién está entrando en la situación.

La segunda línea simboliza a una esposa, un asistente, un empleado con alguna responsabilidad, un funcionario que está situado lejos del centro de poder.

La tercera línea es un puesto de transición y puede representar un intermediario.

La cuarta línea representa a un ministro, un funcionario ejecutivo que trabaja en una posición cercana a una figura de autoridad, como un líder, un gobernante o un rey.

La quinta línea representa a un gerente, un gobernador, un rey, un líder o el jefe de un grupo o familia.

La sexta línea representa a un sabio, un líder espiritual, un consejero, o alguien que se ha distanciado de la situación. Algunas veces puede representar a alguien que fue demasiado lejos y que se convierte en un transgresor.

Las líneas adyacentes pueden relacionarse a través de un vínculo de solidaridad, especialmente entre líneas *yang* y *ying*.

Las líneas en los puestos 1$^{ro.}$, 2$^{do.}$ y 3$^{ro.}$ están relacionadas con las líneas en los puestos 4$^{to.}$, 5$^{to.}$ y 6$^{to.}$ por una relación de correspondencia. Líneas *yang* se corresponden con líneas *yin* y viceversa.

La información dada brinda una idea general sobre la jerarquía y vinculaciones de las líneas, pero hay muchas situaciones especiales y excepciones que no podemos explicar aquí.

Los trigramas

Cada hexagrama está compuesto por dos trigramas, uno corresponde a las tres líneas inferiores y el otro a las tres líneas superiores.

La interacción de ambos trigramas determina el carácter del hexagrama. En la Imagen, esta interacción se usa como ejemplo para seguir una conducta apropiada para cada hexagrama.

Los trigramas están asociados a muchos significados simbólicos, que pueden enriquecer mucho la interpretación de los hexagramas.

El trigrama inferior está relacionado con el mundo interior: sentimientos, opiniones y esperanzas y el superior con el mundo externo: la situación objetiva.

Puede ver amplia información sobre los trigramas en **Los ocho trigramas,** en la pág. 413.

Historia del Libro de los Cambios

El *Yijing* (o *I Ching*) es un libro proveniente de la Edad de Bronce China (aproximadamente 1000 a. C.) y como tantos otros textos de la antigüedad, fue compuesto por un proceso de agregación de material procedente de distintas épocas y autores, que para el tiempo de la dinastía *Han* (206 a. C. a 220 d. C.), dio forma al texto que hoy conocemos como el *Clásico de los Cambios*, *Libro de los Cambios* o *Libro de las Mutaciones*, aunque una traducción más exacta del título chino (易经) sería *La Sagrada Escritura de los Cambios*. Por supuesto, la interpretación del texto ha variado con el tiempo, pero el ordenamiento del material se ha mantenido sin cambios desde la dinastía *Han* hasta nuestros días.

El *Clásico de los Cambios* está compuesto por 64 capítulos cortos, compuestos de varios elementos y de 10 apéndices, conocidos como *Las 10 Alas*. Bajo el encabezado de cada capítulo se combinan varios textos:

Un hexagrama (卦 *Gua*), un dibujo compuesto de seis líneas paralelas, algunas llenas y otras quebradas.

Ejemplo: ䷂.

Un texto que le da nombre al hexagrama y explica su significado (卦辭 *Gua Ci*), comúnmente llamado *El Dictamen*.

Textos más cortos adjuntos a cada una de las seis líneas (爻辭 *Yao Ci*), con excepción de los hexagramas 1 y 2 que tienen siete textos.

Varios textos, provenientes de las *Diez Alas: La Imagen* (*Da Xiang*), el Comentario *Tuan*, etc.

Comúnmente se llama hexagrama tanto al símbolo gráfico de seis líneas como a todos los textos agrupados junto al mismo.

Composición del texto según la tradición China

La leyenda cuenta que *FuXi* (伏羲) diseñó los 64 hexagramas, hipotéticamente cerca de 3000 a. C. El rey *Wen* (周文王) (alrededor de 1000 a. C.) escribió los textos que acompañan a cada hexagrama, explicando su sentido. Ese es el texto que suele llamarse *El Dictamen.*

Su hijo, el duque *Dan* de *Zhou* (周公旦), añadió los textos explicativos para cada línea de los hexagramas.

Los textos debidos al rey *Wen* y su hijo se conocieron en su tiempo (la edad del bronce en China) como *Zhou Yi* (周易), "El Cambio de los *Zhou*", siendo *Zhou* el nombre de la dinastía que el rey *Wen* y sus hijos llevaron al poder.

Varios cientos de años después, la escuela de Confucio añadió sus comentarios al texto, que son conocidos como *Las Diez Alas* (十翼 *Shi Yi*), por dividirse en 10 partes.

Esos comentarios pueden colocarse al final del texto, como un apéndice, o insertarse en cada hexagrama, como normalmente se hace con el comentario llamado *La Imagen*, que se encuentra en las Alas 3ra y 4ta.

Hipótesis modernas sobre el origen real de los textos

Sobre el origen de los hexagramas y los textos que los acompañan no hay ninguna seguridad, pero bien cabría dentro de lo posible que el relato tradicional sobre la composición del texto (*El Dictamen* y las líneas) sea correcto y que rey *Wen* (una figura histórica reconocida) haya sido el compilador de textos provenientes de la tradición oracular (circa 1000 a. C.) y que su hijo haya hecho algo similar para las líneas de los hexagramas.

Las diez alas proceden de diversas fuentes, sin duda algunas de ellas son de la escuela Confuciana, pero actualmente no se creen que sean una obra directa de la mano de Confucio. Probablemente las Diez Alas fueron compuestas entre los años 200 a. C. y 200 d. C., durante la dinastía *Han.*

Traducciones del Yijing

Las primeras traducciones del Chino a lenguajes occidentales fueron realizadas por Jesuitas, que lo tradujeron al latín y al francés. Bastante tiempo después, durante el siglo XIX, traducciones al inglés y francés comenzaron a aparecer.

La más prestigiosa de las traducciones al inglés del siglo XIX, fue la de James Legge, la siguiente traducción de importancia (al alemán) fue la de Richard Wilhelm, que fue publicada en 1924. Posteriormente, esta misma traducción fue traducida al inglés por Cary Baynes y fue publicada en 1950. Esta es la traducción más popular en inglés, hasta el día de hoy.

A lo largo del siglo, XX aparecieron otras traducciones, aunque muchas de ellas fueron recombinaciones de las traducciones previas y no trabajos originales.

Durante las últimas décadas del siglo XX se publicaron varias nuevas traducciones al inglés que intentaron arrojar luz sobre el significado original del *Yijing*, retrotrayéndose a sus orígenes como un documento proveniente de la Edad de Bronce, intentando separar las capas de comentarios del texto original; entre ellas podemos mencionar a las traducciones de Kunst, Rutt, Shaughnessy y Whincup. Estas nuevas traducciones son parte del movimiento "modernista", que intenta capturar el significado original de los caracteres chinos y descarta las historias tradicionales.

Hay muchas versiones del Libro de los Cambios en español, pero la mayor parte de ellas se basan en la traducción de Wilhelm, solo en los últimos años aparecieron algunas traducciones directas del texto chino original, siendo ésta una de ellas.

LOS SESENTA Y CUATRO HEXAGRAMAS

qián
Lo Creativo / Actividad / Fuerza dinámica

El carácter chino que le da título a este hexagrama muestra al sol ascendiendo entre los árboles de la selva.

Este es uno de los ocho hexagramas que están compuestos por un mismo trigrama repetido dos veces, en este caso es ☰, *Lo Creativo.*

Sírvase ver **Los ocho trigramas**, en la pág. 395 para saber más acerca del trigrama ☰.

Significados asociados

Poder espiritual, creativo, fuerza, dinamismo, acción vigorosa, fuerte y constante actividad, el cielo, principio generador (masculino), padre, soberano, poder por encima de lo humano, la fuerza *yang*, activo, apariencia vigorosa.

El Dictamen

Lo Creativo.
Éxito sublime.
La determinación es favorable.

> Este hexagrama está compuesto por seis líneas enteras, *yang*, que indican luz, acción incesante y fuerza. Describe una gran acumulación de energía y la necesidad de actuar con cuidado y perseverancia para poder canalizar la fuerza en la dirección adecuada.
>
> La figura del dragón aparece como protagonista en cinco de las líneas de este hexagrama.

El dragón de la cultura china, a diferencia del dragón occidental maligno, no es malo, sino benéfico. Es un animal legendario, una fuerza poderosa que surge de las aguas y está asociada con la lluvia, inundaciones, el cielo y el hexagrama 1. Se considera que tiene poder celestial sobrenatural. Se encuentra en su elemento propicio, ya sea bajo las aguas (al comienzo de su desarrollo) o volando en el cielo. Se lo relaciona con la autoridad suprema (el emperador). En este hexagrama el dragón simboliza a alguien con sus mismas cualidades y las líneas describen su ascensión, desde una posición baja bajo el agua, donde está oculto y por ello es desconocido, hasta lo alto del cielo.

Este es uno de los pocos hexagramas que mencionan "las cuatro virtudes cardinales": *yuan, heng, li, zhen*, que significan "sublime", "éxito", "propicio" y "determinación o perseverancia".

Una o más de las cuatro virtudes aparecen en 50 de los 64 hexagramas, pero sólo los hexagramas 1, 2 (con una modificación), 3, 17, 19, 25 y 49 incorporan las cuatro virtudes en su dictamen.

Desde la dinastía *Han* en adelante, las cuatro virtudes se convirtieron en palabras claves del pensamiento confuciano, identificando cuatro cualidades o virtudes aplicables tanto al Cielo como al noble.

En la tradición confuciana el dragón se asocia con las cuatro virtudes cardinales. Todo oráculo que incluya estas cuatro virtudes indica que el éxito está garantizado, pero solo si el consultante se comporta correctamente; por esta razón la perseverancia en el camino correcto es la clave del éxito.

La Imagen

La acción del cielo es fuerte y dinámica.
Así el noble nunca deja de fortalecerse a sí mismo.

Los astros en el cielo, con su movimiento incesante dan el ejemplo a seguir en este tiempo. Para mantenerse a la par de las demandas de la situación, la persona creativa debe cultivar y renovar sus dones diariamente. Es tiempo para actuar y sentar las bases firmes para el progreso.

Al comienzo un nueve

Dragón sumergido. No actúes.

Los lugares adecuados para el dragón son sumergido bajo el agua o volando en el cielo. Se creía que el dragón causaba la lluvia al ascender al cielo, por eso los dragones se consideraban benéficos porque la lluvia regaba las cosechas.

En la misma forma, la personalidad creativa beneficia al mundo con sus obras, pero sólo puede hacerlo después de ascender por encima de sus orígenes. En este punto el dragón está hibernando, aún no está listo para dejar su marca en el mundo. Ello indica que aún no es el tiempo propicio para actuar y que usted debería aguardar y no llamar la atención prematuramente, antes de estar listo.

Trabajo: Por el momento no habrá novedades ni cambios. Cualquier acción prematura será perjudicial porque usted no está preparado todavía.

Vida privada: Tranquilidad y escasa vida social. No es tiempo para innovar.

Salud, sentimientos y relaciones sociales: Buena salud. Se aconseja reposar y actuar con discreción.

Nueve en el segundo puesto

Dragón en el campo.
Es favorable ver al gran hombre.

Recién está entrando en su campo de acción en la vida, donde comenzará a interaccionar con sus pares.

La palabra traducida como "campo" también significa "cacería". La cacería simboliza la búsqueda de su destino y vocación.

Ver al gran hombre quiere decir le sería muy beneficioso conseguir un guía o mentor en este momento, pero también indica que usted tiene que crecer espiritualmente y en entendimiento.

Trabajo: Será propicio conseguir el soporte de sus superiores para poder aprovechar las buenas condiciones imperantes. No hay obstáculos que lo detengan, podrá progresar y aprender nuevas cosas.

Vida privada: Su buena conducta y excelente reputación lo ayudarán a avanzar exitosamente y le conseguirán el respeto de la gente.

Salud, sentimientos y relaciones sociales: Buena salud. Este es un excelente momento para establecer relaciones interpersonales.

Nueve en el tercer puesto

El noble es diligente sin pausa durante todo el día.
Durante la noche es cauteloso, como si estuviera en peligro.
Sin defecto.

Este es un tiempo de incesante actividad creativa, pero su resistencia y energía creativa estarán a la altura de las circunstancias. Cuando sea posible actuar –simbolizado por el día–, no desperdicie su tiempo; cuando no sea posible hacerlo –indicado por la noche–, no baje su guardia. Si se mantiene alerta y ocupado en cosas útiles podrá evitar posibles problemas.

A medida que su reputación y dedicación sean conocidas por más personas, nuevas oportunidades se ofrecerán para su consideración. Tendrá que administrar bien sus recursos para estar a la altura de sus responsabilidades, no deje que otros lo enreden en sus problemas.

No aplace las cosas de las que tiene que ocuparse y evite que otras personas decidan por usted qué es lo que tiene que hacer.

Trabajo: Tendrá muchas obligaciones y preocupaciones, pero si es cauteloso y dedicado, podrá salir adelante sin problemas.

Vida privada: Necesitará de toda su fuerza y habilidad para manejar sus obligaciones. Sea muy cuidadoso para evitar complicaciones con otras personas.

Salud, sentimientos y relaciones sociales: Excelente salud. Por momentos puede sentirse un poco estresado.

Nueve en el cuarto puesto

Vacila antes de saltar sobre la profundidad.
Sin defecto.

Varios caminos divergentes se abren delante suyo. Lo que decida ahora definirá su vida futura. La palabra traducida como "profundidad", también significa "abismo, precipicio". Eso indica que usted enfrenta un desafío importante y hasta atemorizador. También quiere decir que está frente a un umbral, un punto de transición difícil de cruzar.

Usted decide. Puede asumir más responsabilidades y obtener una posición importante en el mundo, ganando fama y poder; o puede seguir un camino más personal, dedicándose a sus intereses privados.

Trabajo: Es tiempo de tomar una decisión. No se precipite, la mejor opción sería hacer algunas pruebas y tomarse todo el tiempo necesario antes de elegir qué cosa hará.

Vida privada: Este es un período de transición, cuando tendrá que hacer importantes ajustes en su vida. Es natural que tenga vacilaciones y dudas hasta que encuentre por sí mismo el camino adecuado.

Salud, sentimientos y relaciones sociales: Manténgase abierto a la nuevo. Su usted es sincero el panorama se aclarará y podrá elegir libremente lo que quiere hacer.

Nueve en el quinto puesto

Dragón volando en el cielo.
Es favorable ver al gran hombre.

Volar en el cielo simboliza haber alcanzado una alta posición y poder avanzar sin ningún impedimento, habiendo alcanzado su lugar de pertenencia, porque el cielo es el lugar adecuado para los dragones.

Volar en el cielo indica que la fuerza creativa alcanza su punto máximo y puede expresarse libremente y que lo que usted realice tendrá gran visibilidad.

El dragón volador simboliza a una personalidad destacada cumpliendo con su destino, alguien con gran influencia que es un ejemplo para los demás.

Ver al gran hombre indica que aún después de alcanzar una alta posición todavía puede aprender cosas de alguien que lo supera en sabiduría.

Trabajo: Tendrá gran éxito y hará un progreso rápido. Sus esfuerzos serán reconocidos y sus aportes respetados.

Vida privada: Sus deseos se cumplirán y sus proyectos serán exitosos.

Salud, sentimientos y relaciones sociales: Gozará de muy buena salud y tendrá claridad mental. Sabrá como influenciar y relacionarse con otras personas. Puede beneficiarse del consejo de alguien más sabio.

Nueve en el sexto puesto

Dragón arrogante.
Habrá ocasión para el arrepentimiento.

La ambición y arrogancia desmedidas le harán perder el contacto con la realidad y lo llevarán a un camino sin salida. Su orgullo lo aislará de las personas alrededor suyo y cuándo más las necesite no estarán para ayudarlo.

Reconozca sus límites y no olvide a sus amigos y compañeros, de esa forma evitará ser humillado.

Trabajo: No insista en seguir adelante a toda costa. Esté dispuesto a retirarse o a renunciar a algo, mejor perder un poco que perderlo todo.

Vida privada: Si se obstina en imponer siempre su voluntad quedará aislado y tendrá graves problemas.

Salud, sentimientos y relaciones sociales: Su salud sufrirá si abusa de su cuerpo. Sus amigos lo abandonarán si es demasiado dominante.

Se presentan solamente nueves[2]

Un grupo de dragones sin cabeza.
¡Ventura!

Cada dragón por sí solo es fuerte, un grupo de dragones es una fuerza poderosa que difícilmente puede ser detenida. El grupo de dragones simboliza a un conjunto de personas capaces y determinadas abocadas a una tarea en común.

Que los dragones no tengan cabeza indica que actúan de acuerdo entre sí, sin que ninguno de ellos se destaque sobre los demás, es decir sin tener un jefe.[3]

Cuando todas líneas mutan, *Lo Creativo* se convierte en el hexagrama 2: *Lo Receptivo*. Al combinar la fuerza de *Lo Creativo* con la devoción de *Lo Receptivo* usted podrá alcanzar un equilibrio perfecto y será capaz de encargarse de cualquier tarea con facilidad. Sus prospectos son enteramente buenos.

Trabajo: Usted forma parte de un grupo de personas de gran capacidad, trabajando juntos en armonía.

Vida privada: Buen momento para cooperar con la familia y los amigos. Es favorable llevar adelante proyectos creativos grupales.

Salud, sentimientos y relaciones sociales: Excelente salud y muy buena interacción social.

Notas

1. Sólo los dos primeros hexagrama, *Lo Creativo* y *Lo Receptivo,* tienen un texto oracular para cuando todas las líneas mutan.

2. Ver Nota 1.

3. El carácter chino traducido como "cabezas"también significa "líder, jefe". Eso significa que los dragones no tienen un líder, sino que actúan de común acuerdo.

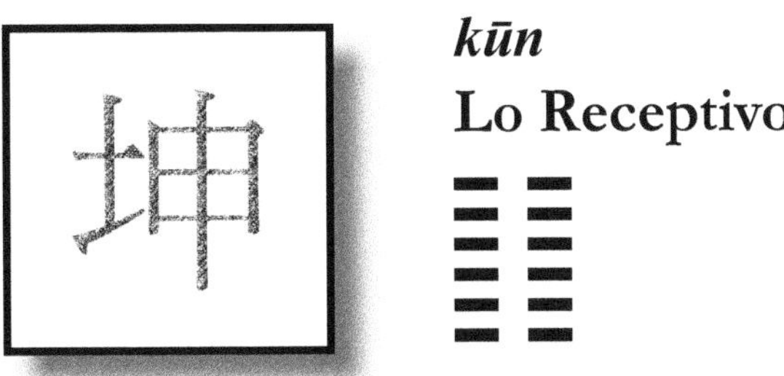

kūn
Lo Receptivo

Los componentes del carácter chino que le da título a este hexagrama son are: *shēn*, “estirar” y *tǔ*, “tierra”: extensión de tierra.

Este es uno de los ocho hexagramas que están compuestos por un mismo trigrama repetido dos veces, en este caso es ☷, *Lo Receptivo.*

Sírvase ver **Los ocho trigramas**, en la pág. 395 para saber más acerca del trigrama ☷.

Significados asociados

Tierra, naturaleza; receptividad, conformidad, consentimiento, docilidad, devoción, subordinación; materia, superficie del campo, extensión; feminidad, crianza, maternidad, la fuerza *yin.*

El Dictamen

Lo Receptivo.
Elevado éxito favorable por la determinación de una yegua.[1]
Si el noble sigue sus propios objetivos se extraviará,
pero si va en seguimiento obtendrá un señor.
Es favorable conseguir amigos al Oeste y al Sur,
apartarse de los amigos al Este y al Norte.
Una determinación tranquila trae ventura.

> Una yegua es fuerte pero también es dócil. La determinación de una yegua quiere decir que es favorable perseverar, pero bajo la guía de otra persona.

Usted es parte de un grupo y debería trabajar para el bien del mismo, no para ganar beneficios individuales para usted mismo.

Si usted tiene un trabajo sería mejor que trate de progresar dentro del sitio donde usted trabaja actualmente en lugar de independizarse o buscar otro lugar. Si usted es parte de una familia, sea leal con sus familiares y cumpla con su parte del trabajo para el beneficio de todos.

El Oeste y el Sur quiere decir que hay que trabajar con otra gente y evitar aislarse, el Este y el Norte indican avance solitario,[3] que debe ser evitado en este momento

Conseguir amigos significa trabajar para y con la comunidad, con solidaridad y dentro de un grupo.

Tranquila determinación indica la necesidad de seguir adelante dentro de las normas pautadas, con tranquila perseverancia.

Este es uno de los pocos hexagramas que mencionan "las cuatro virtudes cardinales": *yuan, heng, li, zhen*, que significan "sublime", "éxito", "propicio" y "determinación o perseverancia".

Una o más de las cuatro virtudes aparecen en 50 de los 64 hexagramas, pero sólo los hexagramas 1, 2 (con una modificación, ya que *determinación* es definida como la determinación de una yegua), 3, 17, 19, 25 y 49 incorporan las cuatro virtudes en su dictamen.

Desde la dinastía *Han* en adelante, las cuatro virtudes se convirtieron en palabras claves del pensamiento confuciano, identificando cuatro cualidades o virtudes aplicables tanto al Cielo como al noble.

Todo oráculo que incluya estas cuatro virtudes indica que el éxito está garantizado, pero solo si el consultante se comporta correctamente; por esta razón la perseverancia en el camino correcto es la clave del éxito.

La Imagen

La condición de la tierra es la receptiva entrega.
Así el noble, de carácter generoso, sostiene todas las criaturas vivientes.

Tal como la tierra nutre a todos los seres, alguien virtuoso será generoso y tolerante, ayudando y guiando a todos los seres.

Mantenga su mente abierta y esté listo para ayudar a cualquier ser viviente que lo necesite.

Cumpla con su deber pensando más en el beneficio de los otros que en su propia ventaja.

Al comienzo un seis

Caminando sobre escarcha se alcanza el hielo firme.

Caminar sobre la escarcha tiene varios significados asociados:

1. el invierno que se aproxima; signos de decadencia;
2. un futuro matrimonio. Dos odas del *ShiJing*[4] usan la misma palabra con ese significado;
3. una caminata ceremonial sobre la escarcha, que se realizaba durante los sacrificios otoñales.

La primera acepción es la interpretación más común, caminando sobre la escarcha indica que el peligro se aproxima y las buenas condiciones están por terminar, porque el invierno duro y frío se acerca. Esté alerta a los primeros indicios de problemas y no deje que la situación escape de su control.

La referencia a hielo firme también puede indicar que su progreso será detenido, como si estuviera congelado, en el futuro cercano.

Trabajo: Un período de prosperidad y avance sin impedimentos está terminando. Esté alerta contra posibles complots en su contra. No se quede aislado, una alianza sería de gran ayuda.

Vida privada: Dificultades están por venir. Su camino puede ser más resbaloso de lo que usted piensa. No sea ingenuo o despreocupado, tome precauciones de antemano.

Salud, sentimientos y relaciones sociales: Puede tener problemas con sus pies o con su movilidad.

Seis en el segundo puesto

Derecho, cuadrado y grande, sin experiencia.
Sin embargo nada que haga dejará de ser favorable.

El cuadrado es un símbolo de la tierra. Una traducción alternativa sería "honorable, sincero y extenso, sin practicar". El significado es que por ser correcto y fuerte usted puede tener éxito naturalmente, sin que necesite tener experiencia previa.

Si usted es sincero y sigue sus impulsos naturales, su actuación será exitosa y sin fallas.

Trabajo: Sus cualidades naturales lo ayudarán a prosperar en su trabajo o negocio. Este es un buen tiempo para iniciar nuevas actividades.

Vida privada: Sea tolerante y esté abierto a aceptar lo que la vida le ofrece. Usted tiene todo lo que necesita para prosperar y disfrutar de una buena vida.

Salud, sentimientos y relaciones sociales: Buena salud y un corazón abierto lo harán feliz. Usted sabe intuitivamente como relacionarse con los demás.

Seis en el tercer puesto

Resplandor oculto;
puede ser determinado.
Si sigues al servicio de un rey no habrán logros,
pero habrá un final.

Concéntrese en su deber y no busque alcanzar distinciones egoístas. Sus talentos serán premiados cuando el tiempo esté maduro, por ahora lo mejor es que se dedique a servir a los demás. Quizás usted no vea ningún progreso pero podrá realizar correctamente su tarea.

Si usted no es independiente, pero trabaja para otro, hará un excelente trabajo, pero no obtendrá ningún premio inmediato por el mismo.

Trabajo: Aunque no obtendrá un éxito inmediato, si maneja la situación con modestia y determinación alcanzará sus objetivos a largo plazo.

Vida privada: Manténgase en segundo plano, este no es buen momento para destacarse. Puede progresar de una manera modesta, sin pretensiones, posiblemente trabajando desde su casa.

Salud, sentimientos y relaciones sociales: Si es modesto y discreto, la gente lo apreciará más que si trata de destacarse o llamar la atención.

Seis en el cuarto puesto

Bolsa atada.
Sin defecto, ningún elogio.

Mantenga sus opiniones y sus planes privados. No atraiga la atención sobre usted mismo.

Es conveniente actuar con mucha prudencia, manténgase apartado de los problemas y no se comprometa con nadie hasta que la situación se aclare.

Trabajo: Usted llegó a un punto muerto. No le conviene retroceder ni avanzar, porque el peligro lo rodea. Quédese en su lugar y siga una política de no intervención hasta donde sea posible. No busque la aprobación de los demás y evite todo riesgo.

Vida privada: Por ahora la situación está estancada, no tendrá ganancias ni pérdidas. Si actúa con discreción y prudencia no tendrá problemas.

Salud, sentimientos y relaciones sociales: No es buen momento para dedicarse a las relaciones sociales, estará un poco aislado por un tiempo. Sea cauto y no se confíe, eso le evitará muchas complicaciones. Tiempo para reposar.

Seis en el quinto puesto

Ropa amarilla.
Habrá ventura sublime.

Amarillo es el color de la tierra e indica moderación y seguir el camino del medio, evitando los extremos.

La ropa amarilla[5] también simboliza humildad y virtud en alguien que ocupa un lugar de honor (el quinto lugar es la posición del regente).

Si usted es sincero, tiene buen trato y carece de pretensiones, la gente responderá muy bien a su influencia.

Trabajo: Su habilidad para manejar la situación con modestia y sin ocasionar perturbaciones le ayudará a progresar en su carrera.

Vida privada: Moderación y tacto en el trato con otros son la clave para evitar problemas y tener éxito.

Salud, sentimientos y relaciones sociales: Gozará de excelente salud y tendrá una muy buena vida social.

Al tope un seis

Dragones luchan en la pradera.
Su sangre es negra y amarilla.

El principio *yin* es el complemento de la fuerza *yang*, pero debería ser sumiso y no tratar de tomar el mando.

Aquí se describe una lucha insensata entre las dos fuerzas, el verdadero dragón (*yang*) y el falso dragón rebelde (*yin*);[6] pero este conflicto sólo causará calamidades.

Una puja violenta por el control, disputando el poder de los líderes legítimos, perjudicará mucho a ambos contendientes. Sea cooperativo, no competitivo.

Trabajo: Las luchas por el poder deben ser evitadas porque dañarán a todos y finalmente le harán perder su posición.

Vida privada: Conflictos y peleas causarán muchos problemas y pérdidas.

Salud, sentimientos y relaciones sociales: La envidia y la intransigencia destruirán su felicidad.

Cuando aparecen puros seis[7]

Es favorable una constante determinación.[8]

Usted está en el camino correcto, rumbo al éxito final, pero solo si sigue adelante con constancia. Note que la palabra determinación no sólo indica que usted debe perseverar sino que también tiene que estar listo para evaluar la situación momento a momento, para efectuar cualquier corrección que sea necesaria, sobre la marcha y sin demora alguna.

Trabajo: Sea persistente con sus planes y responsabilidades.

Vida privada: Mantenga sus objetivos con firmeza y sea leal a sus principios.

Salud, sentimientos y relaciones sociales: Buena salud. Su dedicación a una buena causa lo mantendrá en buenos términos con sus colegas.

Notas

1. Aquí la determinación (*li*) es definida como la determinación de una yegua, indicando perseverancia en el cumplimiento del deber.

2. El Oeste y el Sur significan la retirada y Este y Norte indican el avance, debido a que la dinastía *Zhou* tenía su territorio situado al Sur-Oeste de la capital de los *Shang* –la dinastía previa, que finalmente fue depuesta por los *Zhou*–. Asimismo, el Sur está relacionado con el trabajo en comunidad y el verano, mientras que el Norte se asocia con un viaje solitario para rendirle cuentas al amo y el frío y oscuro invierno.

3. Ver nota 2.

4. El *ShiJing* es la más antigua colección de poesía China; sus odas provienen del mismo período histórico cuando la parte más antigua del *Yijing (Zhouyi)* fue escrita.

5. Otras traducción alternativa para la palabra "ropa"sería *falda* o *delantal;* denota las ropas ceremoniales usadas por personas de elevado estatus. Amarillo es el color del emperador.

6. Negro es el color del cielo y amarillo el color de la tierra, de modos que los distintos colores identifican al verdadero dragón (negro) y el falso (amarillo).

7. Sólo los dos primeros hexagrama, *Lo Creativo* y *Lo Receptivo,* tienen un texto oracular para cuando todas las líneas mutan.

8. Note que la primera línea del hexagrama 52 tiene el mismo texto.

3

zhūn
La dificultad inicial

Las representaciones más antiguas del carácter chino que le da título a este hexagrama muestran claramente una planta brotando a través de la superficie de la tierra. La planta debe atravesar los obstáculos en su camino y establecer su presencia en un nuevo territorio lleno de potenciales peligros, de ello surge la idea de la dificultad inicial.

Significados asociados

Difícil; brotar, comenzar a crecer; liderazgo; reunir, acumular, atesorar; establecer una guarnición con soldados; agrupados, apretujados.

El Dictamen

La dificultad inicial.
Sublime éxito.
Favorable determinación.
No debe tratar de alcanzarse ningún objetivo.
Es favorable nombrar funcionarios.

> En las primeras etapas del crecimiento, tanto los seres inmaduros como las nuevas empresas, requieren alimentación, cuidado y firme determinación.
>
> Éste es el momento adecuado para poner en su lugar las bases para futuros desarrollos, para afirmar el potencial innato. La raíz debe de estar firmemente asentada en la tierra antes que la planta pueda emerger sobre la superficie.

La situación es inestable y no será posible seguir adelante sin la ayuda de colaboradores. No podrá alcanzar sus objetivos hasta que haya alcanzado un mínimo de orden y desarrollo. Por eso mismo la planificación a largo plazo es imprescindible.

Este es uno de los pocos hexagramas que mencionan "las cuatro virtudes cardinales": *yuan, heng, li, zhen,* que significan "sublime", "éxito", "propicio" y "determinación o perseverancia".

Una o más de las cuatro virtudes aparecen en 50 de los 64 hexagramas, pero sólo los hexagramas 1, 2 (con una modificación), 3, 17, 19, 25 y 49 incorporan las cuatro virtudes en su dictamen.

Desde la dinastía *Han* en adelante, las cuatro virtudes se convirtieron en palabras claves del pensamiento confuciano, identificando cuatro cualidades o virtudes aplicables tanto al Cielo como al noble.

Todo oráculo que incluya estas cuatro virtudes indica que el éxito está garantizado, pero solo si el consultante se comporta correctamente; por esta razón la perseverancia en el camino correcto es la clave del éxito.

La Imagen

Nubes y trueno: la imagen de La dificultad inicial.
Así el noble ordena y regula el tramado de las leyes.

Nubes y trueno es una referencia a los dos trigramas que constituyen este hexagrama (ver **Los ocho trigramas**, p. 395). Nubes y trueno simbolizan un estado caótico, pero lleno de posibilidades.

Para convertir las posibilidades potenciales de una situación en una realidad es necesario ordenar y clasificar las cosas. Para poder aprovechar de manera efectiva las oportunidades hay que poner cada cosa en su lugar; ese es el significado de la frase "ordena y regula el tramado de las leyes".

Liderazgo firme y reglas claras son un requisito indispensable para ordenar la situación y alcanzar el éxito.

Al comienzo un nueve

Buscando como sobrepasar un obstáculo.
Es favorable mantener la determinación.
Es favorable designar ayudantes.

Puede que tenga que ensayar distintas formas de abordar la situación antes de poder sobrepasar un obstáculo; algunas dudas y vacilaciones serán inevitables, pero si se mantiene concentrado en sus objetivos finales alcanzará el éxito.

Es importante que reconozca los méritos de sus subordinados y haga uso de ellos de manera efectiva; sólo con la ayuda y el soporte de otras personas podrá salir adelante exitosamente.

Trabajo: Este es un buen momento para formar un grupo de trabajo y avanzar como un grupo unido, de manera organizada.

Vida privada: No deje las cosas libradas a sí mismas. Tome las riendas en sus manos, ofrezca guía y ayuda a su familia y amigos. Mantenga la fe en sus objetivos, no deje que otros lo desanimen, en cambio persista en sus planes.

Salud, sentimientos y relaciones sociales: Puede tener algunos problemas con sus pies o falta de movilidad. Tendrá algunas dudas.

Seis en el segundo puesto

Dificultades impiden el avance.
Caballo y carro se separan.
No es un bandido, sino un pretendiente.
La doncella tiene determinación, no se compromete.
Después de diez años se compromete.

El caballo separado del carro indica cuan difícil es organizar esfuerzos cooperativos entre distintas personas.

Un obstáculo todavía bloquea el avance y los malos entendidos están complicado el trabajo en equipo.

Alguien le ofrecerá su ayuda cuando menos lo espere. El recién llegado inspirará algunas dudas y no será aceptado fácilmente.

La doncella simboliza el lado más débil que tiene dudas en aceptar una alianza, porque no quiere abandonar sus planes. Finalmente se llegará a un acuerdo satisfactorio y se efectuará una alianza, por eso el texto dice "Después de diez años se compromete".

Los diez años indican un largo período, de la misma forma que en los hexagramas 24.5 y 27.3

El carácter chino traducido como "compromete" también significa "concebir, preñez, criar", lo cual indica una alianza que finalmente fructifica.

Trabajo: Establecer una alianza o formar un buen equipo de trabajo le llevará un buen tiempo, pero vale la pena tomarse todo el tiempo necesario para hacerlo porque eso será muy positivo. Tendrá buenas oportunidades a largo plazo.

Vida privada: Después de experimentar algunas privaciones, conflictos y dudas, un matrimonio a algún tipo de unión estrecha será alcanzada. Es posible que haya un nacimiento en la familia.

Salud, sentimientos y relaciones sociales: Problemas de movilidad. Desconfianza y vacilaciones dificultarán sus relaciones sociales con alguien que le interesa, pero finalmente logrará una buena relación.

Seis en el tercer puesto

El que persigue al ciervo sin guardabosques, solo entrará [se extraviará]
en las profundidades del bosque.
El noble capta los indicios y prefiere desistir.
Si sigue adelante lo lamentará.

Enceguecido por su deseo intenso usted puede llegar a meterse en problemas, entrando a un lugar o situación desconocida sin haber tomado las precauciones necesarias y sin tener un guía. Como resultado perderá la orientación y se extraviará.

El ciervo simboliza al deseo; el bosque significa lo desconocido y los peligros que se encuentran por adelante, donde su deseo ciego o su ambición pueden precipitarlo.

Los indicios son indicaciones sutiles, que de ser ignoradas, causarán que usted se pierda y sea humillado.

Trabajo: Tome todo el tiempo que sea necesario para planificar sus futura estrategia. Si no tiene suficiente soporte o experiencia y no planea con cuidado, fracasará y será humillado.

Ejerza autocontrol y actúe con prudencia.

Vida privada: Si se deja arrastrar por sus fantasías, sin escuchar la voz de la prudencia, perderá el tiempo buscando cosas inalcanzables y se complicará la vida inútilmente.

Salud, sentimientos y relaciones sociales: Sentimientos de desconexión y pérdida. Compulsión obsesiva.

Seis en el cuarto puesto

Caballo y carro se separan.
Busca la unión.
Avanzar trae ventura.
Todo será propicio y sin defecto.

Las fuerzas a su disposición están en discordia y esparcidas. El carro simboliza un proyecto que no puede avanzar por falta de unión. Si usted no está calificado para solucionar los problemas por usted mismo, trate de conseguir un aliado para poder reanudar su avance y llevar sus proyectos hasta una conclusión exitosa.

Trabajo: La mejor forma de lograr buenos resultados sería asociarse con otras personas o entrar en un grupo. Buenas perspectivas para el trabajo en equipo.

Vida privada: Reconozca que usted no puede hacer todo por usted mismo y busque la ayuda de sus amigos y familia. De esa forma su vida será mas agradable y próspera.

Salud, sentimientos y relaciones sociales: Tendrá muchas dudas y no podrá llegar a una decisión fácilmente. Trate de superar su aislamiento.

Nueve en el quinto puesto

Dificultades con su riqueza.
Propicio en pequeñas determinaciones.
Desventura en grandes determinaciones.

Preserve su energía y su dinero, espere hasta que llegue un tiempo más propicio. Por ahora sólo puede hacerse cargo de pequeñas cosas. Evite tomar decisiones importantes o iniciar proyectos complicados. Es un mal momento para realizar inversiones

Note que el carácter chino traducido como "riqueza" también significa "dispensar favores". En este momento usted no está en condiciones de ayudar a los demás en cosas importantes. Su cortesía podría ser mal interpretada.

Trabajo: Concéntrese en los detalles de sus obligaciones cotidianas y no intente llevar adelante nada ambicioso.

Vida privada: No es un momento propicio para ayudar a otras personas, no podrá solucionar sus problemas y sólo se complicará la vida. Por ahora sólo puede llevar a cabo pequeñas cosas.

Salud, sentimientos y relaciones sociales: Tendrá sentimientos de incompetencia y se sentirá aislado.

Nueve en el sexto puesto

Caballo y carro se separan.
Se derraman lágrimas de sangre.

Las lágrimas de sangre simbolizan desmesura y descontrol. Usted fue demasiado lejos y ahora está rodeado de problemas, pero en lugar de lamentarse amargamente sería mejor que trate de reformar su vida.

Usted no tiene a nadie que pueda ayudarlo ni ningún lugar donde refugiarse, pero tampoco puede quedarse quieto donde está. Acepte la realidad, renuncie a sus fantasías y trate de empezar de nuevo.

Trabajo: Habiendo llegado a un punto muerto y sin tener opciones viables para salir adelante, es tiempo que acepte sus pérdidas y comience de nuevo, desde el principio.

Vida privada: Usted puede perder una propiedad o a un miembro de su familia.

Salud, sentimientos y relaciones sociales: Sufrirá de depresión crónica. Lamentarse no sirve de nada, busque nuevos intereses que le permitan seguir adelante con su vida.

méng
La necedad juvenil

El elemento fonético del carácter chino que le da título a este hexagrama, *méng,* significa "cubrir con hierba, ocultar", de ahí el significado de estar a oscuras. Remover falsos conceptos e ilusiones insensatas es parte del proceso de maduración humano; por eso, otra idea asociada con este hexagrama es que uno debería poder ver la realidad tal cual ésta esta antes de poder aprender cómo manejarse en la vida.
Note que algunos autores traducen *méng* como *cuscuta,* una hierba parasítica.

Significados asociados

Ignorancia, inmadurez, falta de experiencia; tapar, oculto, a oscuras; avanzar con los ojos cubiertos; engaño, ocultar, engañar.

El Dictamen

La Necedad Juvenil tiene éxito.
No soy yo quien busca al joven necio, el joven necio me busca a mi.
Al primer oráculo le informo,
pero una segunda o una tercera vez es una impertinencia.
Cuando molesta no doy información.
Es favorable la determinación.

> La inmadurez es una etapa del aprendizaje. Un joven necio puede ser exitoso porque el contacto con la experiencia le ayudará a adquirir un poco de sabiduría. El estudiante debería mostrar respeto hacia su maestro, de otra forma los esfuerzos del maestro se desperdiciarán. Los estudiantes revoltosos sólo se humillarán a ellos mismos.

El oráculo nos dice que las personas que buscan su consejo deberían tomar seriamente la instrucción que él les brinda y evitar preguntar una y otra vez sobre un mismo tema. El oráculo nos advierte que no suministrará información a los impertinentes.

La Imagen

Bajo la montaña surge un manantial: la imagen de La necedad juvenil.
Así el noble actúa con resolución y cultiva su virtud.

La montaña es fuerte, firme, pero el manantial que surge de sus laderas está buscando establecer su propio cauce. El agua del manantial corre el riesgo de estancarse si no consolida su curso; de la misma forma, si la inexperiencia juvenil se desvía por un curso erróneo el proceso de maduración se postergará.
El cultivo de la virtud significa que usted debería desarrollar sus dones naturales. Este es el camino al éxito.

Al comienzo un seis

Para desarrollar al necio es favorable disciplinar al hombre.
Deben quitarse las trabas.
Lo lamentará si continúa así.

La disciplina sirve para fortalecer la voluntad, pero no debería llevarse demasiado lejos. Si las trabas (literalmente "grilletes o esposas") son excesivas, la buena voluntad y creatividad del estudiante se perderán. Al fin y al cabo, la disciplina es una herramienta, pero no una meta en sí misma.

Trabajo: La disciplina es importante, pero sin exagerar al punto de dificultar el desenvolvimiento natural o de coartar toda espontaneidad.

Vida privada: Puede haber algunas reyertas. Las reglas deberían ser aplicadas con discernimiento y de acuerdo a las circunstancias presentes dentro de la familia. Use un buen criterio, no sea inflexible.

Salud, sentimientos y relaciones sociales: Puede tener problemas con sus pies; ejercitarse mejorará su movilidad.

Nueve en el segundo puesto

Soportar La necedad juvenil trae buena fortuna.
Es venturoso tomar una esposa.
Un hijo puede hacerse cargo de la familia.

No se debería esperar demasiado del estudiante hasta que tenga tiempo para incorporar las cosas aprendidas. Soportar La necedad juvenil significa tener tolerancia con las debilidades humanas.

La imagen del hijo tomando una esposa y haciéndose cargo de la familia indica habilidad para relacionarse con cortesía y amabilidad con las personas que uno tiene bajo su responsabilidad y también refuerza la idea de que hay que tolerar las debilidades de los demás.

El estudiante que es educado con bondad y consideración, cuando se haga cargo de su familia, los tratará con la misma consideración que él recibió de su maestro.

Trabajo: Excelente momento para asumir nuevas responsabilidades. Usted sabe bien como debe tratar a sus subordinados.

Vida privada: Puede tener que hacerse cargo de otras personas o quizás forme una familia.

Salud, sentimientos y relaciones sociales: Gran motivación y voluntad para encarar desafíos. Altos niveles de energía y movilidad.

Seis en el tercer puesto

No te cases con una muchacha que cuando ve un hombre de metal,
pierde la posesión de sí misma.
Ningún lugar [objetivo] es favorable.

Una persona débil puede seguir ciegamente y dejarse avasallar por un carácter más fuerte, eso está simbolizado por la muchacha que pierde posesión de sí misma ante un hombre de metal, el que simboliza la fuerza *yang*.

Ese tipo de relaciones no son sustentables ni positivas. No es correcto permitirle a otra persona que se rebaje de esa forma.

La línea también puede interpretarse de otra forma, muchas veces una persona más débil o más pobre, puede seguir a alguien con más poder o riqueza sólo para sacar ventaja personal. Obviamente, tampoco en ese caso se puede esperar buenos resultados.

Trabajo: No confíe en aquellos que lo siguen ciegamente y no permita que los aduladores lo manipulen. De la misma forma, no sea servil con sus jefes, ni trate de convertirse en su favorito.

Vida privada: No se rebaje, mantenga su dignidad. No anime a otros a que dependan de usted, ni deje que personas inferiores se cuelguen de sus faldas.

Salud, sentimientos y relaciones sociales: Las perturbaciones emocionales pueden afectar a su estómago e intestinos.

Seis en el cuarto puesto

Atrapado por su necedad sufrirá vergüenza.

Un necio obstinado que prefiere continuar actuando en forma imprudente e inmadura antes que madurar, llegará a un punto muerto, perdiendo contacto con la realidad y quedando atrapado en sus propias fantasías. A causa de su terquedad será humillado. Debería arrepentirse y reconocer sus limitaciones.

Trabajo: Hasta que no aprenda como realizar sus tareas en la forma debida, continuará cometiendo errores y será avergonzado por sus propias limitaciones.

Vida privada: No le de la espalda a la realidad. Necesita madurar y aprender a hacer las cosas de otra forma. Esté dispuesto a adaptarse y aprender cosas nuevas.

Salud, sentimientos y relaciones sociales: Problemas con la espalda y los miembros superiores. Sentimientos de impotencia.

Seis en el quinto puesto

Necedad infantil trae ventura.

La flexibilidad, inocencia y disposición para aprender de un niño serán provechosas.

Aquel que tenga la mente abierta podrá aprender de sus errores y descubrir cuáles son sus limitaciones, de esa forma podrá mejorar y no tendrá vergüenza de pedir ayuda a otros.

Esta línea describe una disposición exactamente inversa a la de la cuarta línea. Aquí se muestra a alguien flexible que está dispuesto a adaptarse a la realidad, la línea anterior describe a una persona testaruda que cierra los ojos a la realidad.

Trabajo: Sepa delegar responsabilidad en gente de confianza para complementar sus puntos débiles, ayudándolo con las cosas que usted no puede hacer solo. No dude en pedir ayuda.

Vida privada: Manténgase bien dispuesto a escuchar y seguir los consejos de sus familia y amistades. Usted no puede hacerlo todo por sí mismo y tampoco lo sabe todo, haga un buen uso de sus relaciones.

Salud, sentimientos y relaciones sociales: Su humildad y sencillez lo harán muy querido.

Nueve en el sexto puesto

Castigar La necedad juvenil.
No es favorable cometer abusos,
pero es favorable defenderse de los abusos.

Un necio testarudo y recalcitrante puede requerir correcciones disciplinarias, pero sólo hasta el punto que sea necesario para detener su mal comportamiento. La severidad del castigo depende de la persona; en algunos casos una leve amonestación puede ser muy efectiva, pero en otros puede requerirse un castigo más severo.

Los castigos son la última opción y no deberían ser aplicados como venganza o en un momento de perturbación emocional.

El carácter chino traducido como "abusos", literalmente significa "bandido, invasor, enemigo, ladrón, gente violenta, saqueadores". Esos significados adicionales pueden aclarar lo que se entiende por abusos en esta línea.

No permita los abusos, pero tampoco los cometa.

Trabajo: Aquellos que tienen gente bajo su liderazgo deben saber como aplicar correcciones disciplinarias, no sólo para protegerse ellos mismos o para mantener su negocio funcionando correctamente, sino también como un medio para educar a sus empleados, para que aprendan a comportarse bien.

Vida privada: Ciertas personas no van a dejar de tomar ventaja de usted hasta que los detenga, palabras o actos firmes pueden ser requeridos. Los conflictos deberían ser temporales, no deben convertirse en una pelea interminable.

Usted puede tener que presentar cargos judiciales o defenderse de las acusaciones de otras personas. Manténgase en guardia contra los ladrones.

Salud, sentimientos y relaciones sociales: Puede llegar a sufrir depresión o tener sentimientos de culpa ocasionados por conflictos interpersonales.

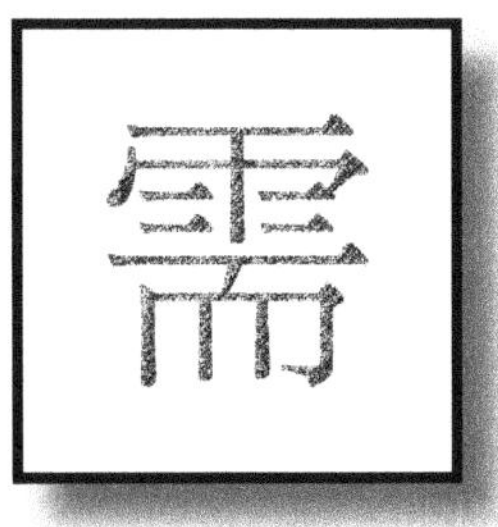

xū

La espera / La alimentación

El significado original del carácter chino que le da título a este hexagrama es “detenido por la lluvia, esperando que pare la lluvia”.

Significados asociados

Esperar, demorarse, detenerse; mojándose; servir a otros. El significado de “necesitar”, fue agregado mucho después que el *Yijing* fue escrito, por eso no es pertinente.

El Dictamen

La espera.
Con sinceridad tendrás esplendor y éxito.
La determinación es favorable.
Es propicio cruzar el gran río.

> Esperar no es lo mismo que renunciar. Quien tiene sus objetivos claros puede aguardar pacientemente, siguiendo atentamente la evolución de la situación para actuar cuando llegue el momento adecuado para avanzar.
> En la China antigua, cruzar un río, ya fuera vadeándolo o pasando por encima del mismo cuando este se congelaba, no era una tarea sencilla porque no había puentes. Cruzar un río era peligroso y no era nada confortable; de ahí que la frase “es propicio cruzar el río” es una metáfora que indica que este es un buen momento para llevar adelante un emprendimiento de importancia pero no debe ser tomado a la ligera.

La Imagen

Nubes ascienden al cielo: la imagen de La espera.
Así el noble bebe, come y festeja.

Las nubes acumulándose en el cielo simbolizan un proceso o situación que evoluciona lentamente. La conclusión de ese proceso será la lluvia, la cual simboliza la liberación del estrés.

Comer, beber y festejar significa que este es el momento adecuado para relajarse, ponerse cómodo y disfrutar de la vida. El tiempo de la espera puede ser disfrutado, la vida normal debe continuar adelante, no es posible paralizar todo hasta que lo que uno espera suceda finalmente.

Otro significado es mientras uno espera, es un buen momento para alimentarse y cultivar las relaciones interpersonales.

Al comienzo un nueve

Esperando en los suburbios.
Es favorable tener perseverancia.
Ningún defecto.

Su vida se desarrollará normalmente, no pasará nada nuevo.

Si mantiene su posición lejos del peligro y se ocupa de su rutina diaria con cuidado, no tendrá ningún problema.

Trabajo: Continúe con sus tareas habituales. Por ahora no habrá novedades ni desafíos que lo perturben.

Vida privada: Disfrutará de un periodo de quietud y tranquilidad. Vida pacífica en el campo.

Salud, sentimientos y relaciones sociales: Tendrá buena salud y estará satisfecho con lo que usted tiene, aunque puede llegar a sentirse un poco aislado.

Nueve en el segundo puesto

Esperando en la arena.
Se dicen cosas sin importancia.
Finalmente habrá ventura.

Esperar en la arena, en el ribera del río, quiere decir que usted está por cruzar el cauce del río. El cruce del río simboliza la realización de un importante y peligroso emprendimiento.

Las "cosas sin importancia" que se dicen son chismes o quejas de algunas personas, pero no debería preocuparse porque las críticas no podrán perjudicarlo y su resultado final será exitoso.

Trabajo: Está en un momento de transición, a punto de iniciar un proyecto importante, en una posición expuesta a la vista de todos. Las personas que lo rodean saben lo que usted está por hacer y por supuesto expresarán sus opiniones y hablarán acerca de usted, pero todas esas palabras no perjudicarán en lo mas mínimo a sus planes. Manténgase enfocado en su objetivo final y no le preste atención alguna a las palabras ociosas de los demás.

Vida privada: Su vida está por cambiar para mejor y algunos en su familia o en su círculo de amistades lo criticarán o lo importunarán tratando de darle consejos.

Salud, sentimientos y relaciones sociales: Se puede sentir un poco nervioso porque está esperando que suceda un cambio importante en su vida. Su situación está en la boca de todos.

Nueve en el tercer puesto

Esperar en el fango atrae a los bandidos.

Debido que avanzó demasiado lejos antes de estar debidamente preparado, ahora se encuentra en una posición vulnerable. Está en peligro de ser atacado o difamado.

Por ahora no puede continuar avanzando, pero tampoco puede retroceder. Dado que no tiene claro como puede salir de su predicamento, lo mejor es que proceda con suma prudencia y discreción.

Trabajo: De momento su planes y su carrera están bloqueados, e incluso hay peligro de que lo rebajen de categoría en su trabajo. Debido a su vulnerabilidad actual algunas personas pueden tratar de aprovecharse de usted

Vida privada: Por apurarse y actuar antes de estar debidamente preparado, o sin entender por completo la situación, ahora usted está en problemas, en una posición peligrosa. Sea muy cuidadoso, usted está aislado; puede que lo acosen y traten de engañarlo para robarle. Desconfíe de los extraños.

Salud, sentimientos y relaciones sociales: Se sentirá inseguro y solitario. Puede tener problemas digestivos o sexuales.

Seis en el cuarto puesto

Esperando en la sangre.
¡Fuera del hoyo!

Esperar en un hoyo sangriento quiere decir que usted cayó en una trampa o está en una situación crítica. En todo caso, usted está en esa posición debido a una falta de entendimiento que lo condujo a la crisis actual. Ante todo evite reaccionar irreflexivamente. Apresurarse sin tener un plan bien definido sólo empeorará sus problemas. Mantenga su sangre fría, espere hasta que vea claramente como puede salir de la mala situación.

Trabajo: Su trabajo o su carrera están en peligro. Mantenga su ecuanimidad y evite complicarse en más problemas. Por ahora no puede hacer mucho, no se apure, aplique una política de no intervención y espere a que la situación se distienda.

Vida privada: Evita confrontaciones violentas con otras personas a toda costa. Cualquier acción puede incrementar el peligro. No se precipite, espere a que las cosas mejoren por sí mismas.

Salud, sentimientos y relaciones sociales: Peligro de accidentes. Posible internación en un hospital.

Nueve en el quinto puesto

Esperando junto al vino y la comida.
La determinación es favorable.

Al esperar en el medio de la abundancia, usted puede restaurar sus energías mientras disfruta del momento presente. Usted está en el lugar adecuado, continúe perseverando en lo que hace.

Trabajo: Sin tener preocupaciones inmediatas, puede disfrutar de la abundancia. Si mantiene su determinación tendrá buenos prospectos de progreso.

Vida privada: Tendrá tiempo libre para relajarse y disfrutar de la buena mesa.

Salud, sentimientos y relaciones sociales: Felicidad y contentamiento. Buena salud.

Al tope un seis

Uno cae en el hoyo.
Llegan tres huéspedes sin invitación.
Trátalos con respeto y finalmente llegará la ventura.

El carácter chino traducido como "hoyo", tanto aquí como en la cuarta línea, también significa "cueva, agujero, morada subterránea". Significa que está atrapado en la oscuridad, que no se podrá ver una salida clara y que ha perdido la esperanza.

Los tres huéspedes no invitados son nuevas personas, ideas o influencias que, cuando menos lo espere, cambiarán por completo su situación, para mejor.

Si usted trata bien a sus huéspedes y les muestra respeto, obtendrá la claridad mental que necesita para poder salir del hoyo en el que se encuentra.

Trabajo: Nuevas oportunidades aparecerán cuando todo parecía estancado. Si usted no las desperdicia, su carrera se renovará y podrá conseguir nuevos negocios o un nuevo puesto. Esas oportunidades pueden consistir en una propuesta innovadora, nuevos socios o nuevos planes que le abrirán nuevas perspectivas de progreso.

Vida privada: Este es un buen tiempo para aceptar nuevas personas o ideas innovadores en su vida. Renovarse es la única forma de salir adelante.

Salud, sentimientos y relaciones sociales: Si usted está abierto a lo nuevo, su salud física y emocional mejorarán.

6

sòng
El conflicto / El pleito

El significado original del carácter chino que le da título a este hexagrama es "palabras" y "disputa pública".

Significados asociados

Conflicto, litigación, disputa, pelea, demandar justicia, acusación, discusión, quejas.

El Dictamen

El conflicto.
Eres sincero pero te frenan.
Detenerse con cautela a mitad de camino trae ventura.
Seguir hasta el final trae desventura.
Es favorable ver al gran hombre.
No es favorable atravesar el gran río.

> Tener la razón o estar del lado de la justicia no bastan para ganar un conflicto; además aunque usted gane, los costos pueden ser mucho mayores que los beneficios.
>
> Detenerse a mitad de camino significa buscar un punto medio donde ambos contendientes pueden llegar a un acuerdo pacífico.
>
> El gran hombre es un mediador de confianza que puede ayudar a ambas partes para hallar una solución mutuamente satisfactoria.
>
> Seguir adelante con el conflicto no es conveniente, por eso el Dictamen dice que no es favorable atravesar el gran río. Seguir hasta el final sería desastroso, usted podría enredarse en un conflicto sin fin que se arrastraría por mucho tiempo con gran costo.

Este hexagrama se refiere a juicios civiles; el otro hexagrama que está relacionado con asuntos legales es el 21: *La mordedura tajante*, que se refiere a los juicios penales.

La Imagen

Cielo y agua se mueven en direcciones opuestas: la imagen de El conflicto.
Así el noble, en todas las tareas que toma a cargo,
planea [se aconseja] bien antes de comenzarlas.

El cielo se encuentra muy por encima de las aguas. Dado que el movimiento natural del agua es hacia abajo, ésta nunca puede alcanzar el cielo. Esta relación simboliza a dos partes –los litigantes– que tienen objetivos y perspectivas opuestas.

Para prevenir los conflictos es aconsejable planificar con anticipación –solicitar consejo si es posible– y especificar claramente las responsabilidades y deberes de los involucrados. Si usted establece claramente su posición desde el principio, de esa forma minimizará el peligro de malos entendimientos que podrían causar futuras confrontaciones.

Al comienzo un seis

Si uno no perpetúa el asunto, habrá algunos chismes [críticas],
pero finalmente llegará la ventura.

En la etapa inicial del conflicto, cuando todavía no hay mucho en juego, sería fácil detenerse y prevenirlo, antes que las cosas se le salgan de las manos.

Puede haber algunas críticas, quizás algunas personas hagan comentarios al respecto, pero no pasará de eso. En este caso ventura significa eludir el conflicto, sin comprometerse y sin hacer el ridículo.

Trabajo: Cuando surgen diferencias de opinión, es mejor buscar un acuerdo antes que la situación se complique más. Cuanta más gente se involucre en el problema, tanto más difícil será solucionarlo sin que se agrave aún más.

Vida privada: Si ofrece algunas concesiones puede evitarse muchos problemas a largo plazo. En este caso, ceder un poco o flexibilizar su posición, al principio de las desavenencias, puede evitar que usted pierda mucho más, si deja que el conflicto crezca.

Salud, sentimientos y relaciones sociales: Los malos hábitos deberían controlarse apenas se están iniciando, antes de que puedan causar daño. Sea tolerante y flexible con las personas agresivas.

Nueve en el segundo puesto

Uno no puede triunfar en el pleito y escapa regresando a su casa.
Los habitantes de su ciudad, trescientas familias, no sufrirán infortunio.[1]

Cuando uno enfrenta un poder superior, la mejor opción es retirarse a un lugar seguro, abandonando el pleito. De seguir adelante con el conflicto, éste lo envolvería no sólo a usted, sino que también dañará a su familia y sus amigos.

Regresar a su casa también indica que es bueno que mantenga un perfil bajo, no se arriesgue entrando en un territorio desconocido.

Trabajo: La mejor decisión estratégica es retroceder hasta una posición segura. Si usted no cede puede llegar a perderlo todo e incluso puede dañar a la organización a la que usted pertenece.

Vida privada: Es mejor renunciar a una pelea que no puede ser ganada para salvaguardar el futuro de su familia, antes que arriesgar todo en un intento vano.

Salud, sentimientos y relaciones sociales: Si no se modera y se restringe un poco, su salud se verá comprometida. Evite entrar en conflictos con otras personas.

Seis en el tercer puesto

Subsistiendo de antigua virtud.
Determinación frente al peligro.
Finalmente llega la ventura.
Si sigues al servicio de un rey no podrás completar tu obra.

Las costumbres y usos tradicionales son la opción más segura, especialmente cuando uno se enfrenta con adversarios poderosos.

Este no es el momento apropiado para hacer reformas ni para asumir riesgos. La situación no puede ser mejorada, pero puede ser mantenida estable. Una actitud firme y tradicional obtendrá los mejores resultados. Compórtese con modestia y mantenga un perfil bajo para evitar llamar la atención sobre usted mismo.

La última frase, que dice que no podrá completar su obra, alternativamente podría traducirse como "Si estás al servicio de un rey no podrás sacar ventaja".

En todo caso, el significado es que usted debe cumplir con su deber, sin preocuparse por los premios ni por el resultado final.

Trabajo: Cumpla con sus obligaciones a la letra sin tratar de modificar ni mejorar lo que le ordenaron. Algunos proyectos pueden ser detenidos o pospuestos.

Vida privada: No es tiempo para innovar. Mantenga su estilo de vida y sus costumbres sin introducir cambios.

Salud, sentimientos y relaciones sociales: No es buen momento para probar nuevas medicaciones o tratamientos ni para cambiar de médico.

Nueve en el cuarto puesto

No puede ganar el pleito.
Uno se vuelve atrás y acepta el destino.
Cambia su actitud y encuentra paz.
La determinación aporta ventura.

Cuando su oponente tenga la razón, aunque usted tenga más poder, no trate de intimidarlo; su mejor opción es renunciar y evitar el pleito.

Acepte la situación tal como es y abandone sus ambiciones. Esta es la única forma de conseguir paz y buenos resultados a largo plazo.

Trabajo: Acepte las cosas tal como son y no trate de distorsionar la realidad para sacar ventaja. No deje que su ambición lo obsesione o eso le traerá más problemas que ventajas.

Vida privada: Escuche a su conciencia y acepte que usted estaba actuando mal. No trate de obligar a la gente a hacer las cosas a su manera.

Salud, sentimientos y relaciones sociales: Cuando reduzca el estrés y la competitividad de su vida, su salud y su estado de ánimo mejorarán. Sea cooperativo y adaptable en lugar de tratar de dominar la situación.

Nueve en el quinto puesto

Pleiteando.
Sublime ventura.

La quinta línea es el gobernante del hexagrama y simboliza un árbitro justo.

Para resolver el pleito de una forma justa y razonable usted debería buscar a alguien confiable e imparcial, que esté situado en una posición de autoridad y que sea respetado por ambas partes.

No basta con sólo buscar un mediador adecuado o expresar el deseo de solucionar la situación, sino que usted debe tomar medidas concretas para poder llegar a un acuerdo.

Trabajo: Una solución exitosa del conflicto destrabará la situación y como resultado usted tendrá buenas oportunidades laborales o de negocios.

Vida privada: Busque la ayuda de una persona imparcial que pueda actuar como intermediario para solucionar el conflicto.

Salud, sentimientos y relaciones sociales: Si modera sus deseos y su comportamiento será más feliz y disfrutará más de la vida.

Nueve en el sexto puesto

Si uno recibe como premio un cinturón de cuero,
para el final de la mañana se lo habrán arrancado tres veces.

El cinturón de cuero es un símbolo de rango y autoridad.

Perderlo varias veces indica que su victoria no será sostenible, sino que provocará un conflicto interminable.

Si quiere tener paz, trate de ser cooperativo, no competitivo.

Trabajo: Su situación es inestable, tendrá éxitos y fracasos, acompañados por amargas disputas.

Vida privada: Experimentará ganancias y pérdidas. Si obtiene algo por la fuerza, eso le creará enemigos que no lo dejarán en paz.

Salud, sentimientos y relaciones sociales: Si usted se destaca en forma agresiva, eso despertará la envidia de otros que buscarán cómo hacerlo caer. Su situación es estresante, sería mejor que tuviera un perfil más bajo.

Notas

1. En la China antigua, quien perdía un litigio debía pagar una pena, o si recibía una penalidad severa, podía conmutarla por un pago. Sus vasallos –los habitantes de su ciudad– estarían forzados a pagar la multa de su señor feudal con su trabajo, de ahí que si su señor se retiraba del juicio antes de perderlo, ellos no sufrirían daño. Otra interpretación es que el conflicto era entre el señor feudal y sus vasallos y que éstos últimos no sufren infortunio porque ganaron el pleito.

7

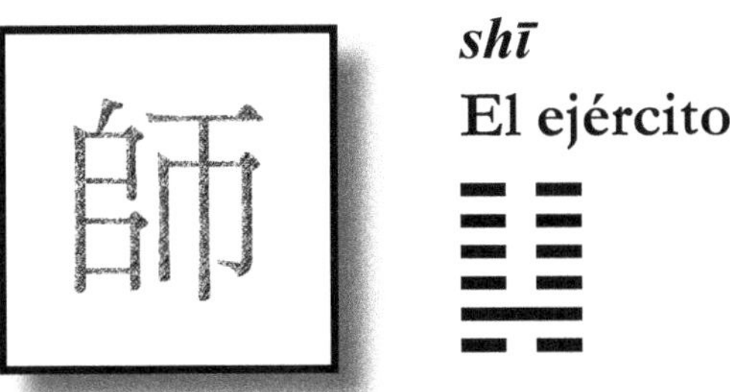

shī
El ejército

El ideograma usado como título para este hexagrama muestra a las tropas defensoras (帀) rodeando la muralla de una ciudad (𠂤).

Significados asociados

Ejército, tropas, legión, milicias, un grupo disciplinado, multitud; amo, maestro, líder; tomar como un maestro, imitar, seguir a un modelo o una norma; virtudes militares.

El Dictamen

El Ejército.
La determinación es venturosa para un hombre fuerte.
Sin defecto.

> Para conducir un ejército se necesita un líder fuerte que tenga metas claras, expresadas con firme determinación.
>
> La buena organización y la disciplina evitarán que el ejército se convierta en una turba. Mantener el orden en las filas del ejército es imperativo. También se deben de tomar precauciones contra el peligro externo.

La Imagen

La Tierra contiene agua en su interior: la imagen del ejército.
Así el noble alberga e incrementa [alimenta] la multitud.

> El trigrama *Kan*, ☵, que aparece en la parte inferior de este hexagrama es el símbolo del agua en movimiento, pero también indica peligro; el trigrama *Kun* ☷, corresponde a las tres líneas superiores

y simboliza la Tierra. El ejército es como el agua en movimiento, poderosa y peligrosa, pero en este caso permanece oculta, en las profundidades de la Tierra. Un líder poderoso puede movilizar las masas y darles dirección y propósito, tal como el agua es canalizada en la dirección precisa.

El noble es una persona con ideales elevados y capacidad superior, que cuida y soporta a la gente tal como la tierra contiene el agua. El noble sabe cómo atraer seguidores a su causa y cómo motivarlos y dirigirlos efectivamente.

Al comienzo un seis

El Ejército debe partir en filas ordenadas.
Si la disciplina es mala habrá desventura.

El ejército requiere organización y disciplina, de otra forma nunca será una fuerza efectiva. Desde el principio se deben establecer reglas y metas claras; apresurarse para adelante sin una planificación adecuada o con carencia de disciplina sería desastroso.

Trabajo: Las primeras etapas de cualquier proyecto que se inicia deben planificarse cuidadosamente y las responsabilidad de cada persona implicada en el mismo tienen que ser claramente delimitadas para prevenir futuros problemas. Cuánto más gente participe en el proyecto, tanto más se necesitan reglas estrictas y claras.

Vida privada: No inicie nuevos proyectos con liviandad o apuro, tómese todo el tiempo que sea necesario para considerar cuidadosamente lo que quiere hacer y cerciórese que las personas que colaboran con usted saben claramente qué se espera de ellos.

Salud, sentimientos y relaciones sociales: Su salud mejorará si pone un poco más de orden en su vida. El descontrol extremo perjudicará su salud y empeorará la calidad de su vida.

Nueve en el segundo puesto

En medio del ejército.
Ventura.
Ningún defecto.
El rey le confiere tres veces recompensas y promociones.

Esta es la posición del líder, la única línea *yang* en este hexagrama. El rey otorgando premios y promociones simboliza a un gobernante que soporta y promueve a alguien cualificado como líder del ejército (la segunda línea); también indica que usted recibirá ayuda desde las altas esferas.

Trabajo: Será promovido por sus superiores en reconocimiento a sus méritos,.

Vida privada: Tendrá buenas relaciones con sus amigos y familia. Usted es apreciado por todos y sabrá cómo actuar correctamente en el momento oportuno. Buenas oportunidades de progreso.

Salud, sentimientos y relaciones sociales: Excelente salud y felicidad.

Seis en el tercer puesto

Quizás el ejército lleve cadáveres en el carruaje.
Desventura.

En la China antigua, durante los sacrificios a los ancestros, en ocasiones un niño personificaba al difunto antecesor. Interpretando esta línea a la luz de esa tradición, el llevar cadáveres en el carruaje puede indicar que el verdadero líder del ejército no está presente, sino que es sustituido por alguien incapaz durante la batalla.

Esta línea indica un liderazgo que no está a la altura de la situación, falta de capacidad y malentendidos, lo que impide manejar bien los recursos y las personas que forman el ejército. Tal falta de liderazgo causará resultados desastrosos.

Trabajo: Puede sufrir grandes pérdidas o quedarse sin trabajo por una falla de la dirigencia. El jefe no sabe lo que hace o es reemplazado por un incompetente en un momento crítico.

Vida privada: Este no es un buen momento para iniciar nada nuevo. Sea cuidadoso y no relegue responsabilidades en otros; ocúpese de atender con cuidado todas sus obligaciones.

Salud, sentimientos y relaciones sociales: Problemas de salud, tristeza, duelo. Alguien puede llegar a morir en la familia.

Seis en el cuarto puesto

El ejército acampa a la izquierda. Sin defecto.

Acampar a la izquierda significa retirarse del campo de batalla y volver a las barracas. En este momento una batalla sería desventajosa, porque las circunstancias no son propicias, lo mejor es retirarse.

Trabajo: No se arriesgue avanzando o intentando hacer nada nuevo. Permanezca a resguardo del peligro hasta que pueda continuar adelante.

Vida privada: Esté satisfecho con lo que usted ya tiene y sea cuidadoso. Tómese algún tiempo para descansar en soledad.

Salud, sentimientos y relaciones sociales: No es buen momento para hacer cambios ni tener una vida social intensa. Manténgase tranquilo y no haga esfuerzos ni inicie nada nuevo.

Seis en el quinto puesto

En el campo hay presas [animales, captura, caza].
Es favorable capturarlos para interrogarlos.
Sin defecto.
El hijo mayor debería conducir el ejército,
si lo hiciera el menor los carruajes serán usados para llevar cadáveres.
La determinación es ominosa.

Las presas de caza en el campo indican que este es el momento oportuno para actuar, y que podrá capturar lo que busca.

Que la presa esté al descubierto también puede indicar que este es buen momento para atacar porque el enemigo está descuidado o se encuentra en una posición vulnerable.

Capturar para interrogación quiere decir que usted debería de aprehender y analizar la situación en todos su matices, antes de tomar acción.

Es importante aguardar hasta que los hechos sean claramente entendidos antes de actuar para solucionar la crisis actual.

El hijo mayor simboliza un buen liderazgo, pero si el líder no está bien calificado (el hijo menor) es resultado será la derrota.

"La determinación es ominosa" indica que usted debe saber contenerse y solo debe avanzar hasta que sus objetivos sean alcanzados, pero no más allá. Si usted carece de auto-disciplina y sobrepasa los límites debidos, su aparente victoria se convertirá en cenizas.

Trabajo: Se le ofrecerá una gran oportunidad, cuando aparezca un nuevo factor que cambiará el balance del poder. Si usted sabe manejar bien la situación, puede sacar gran ventaja, pero si falla será muy perjudicado.

Vida privada: La situación cambiará debido a la aparición de alguien o algo nuevo. Es propicio intervenir con firmeza y moderación.

Salud, sentimientos y relaciones sociales: Una intervención quirúrgica puede llegar a ser necesaria. Es importante elegir al cirujano adecuado y esperar hasta tener un diagnóstico claro. Considerar todas las opciones posibles antes de tomar una decisión.

Al tope un seis

El gran soberano tiene el mandato [del cielo] para fundar un estado y heredar la casa [el reino conquistado].[1]
No se deben emplear hombres vulgares.

Después de alcanzar sus metas, lo más importante es consolidar la situación. Utilice sus recursos sabiamente para evitar problemas.

Los "hombres vulgares" se refieren tanto a personas de poco nivel como a deseos impropios; ambos deberían evitarse.

Trabajo: Después de que sus objetivos hayan sido logrados es necesario delegar responsabilidades y establecer una estructura administrativa adecuada. Elija sabiamente a sus colaboradores, evitando utilizar gente que sólo busca su propia ventaja.

Vida privada: Puede heredar una propiedad. Va a prosperar, pero su riqueza puede atraer a algunos falsos amigos, no le de confianza a la gente indigna.

Salud, sentimientos y relaciones sociales: Es importante que mantenga su vida en equilibrio, no comprometa su salud física y emocional con hábitos poco saludables o amigos de bajo nivel.

Notas

1. Esta línea se refiere a la fundación de la dinastía *Zhou* después de la victoria en el campo de batalla de *Mu*. Vea el **Glosario**, en la pág. 405, para tener más detalles sobre la dinastía *Zhou*.

8

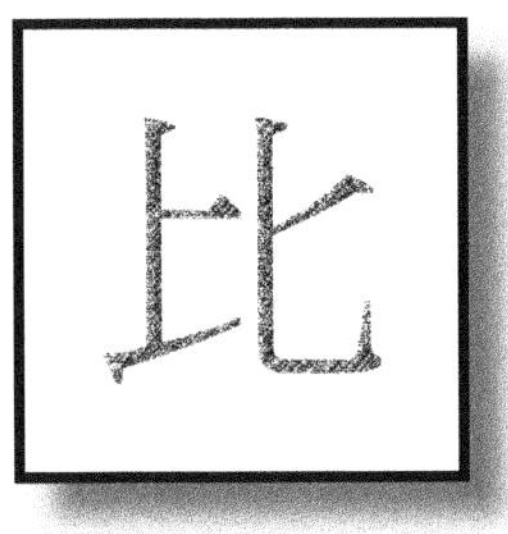

bǐ

La solidaridad / Alianza / El mantenerse unidos

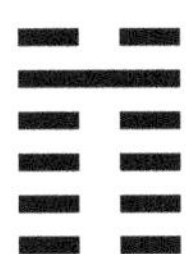

El carácter chino que le da título a este hexagrama muestra a dos hombres (人), uno al lado del otro. Eso se nota mejor en la versión más antigua del mismo carácter: 𠤎𠤎.

Significados asociados

Solidaridad, aliarse con, combinar, unir, asociarse con, ir junto con, seguir, partidario; par, igual, similar.

El Dictamen

La solidaridad trae ventura.
Sigue el oráculo hasta la fuente,
ve si tienes elevación, duración y determinación;
si es así no habrá defecto.
Llegarán de las tierras sin paz.
Los hombres que lleguen tarde tendrán desventura.

> Solo podrá lograr una alianza que lo satisfaga si no tiene dudas y está firmemente convencido de que la unión es buena para usted; de otra forma no podrá tener suficiente determinación como para lograr una unión satisfactoria.
>
> La frase "tierras sin paz" se refiere tanto a las personas con dudas como a aquellos rebeldes que no quieren dejar atrás sus costumbres poco solidarias. No importa el motivo, todo el que se demore demasiado perderá la oportunidad de alcanzar la unión.

El Dictamen muestra a un rey convocando a sus jefes tribales. Aquellos que lleguen tarde no serán bien recibido, e incluso pueden ser castigados, por ser desleales. Hay un tiempo propicio para entrar en un grupo, pero quien llega demasiado tarde ya no podrá ser un miembro con el mismo nivel que aquellos que llegaron al principio.

La Imagen

Sobre la tierra hay agua: la imagen de la solidaridad.
Así los reyes de antaño asignaban los diez mil diferentes estados y
mantenían trato amistoso con todos los príncipes vasallos.[1]

La tierra contiene el agua, la cual a su vez humedece y fertiliza la tierra; esto muestra cómo la solidaridad beneficia a todos sus participantes.

De la misma forma, un líder sostiene relaciones mutuamente beneficiosas con sus asociados, manteniendo las vías de comunicación abiertas como si fueran canales por donde fluye el agua.

Diez mil indica un gran número. En el mundo hay muchos estados, tal como hay muchas grandes masas de agua. La comunicación de las naciones, fertiliza el mundo en la misma forma que el agua que fluye fertiliza la tierra. De la misma forma, la comunicación entre las personas permite que éstas se unan para colaborar mutuamente.

Al comienzo un seis

Si hay sinceridad la unión será sin defecto.
Lleno de sinceridad como una vasija de barro rebosante.
Finalmente, a través de otros, llegará la ventura.

La sinceridad es esencial para mantener buenas relaciones con los amigos y asociados. La vasija de barro rebosante simboliza un acercamiento sincero y lleno de sustancia, donde no hay falsas apariencias, sino una realidad palpable. Muestra que se ofrece algo de valor real, con generosidad y sin engaño.

Si usted tiene una actitud sincera tal como una vasija de barro cuyo contenido rebosa y usted ofrece algo real, no meras palabras, así podrá ganar la confianza de los demás y conseguirá alcanzar una unión plena, que le traerá felicidad a todos sus miembros.

La vasija de barro rebosante también indica que su capacidad y sinceridad atraerá a la gente. La mención de los "otros" significa que personas valiosas que están por afuera de su círculo usual de conocidos serán atraídos por lo que usted ofrece.

Trabajo: Su proposición será apreciada y su sinceridad reconocida. Buenos negocios y/o una promoción están por llegar.

Vida privada: Este es un excelente momento estrechar sus vínculos, no solo con sus seres queridos, pero también con nuevos conocidos que sean atraídos por su sinceridad.

Salud, sentimientos y relaciones sociales: Comparta sus bendiciones sinceramente con sus seres queridos. Su sinceridad le permitirá gozar de una muy buena vida social.

Seis en el segundo puesto

La solidaridad procede del interior de la conciencia.
La determinación es venturosa.

Su afinidad con cierta persona (la quinta línea *yang*, uno con una posición superior) al principio solo será manifestada en forma interna, como un sentimiento compartido. Una relación tal, verdadera, sin intereses espurios, le traerá buena fortuna.

La solidaridad procedente del interior también indica que usted debería de permanecer leal a sus camaradas y sus amigos.

Trabajo: Esté preparado para compartir sus ideas con sus colegas y asociados, ellos apreciarán mucho su aporte. Este es un buen momento para trabajar dentro de un grupo, no permanezca solo.

Vida privada: Usted se expresa con sinceridad y los lazos que lo unen a sus seres queridos son intensos y puros porque proceden de afinidades naturales.

Salud, sentimientos y relaciones sociales: Sea fiel a usted mismo. No se reprima, exprese libremente sus sentimientos sin preocuparse por la aprobación de otros.

Seis en el tercer puesto

Solidaridad con la gente incorrecta.

Los dos caracteres chinos traducidos como “gente incorrecta” también significan “bandido, persona despreciable”. No le brinde su confianza y solidaridad a las malas personas, porque ellos sólo le engañarán y se aprovecharán de usted.

No hay pronóstico adjunto, pero si se mezcla con malas compañías su futuro no será prometedor y lo privará de conseguir relaciones con mejores personas,

Trabajo: Debería reconsiderar sus alianzas y lealtades, porque no tiene buenas perspectivas con sus actuales asociados.

Vida privada: Si se relaciona con gente de baja moralidad se perjudicará a sí mismo.

Salud, sentimientos y relaciones sociales: Los vicios y los malos hábitos, dañarán su salud física y detendrán su desarrollo espiritual. Evite caer en dependencias degradantes.

Seis en el cuarto puesto

Solidaridad con gente del exterior.
La determinación es venturosa.

No se deje esclavizar por la rutina ni se relacione únicamente con sus viejos conocidos. Este es un buen momento para buscar contactos por afuera de su círculo social o laboral habitual.

Esta línea describe el momento cuando se toma abiertamente la decisión de unirse a alguien o de relacionarse con nueva gente, con costumbres diferentes a las suyas o provenientes de un lugar lejano.

Trabajo: Este es un excelente momento para establecer alianzas y expandir sus horizontes.

Vida privada: Salga afuera y busque nuevas relaciones. Podrá encontrar personas o intereses buenos y provechosos.

Salud, sentimientos y relaciones sociales: No sea tímido, puede conseguir buenos nuevos amigos que quizás vengan del extranjero o tengan un estilo de vida distinto al suyo.

Nueve en el quinto puesto

Solidaridad manifiesta.
El rey usa batidores para las presas de caza por tres lados,
y deja ir a los animales que van enfrente de él.[2]
Los habitantes del pueblo no desconfían.
Ventura.

Esta línea describe cómo el líder, la persona que es el núcleo de la unión solidaria, motiva a la gente y los pone en movimiento, pero sin forzar la decisión final de nadie.

Aquellos que lo conocen, "los habitantes del pueblo", son personas de su misma organización o familia, ellos confían en él y no necesitan ser convencidos.

Los animales que son batidos son las personas que el líder busca atraer a su lado. Aquí la unión es completamente voluntaria; la gente decide por sí misma si ellos quieren unirse al líder o si lo rechazan.

La unión entre alto (el líder, la quinta línea) y bajo (la gente) traerá ventura para todos.

Trabajo: Este es un buen momento para la publicidad, las promociones, las relaciones públicas y para incorporar nueva gente a su negocio. Si alguien no quiere colaborar, déjelo ir, no trate de retenerlo.

Vida privada: Usted es un líder natural que despierta la confianza de la gente y por eso recibirá un apoyo generalizado.

Salud, sentimientos y relaciones sociales: Buen momento para conocer a otras personas y para hacerse conocer. Si alguien le interesa, no insista, deje que la otra persona se acerque naturalmente.

Al tope un seis

Solidaridad sin un líder.
Desventura.

La alianza fracasó porque no ofreció propuestas atractivas y no hubo un buen liderazgo. Las consecuencias son el aislamiento y la tristeza.

La falta de liderazgo puede deberse a desacuerdos entre los miembros del grupo o a intereses divergentes, esos conflictos pueden destruir a cualquier grupo.

Trabajo: Un proyecto, un negocio o una oportunidad laboral, va a fracasar debido a desavenencias, intereses encontrados o simplemente falta de voluntad.

Vida privada: Si usted pierde el momento apropiado para establecer una alianza, se quedará solo.

Salud, sentimientos y relaciones sociales: Si dejar pasar el momento adecuado para unirse a otros, se quedará solo y sufrirá.

Notas

1. Este texto fue escrito alrededor del año 1000 a. C., durante la Edad de Bronce en China, cuando el feudalismo era el sistema de gobierno imperante.

2. "La antigua norma para expediciones de caza era que después que los batidores completaban su trabajo y el rey estaba listo para tomar sus presas, un lado de la cerca dentro de la cual se había llevado a los animales, se dejaba abierto y sin guardia. Esto demostraba la benevolencia real, que no quería matar a todas los animales capturados ahí adentro". (Legge)

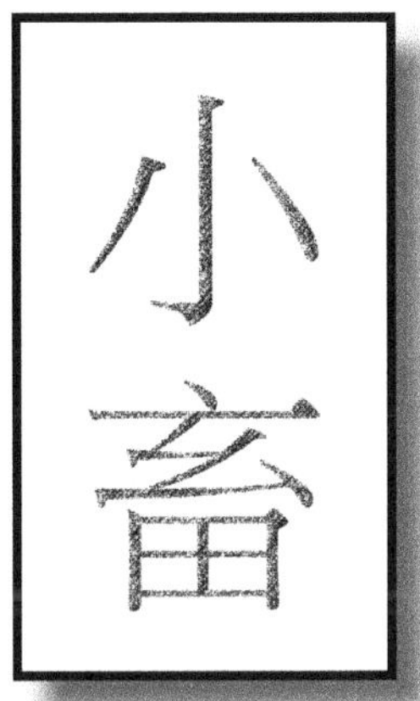

xiăo chù
La fuerza domesticadora de lo pequeño

Los dos caracteres chinos que le dan título a este hexagrama significan "pequeño" y "tierra negra fértil", dando la idea de cultivo o crianza de animales en pequeña escala.

Significados asociados

Acumular, alimentar, soportar, cultivar, agricultura, domesticar, hacerse cargo de cosas que no son muy importantes. Todo hecho en pequeña escala.

El Dictamen

La fuerza domesticadora de lo pequeño tiene éxito.
Densas nubes, ninguna lluvia desde nuestras fronteras del Oeste.[1]

> Las nubes, sin lluvia indican resultados parciales, un trabajo en progreso que aún no fructifica. La lluvia simboliza el éxito final de los esfuerzos realizados.
>
> Por ahora sólo se pueden hacer pequeñas cosas. Este no es tiempo para efectuar gastos excesivos ni para tratar de lograr grandes cosas.
>
> Es propicio actuar con moderación, planeando para el futuro. Este es un buen momento para consolidar el terreno para una futura expansión.
>
> Es importante brindar buena atención a todos los pequeños detalles y mantener el objetivo final en mente. Acumule información, per-

feccione sus planes y verifique que nada quede librado al azar para que cuando le sea posible actuar en gran escala usted esté preparado correctamente.

La Imagen

El viento recorre el cielo: la imagen de La fuerza domesticadora de lo pequeño.
Así el noble cultiva la manifestación de su poder espiritual.

El término traducido como poder espiritual, también significa "virtud, naturaleza, carácter, habilidad, integridad moral".

Cultivar la manifestación del poder espiritual significa que uno se preocupa por tratar amablemente, con cortesía y tolerancia a todas las personas. No es propicio actuar como un hosco ermitaño, sino que debería aprender a relacionarse bien con las personas y saber como proyectar una imagen positiva.

Al comienzo un nueve

Retorno al camino propio.
¿Como podría ser un error?
Ventura.

Es preferible retroceder, ejerciendo dominio de usted mismo, aunque tenga que renunciar a alguna cosa, antes que exponerse al peligro.

El término traducido como "propio" también significa "fuente, origen", eso indica que debería regresar a su vocación o punto de partida original, del cual usted se alejó.

Esta línea también aconseja retornar a la vida normal después de haberse extraviado.

Trabajo: Retroceda, disminuya sus gastos y concéntrese en los aspectos básicos de su negocio o profesión.

Vida privada: Usted puede llegar a renovar viejas costumbres o reencontrarse con personas de su pasado.

Salud, sentimientos y relaciones sociales: Felicidad que viene del pasado.

Nueve en el segundo puesto

Dirigido hacia el retorno.
Ventura.

Después de ver lo que hacen otras personas en una posición similar a la suya, usted decidirá que es bueno volver atrás. La palabra china traducida como "dirigido" también significa "guiado a mano, halado, arrastrar, tirar de, arrastrar un animal con una cuerda". Eso quiere decir que alguien puede convencerlo, influenciarlo o presionarlo para que vuelva atrás.

Este momento marca el final de un ciclo. Volver atrás será enteramente positivo; usted se ahorrará problemas y posibilitará su éxito futuro si retrocede ahora. Posiblemente usted tenga más suerte en el próximo intento.

Trabajo: Sus posición es insostenible. Siga el ejemplo de otros, de un paso atrás y busque una forma distinta de hacer las cosas.

Vida privada: Es tiempo de que reevalúe sus objetivos y métodos. Evite conflictos y siga el buen consejo de sus amigos.

Salud, sentimientos y relaciones sociales: No se aísle, usted no puede seguir adelante solo. No abuse de su salud ni de sus fuerzas.

Nueve en el tercer puesto

Se remueven los rayos de las ruedas del carruaje.[2]
El hombre y la mujer esquivan mirarse a los ojos.

El carruaje simboliza un proyecto que ha sido detenido por completo, tal como un carruaje no puede avanzar si sus ruedas están rotas, usted está detenido, sin posibilidad alguna de avanzar.

El hombre y la mujer que no se miran indican falta de cooperación, conflictos, indiferencia, gente con objetivos contradictorios o con severos desacuerdos. El conflicto entre el hombre y la mujer también puede significar falta de entendimiento y buena voluntad entre un jefe y sus empleados.

Trabajo: Falta de cooperación y un liderazgo ineficiente evitarán que los proyectos laborales prosperen

Vida privada: Conflicto entre cónyuges, dentro de la familia o con amigos cercanos. Hasta que algún diálogo sincero aclare y distienda la situación, no habrá forma de superar los desacuerdos.

Salud, sentimientos y relaciones sociales: Soledad y desilusión. Puede sufrir problemas digestivos o sexuales.

Seis en el cuarto puesto

Si eres sincero, desaparece la sangre y las preocupaciones
son echadas de lado.
Sin defecto.

Su usted muestra su sinceridad claramente, sus antagonistas le perderán la desconfianza, estarán más dispuestos a dialogar y se evitarán futuros conflictos. La sangre simboliza odio, violencia y mala voluntad. Después que la confianza se recobre, el riesgo de conflictos violentos disminuirá y todas las personas afectadas se sentirán aliviadas.

La única forma de desactivar el conflicto y evitar más complicaciones es actuar con honestidad, solo así podrá a llegar a un acuerdo con la parte contraria.

Trabajo: No esconda la realidad de sus colaboradores o jefes, total sinceridad es la única forma de evitar malentendidos y desconfianza y así evitar más problemas.

Vida privada: Los desacuerdos y los conflictos son generados por los malentendidos y las sospechas. Si usted les hacer saber sus intenciones y sentimientos a todas las personas implicadas y les explica claramente su punto de vista, ellos serán más comprensivos y colaborarán con usted.

Salud, sentimientos y relaciones sociales: Abra los ojos a la realidad, tanto la externa como la de sus propios sentimientos. No esconda sus sentimientos reales sino reconózcalos. Mantenga las vías de comunicación con la gente abiertas. Sólo de esta manera podrá armonizar su vida y reducir el estrés de su situación.

Nueve en el quinto puesto

Si eres sincero la alianza con tus vecinos traerá prosperidad para todos.

El ideograma chino traducido como "vecinos", también significa "vecindario, familia extendida, asociado, asistente".

Con sinceridad usted convencerá a los demás para que colaboren con usted. Esté dispuesto a compartir su prosperidad con otros, a largo plazo eso será beneficioso para todos, incluyéndolo a usted.

Trabajo: Un clima de confianza entre los jefes y sus subordinados favorecerá el florecimiento de sus negocios y aumentará la productividad. El trabajo en equipo impulsará los proyectos para adelante y beneficiará a todos. Promoción y avance en su carrera o negocio.

Vida privada: Comparta sus sentimientos y objetivos con sus seres queridos y coopere con sus vecinos por el bien del vecindario. Sea generoso con su personal doméstico.

Salud, sentimientos y relaciones sociales: Tendrá muy buena comunicación y relaciones sociales con la gente que o rodea. Gozará de buena salud y estará satisfecho con su vida.

Nueve en el sexto puesto

Cayó la lluvia y pudo descansar.
Su poder espiritual le acarrea reconocimiento.
La determinación es peligrosa para una esposa.
La luna está casi llena.[3]
Si el noble marcha [inicia una campaña] habrá desventura.

Poco a poco, acumulando pequeños detalles, usted llevó adelante su proyecto hasta alcanzar la consumación del mismo. La lluvia indica relajación después de un tiempo de estrés y significa que este es el momento adecuado para detenerse y descansar.

La gente que lo rodea lo aprecia y reconoce su valor, pero no se deje llevar por el orgullo, si usted intenta sobrepasar sus actuales logros, pondrá todo en peligro.

La referencia a una esposa indica que usted logró todos sus logros gracias a la suma de pequeños y meticulosos esfuerzos, no utilizando la fuerza o los medios directos (*yang*), sino con astucia y meticulosidad (*yin*). Note la referencia a la luna que está casi llena (compare con 54.5 y 61.4). El poder *yin* está en su punto de máximo poder cuando la luna está llena, pero a partir de ese momento comenzará a declinar, por eso este no es un tiempo propicio para marchar adelante con ambición. Conténgase y disfrute de lo que ha ganado, sin buscar más.

La luna llena también indica que un ciclo está por terminar y todo está por cambiar.

Trabajo: Este es el momento propicio para que se detenga y consolide su avance. Sus jefes confían en usted, pero si no sabe como auto controlarse y deja que su ambición lo domine, no sólo perderá lo que ha ganado hasta ahora, sino que incluso puede perder su empleo.

Vida privada: Sus amigos y familiares confían en usted. Esté complacido con lo logró alcanzar. No trate de controlar todo ni de extenderse más o se expondrá a muchas pérdidas y problemas.

Salud, sentimientos y relaciones sociales: Relájese y descanse. No tiente a la suerte intentando conseguir más de lo debido o perderá todo lo que ha ganado.

Notas

1. Las fronteras del Oeste son una referencia a la ubicación de la tierra natal del rey *Wen*, quien fue el fundador de la dinastía *Zhou* y el autor del *Yijing* –de acuerdo a la tradición–. Nubes, pero no lluvia es una referencia a cuando los *Zhou* aún no eran los suficientemente fuertes como para conquistar a la dinastía *Shang*.
2. Compare este texto con la segunda línea del hexagrama 26.
3. Vea referencias similares en los hexagramas 54.5 y 61.4.

10

lǚ

El porte / La pisada

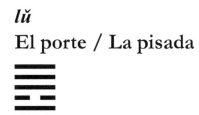

El carácter chino que le da título a este hexagrama muestra a un hombre caminando por la calle con sus zapatos.

Significados asociados

Pisar, hollar, caminar, huellas, pista, recorrer un camino; conducta, porte, comportamiento; zapatos, sandalias.

El Dictamen

Pisando la cola del tigre.
Este no muerde al hombre.
Éxito.

Pisar la cola del tigre indica un período de peligro, cuando uno se enfrenta con personas o situaciones que requieren el máximo tacto y cuidado para no sufrir graves perjuicios. El hecho de que el tigre no muerda al hombre significa que uno es capaz de comportarse correctamente frente al peligro. Este no es un tiempo para tener actitudes desafiantes o despreocupadas. La actitud que garantizará el éxito y evitará caer en el peligro es una de atención al detalle y cortesía.

El tigre simboliza una fuerza poderosa y salvaje; cuando usted se enfrente a personas con esas características, evite antagonizarlos, avance suavemente, pero con firmeza. El tigre notará que usted pisa su cola, pero lo tolerará, si usted no lo irrita indebidamente.

La Imagen

Arriba el cielo, abajo el lago: la imagen del Porte.
Así distingue el noble entre alto y bajo y establece el propósito del pueblo.

La distancia entre el cielo y el lago simboliza el rango de diferentes comportamientos en la sociedad humana. El noble trata de entender las expectativas, motivaciones y anhelos de la gente, para evitar conflictos y poder motivar y mantener la mente del pueblo enfocada en ideales positivos.

Al comienzo un nueve

Porte sencillo. Avance sin defecto.

Al comenzar algo nuevo, antes de estar comprometido, uno no tiene asignadas responsabilidades y es libre de seguir su voluntad sin complicaciones. Por eso una actitud relajada es adecuada en este momento.

Trabajo: Usted puede elegir libremente su camino, siguiendo su voluntad. Puede quedarse en su actual posición o buscar un nuevo trabajo.

Vida privada: Mientras no exija demasiado de su vida ni asuma grandes responsabilidades, podrá moverse libremente y dedicarse a lo que realmente le interesa.

Salud, sentimientos y relaciones sociales: Buena salud. Felicidad e inocencia.

Nueve en el segundo puesto

Pisando un camino llano y fácil.
La determinación de un hombre solitario es venturosa.

La palabra traducida como "solitario" también significa "oscuro, apartado". El hombre solitario simboliza a un sabio que sigue su propio camino sin buscar fama o fortuna. Debido a que él no pide mucho de la vida, es modesto y sigue su real vocación, su camino es fácil de recorrer.

Trabajo: Si usted se concentra en cumplir con sus obligaciones sin preocuparse por las recompensas, podrá obtener los mejores resultados con un mínimo de estrés.

Vida privada: Usted está contento con su suerte y sabe vivir sin complicaciones.

Salud, sentimientos y relaciones sociales: Buena salud y balance emocional.

Seis en el tercer puesto

Un tuerto puede ver, un tullido puede pisar.
Pisa la cola del tigre y este muerde al hombre.
Desventura.
Un guerrero actúa como si fuera un gran príncipe.

Si usted trata de vivir por encima de sus posibilidades solo se buscará problemas. Un tuerto que cree que puede ver o un tullido que piensa que puede caminar correctamente, indican a alguien que ignora sus limitaciones y se expone al peligro al intentar realizar cosas que están fuera de su alcance.

El tigre que muerde al hombre insensato y la desventura indican importantes pérdidas y un gran retroceso.

El guerrero que actúa como si fuera un príncipe significa que si actúa con osadía encarando algo que está por encima de sus propias fuerzas o más allá de lo que usted conoce, tendrá desventura.

Note que la ultima línea también podría traducirse como "Un guerrero actúa siguiendo las órdenes de su príncipe". Tomando esta traducción alternativa obtendríamos una interpretación diferente. Exponerse al peligro intentando algo que está por encima de las propias fuerzas estaría justificado solo si usted lo hace porque tiene que cumplir con su deber y no tiene otra alternativa.

Trabajo: No se deje arrastrar por la ambición desmedida. Si usted es demasiado atrevido sólo se meterá en problemas.

Vida privada: Las actitudes temerarias lo pondrán en peligro. Si usted ignora sus limitaciones puede tener un accidente.

Salud, sentimientos y relaciones sociales: Si no aprende a ponerse límites a sí mismo usted puede sufrir una grave crisis, dañando su salud y arruinando su vida social.

Nueve en el cuarto puesto

Pisa la cola del tigre con suma cautela.
Al final habrá ventura.

La situación es complicada y usted está bajo presión, pero actuando con mucha cautela y prudencia todavía puede tener éxito.

Trabajo: Usted está bien encaminado, pero su posición es delicada; sólo si le presta mucha atención al detalle y tiene extraordinaria cautela podrá llevar a cabo sus planes con éxito.

Vida privada: Usted sabe perfectamente lo que tiene que hacer para lograr buenos resultados. Si es cuidadoso y no comete errores podrá superar la difícil situación actual.

Salud, sentimientos y relaciones sociales: Las situación es muy complicada, pero si toma las precauciones adecuadas su salud mejorará.

Nueve en el quinto puesto

Porte decidido.
La determinación es peligrosa.

Esté dispuesto a flexibilizar sus exigencias si la situación lo requiere. Si las circunstancias cambian usted debería ajustar sus objetivos y métodos. Sepa adaptarse las nuevas exigencias del momento.

Trabajo: Mantenga sus objetivos pero esté listo para aceptar algunos compromisos. Si usted es demasiado rígido tendrá problemas.

Vida privada: Su situación es peligrosa y si se aísla será aún peor. Trate de ponerse en el lugar de los demás y manténgase dispuesto a escuchar las propuestas que le hagan.

Salud, sentimientos y relaciones sociales: Trate de lograr un balance entre sus deseos y la realidad. No presione más allá de lo conveniente, tanto su salud como su vida social pueden resentirse si usted no sabe cuando debe detenerse.

Nueve en el sexto puesto

Examina tu conducta y considera los signos favorables.
Cuando el nuevo ciclo comience llegará elevada ventura.

Un ciclo está terminando. Ahora es un buen momento para mirar atrás y evaluar lo realizado. Si las consecuencias de sus acciones fueron buenas, eso será un buen presagio. Nuevas posibilidades y nuevos caminos se abrirán.

Trabajo: Después de terminar con un negocio o un trabajo, analizar lo que ha logrado es una buena práctica para poder aprender qué es conveniente hacer y qué cosas deben evitarse en el futuro.

Vida privada: Si usted aprende, tanto de sus errores como de sus aciertos, eso lo ayudará a convertirse en una mejor persona.

Salud, sentimientos y relaciones sociales: Revalúe lo alcanzado, a la luz de sus sentimientos y aspiraciones. Comienza un nuevo ciclo.

tài
La Paz / Sobresaliente

El carácter chino que le da título a este hexagrama consta de dos ideogramas: un hombre (大) fusionado con dos manos (廾) en la parte superior y el ideograma que indica agua corriente, abajo. Indica una posición elevada y próspera.

Significados asociados

Paz, armonía; grande, exaltado, abundante, próspero, exitoso; excesivo, extremo, arrogante; influenciar, impregnar, esparcirse y alcanzar todos los lados.

El Dictamen

La paz.
Lo pequeño se va, lo grande viene.
Ventura y éxito.

> Esta es una época cuando gente de todo tipo coopera solidariamente. No hay lugar para la avaricia o intereses personales mezquinos.
>
> Lo grande que se acerca significa que los resultados de este estado de armonía serán excelentes y traerán prosperidad para todos.
>
> Habrá armonía porque las necesidades materiales y el plano espiritual están equilibrados, todo está en su posición correcta.
>
> Esta es una buena época para el trabajo de equipo y para llegar a acuerdos y establecer asociaciones. Una cultura de cooperación y buena disposición para compartir facilitará el progreso, tanto de los individuos como de los negocios.
>
> Tolerancia y armonía hacen más placentera la interacción social. Las preocupaciones se desvanecen y la gente confía en los demás.

La Imagen

El Cielo y la Tierra se relacionan estrechamente: la imagen de La Paz.
Así el soberano regula y completa el curso [*Tao* o *Dao*] del Cielo y la Tierra,
y asiste al Cielo y la Tierra de la forma adecuada;
con lo cual ayuda al pueblo.

El Cielo y la Tierra representan las fuerzas *yang* y *yin*, macho y hembra, actividad y pasividad. *Yang* y *yin* son fuerzas complementarias y cuando se relacionan armoniosamente todo el mundo prospera.
Para los chinos de la antigüedad la interacción del cielo y la tierra producía las estaciones. El soberano regulaba la actividad en sus dominios para que se ajustara a la marcha de las estaciones.
Aplicado a circunstancias actuales, esto nos enseña a seguir el camino natural, adaptarnos a las circunstancias y necesidades del presente para poder hacer el mejor uso de las mismas.

Al comienzo un nueve

Cuando se arrancan cañas, salen adheridas otras del mismo tipo.
Marchar [iniciar una campaña] trae ventura.

Las raíces de las cañas están entrelazas, por eso al arrancar una, otras la acompañan. Esto es una analogía que indica como en tiempos florecientes, cuando alguien inicia algún emprendimiento, otros siguen su ejemplo y colaboran libremente.
Trabajo: Tendrá buenas oportunidades para iniciar un nuevo emprendimiento o para agrandar su negocio actual, con la ayuda de buenos colaboradores o socios. Puede que sea promovido en su trabajo.
Vida privada: Con la ayuda de su familia y amigos podrá concretar sus aspiraciones.
Salud, sentimientos y relaciones sociales: Gozará de buena salud y tendrá excelentes relaciones sociales.

Nueve en el segundo puesto

Acepta a los incultos, vadea el río, no descuides lo lejano.
Así las facciones desaparecerán
y conseguirás honores si te mantienes en el camino del medio.

Este es un buen momento para hacer planes a largo plazo y para tomar todas las precauciones posibles para prevenir problemas.
En la china antigua, cruzar un río, ya fuera vadeándolo o pasando por encima del mismo cuando este se congelaba, no era una tarea

sencilla porque no había puentes. Cruzar un río era peligroso y no era nada confortable; de ahí que la frase "vadea el río" es una metáfora que indica que este es un buen momento para llevar adelante un emprendimiento de importancia, pero que esto no debería tomarse a la ligera.

Alternativamente, "vadear el río", también podría ser traducido como "usar a aquellos que vadean el río", quienes son aquellos que cuentan con menos recursos, ya que no tienen un bote o un carruaje para cruzar el río. Todos pueden colaborar en este tiempo, incluso personas con poca educación o de origen humilde.

No se limite a usar sólo sus amigos y gente de su propio círculo social como colaboradores. Usted debería incluir personas con diferentes capacidades para que sus planes fructifiquen. Colaboradores y amigos valiosos pueden hallarse donde uno menos lo espera. Supere sus prejuicios y esté dispuesto a colaborar con diferentes personas, aunque no pertenezcan a su círculo social.

Es importante tener una perspectiva amplia y a largo plazo, viendo más allá de sus intereses inmediatos y el beneficio de su círculo estrecho de asociados.

Trabajo: No se limite a repetir las fórmulas que ya conoce, piense de manera creativa y esté dispuesto a buscar talentos fuera de su empresa. Si usted se mantiene alerta y previsor y no se deja influir por los grupos de presión reaccionarios de su organización, obtendrá el reconocimiento de sus superiores y podrá llevar a cabo exitosamente sus planes.

Vida privada: Sea tolerante y abierto a lo nuevo. No se limite a asociarse siempre con la misma gente. Usted puede encontrar nuevos amigos en donde menos lo espera. Supere sus prejuicios.

Salud, sentimientos y relaciones sociales: Nuevas ideas y relaciones pueden ayudarlo. Sea cuidadoso pero manténgase abierto a lo nuevo. Si evita los excesos gozará de buena salud.

Nueve en el tercer puesto

No hay llanura sin cuestas, ni avance sin retroceso.
Determinación ante las penurias.
Sin defecto.
No lamentes esta verdad.
Disfruta la felicidad que todavía posees.

Todas las cosas en la vida cambian y finalmente se terminan. Si acepta la naturaleza pasajera de la vida usted podrá disfrutar plenamente de los buenos momentos y será fuerte cuando lleguen los malos tiempos.

Trabajo: La situación no es estable. Usted puede tener ganancias y pérdidas. Haga buen uso de lo que tiene y esté dispuesto a aceptar algunas pérdidas. No corra riesgos.

Vida privada: Su vida tendrá subidas y bajadas. Sea cuidadoso con su dinero, amigos y familia; alguien puede tratar de engañarlo. Ocúpese de sus propios asuntos. Tome cada día como va llegando, vea sus triunfos y fracasos como ocurrencias transitorias.

Salud, sentimientos y relaciones sociales: Puede que su salud empeore, pero con el tiempo mejorará. Disfrute de lo poco o mucho que tiene y sea paciente, los problemas pasarán a su debido tiempo.

Seis en el cuarto puesto

Aleteando, revoloteando.
El no usa su riqueza con sus vecinos.
Sin tener que pedir nada tiene su confianza.

Aleteando y revoloteando indica fluctuaciones y dudas.

Trate de establecer buenas relaciones con sus vecinos evitando toda ostentación o jactancia. Si usted es sincero y humilde podrá establecer buenas relaciones con la gente a su alrededor.

Trabajo: Para obtener genuina cooperación de sus colaboradores es preciso que actúe con empatía y establezca una relación personal con ellos.

Vida privada: Usted no sabe como comportarse con sus amigos o vecinos, pero su indecisión lo hará actuar con cautela y gracias a eso no cometerá errores; finalmente ganará su confianza, después que ellos se convenzan de su sinceridad.

Salud, sentimientos y relaciones sociales: Tiene muchas dudas y preocupaciones, pero con el tiempo, con sinceridad, su situación se estabilizará.

Seis en el quinto puesto

El soberano *Yi* concede su hija en matrimonio.[1]
Esto trae felicidad y sublime ventura.

Una alianza entre alguien situado en una posición elevada y otra persona más humilde, traerá prosperidad y felicidad para todos los involucrados.

Trabajo: Posiblemente sea promovido en su trabajo. La cooperación es la clave del éxito.

Vida privada: Posible matrimonio. Unión feliz, la familia crecerá. Prosperidad.

Salud, sentimientos y relaciones sociales: Excelente salud tanto física como espiritual. Recibirá un regalo desde las altas esferas.

Al tope un seis

La muralla se desploma de vuelta al foso.[2]
¡No emplees ejércitos!
Proclama tus órdenes sólo en tu propia ciudad.
La determinación trae humillación.

Un ciclo natural está por concluir. La muralla que se derrumba simboliza algún plan o estructura que se está cayendo abajo y no puede ser sostenida de ninguna manera. Perder la muralla también indica que usted se encuentra desprotegido, en una posición vulnerable.

Ocúpese de poner orden en su entorno inmediato. No se preocupe por lo que no le concierne o afecte directamente, o atraerá sobre usted mismo la vergüenza.

No trate de solucionar sus problemas usando la fuerza.

Trabajo: Una retirada voluntaria disminuirá sus pérdidas. Acepte la nueva realidad y trate de salvar lo que puede ser salvado. Si intenta sostener su posición sin ceder en nada, los resultados serán peores y usted será avergonzado. Limítese a su área de influencia inmediata y evite inmiscuirse en lo que no le corresponde.

Vida privada: Cuide su propia familia nuclear y evite involucrarse en las reyertas ajenas. Si usted intenta abarcar demasiado sólo se buscará problemas.

Salud, sentimientos y relaciones sociales: Puede llegar a sufrir una enfermedad o tener problemas de movilidad.

Notas

1. *Yi* fue el nombre del penúltimo emperador de la dinastía *Shang*, quien le otorgó su prometida al señor de los *Zhou*. El hexagrama 54, en su línea 5, tiene un oráculo parecido. "*Yi* fue el primero en establecer una ley que determinaba que las hijas de la casa real, al casarse con príncipes de otros estados, deberían estar subordinadas a los mismos, como si ellas no fueran superiores a sus esposos en rango jerárquico". (Legge)

2. Las "murallas" se refieren a las paredes que rodeaban a la ciudad, o a terraplenes y almenas. La típica ciudad fortificada de la época estaba rodeada por una pared alta y un foso.

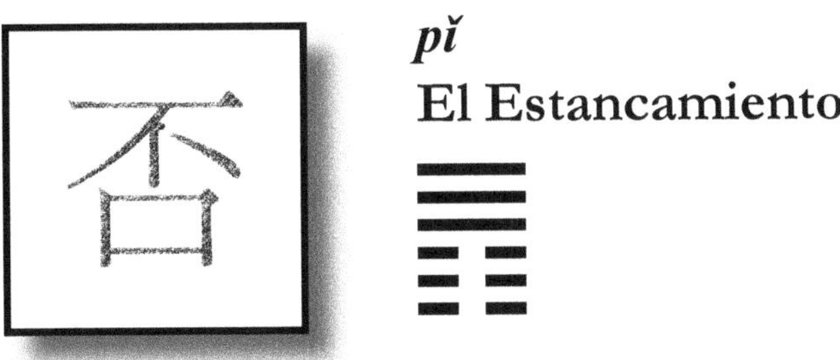

pǐ
El Estancamiento

Los dos ideogramas que le dan título a este hexagrama son: *bù*: *no* y *kǒu*: *boca*: obstruir la boca.

Significados asociados

Detención, punto muerto, estancamiento, callejón sin salida; obstruido, atascado; malo.

El Dictamen

El Estancamiento.
Los hombres inferiores no favorecen la determinación del noble.
Lo grande se va, llega lo pequeño.

> Este es un período de complicaciones y retrasos, cuando las personas capaces son obstaculizadas por gente mezquina y maligna.
>
> Las cosas están estancadas debido a la falta de cooperación y la desconfianza y la presente situación favorece a los peores elementos humanos.
>
> El progreso está detenido porque el egoísmo y la mentalidad imperante de miras estrechas promueve la decadencia.
>
> Problemas personales pueden dificultar sus planes. Desde un punto de vista psicológico, usted puede ser tentado por otra gente, o por sus propios bajos deseos, a tomar el mal camino. No trate de forzar el avance, sea paciente y aguarde hasta que la situación mejore.

La Imagen

El Cielo y la Tierra no se relacionan: la imagen del Estancamiento.
El noble restringe la manifestación de sus virtudes
y así escapa de las dificultades.
No permite que le honren con rango ni salario.

El cielo y la tierra representan los dos extremos de la sociedad humana, lo más alto y lo más bajo. Cuando las distintas clases sociales se miran con desconfianza y odio y conspiran una contra otra, las cosas no prosperan y no puede llevarse a cabo nada bueno.

La debilidad interna (simbolizada por las tres líneas inferiores, *yin*), aunada con una actitud dura en el exterior (indicada por las tres líneas superiores *yang*)[1], indica que gente con una moralidad débil está situada en el poder.

El carácter chino traducido como "virtud" en: "el noble restringe la manifestación de sus virtudes", también puede ser traducido como "capacidad, cualidades". Significa que cuando no es posible progresar sin involucrarse con el mal, uno debería retirarse y no colaborar con gente deshonesta y maligna o con amigos que no sirven para nada. Es mejor mantener un perfil bajo y no manifestar públicamente sus talentos o habilidades.

No acepte favores ni distinciones de los elementos inferiores que están en el poder y manténgase a distancia de ellos.

Puede sentirse tentado, pero considere que todo lo que pueda obtener a cambio de sacrificar sus principios será transitorio, pero si se mantiene al margen tendrá su conciencia tranquila y evitará futuros problemas.

Al comienzo un seis

Cuando se arrancan cañas, salen adheridas otras del mismo tipo.
La determinación trae ventura y éxito.

La primer línea describe el comienzo de un período de estancamiento. Las cañas, cuyas raíces están entrelazadas, arrancan a otras al ser arrancadas; de la misma forma, si usted se retira antes de involucrarse con los malos elementos imperantes, sus asociados y amigos cercanos seguirán su ejemplo.

Si se retira a tiempo evitará comprometerse con malas compañías y de esa forma no será humillado cuando los malhechores sean castigados.

Trabajo: Una retirada estratégica, incluyendo sus asociados cercanos le evitará muchos problemas. Mantenga altos sus estándares y no deje que otros lo induzcan a seguir por el mal camino.

Vida privada: Es mejor permanecer distante y no asociarse con personas de bajo nivel. Manténgase cerca de aquellos que comparten sus ideales y no se comprometa con gente que puede ocasionarle problemas.

Salud, sentimientos y relaciones sociales: No deje que otros lo engañen o lo seduzcan para participar en acto inmorales. Las curas mágicas no funcionan, no se deje engañar.

Seis en el segundo puesto

Ellos soportan y toleran.
Ventura para los vulgares, estancamiento para el gran hombre.
Éxito.

Quienes soportan y toleran son los vulgares, quienes seguirán a cualquier líder sin preocuparse por las consecuencias finales, pero el *Yijing* ha sido escrito para personas con altos ideales, quienes deberían evitar involucrarse en la mala conducta generalizada. El noble no puede evitar el estancamiento, pero al menos puede permanecer libre de mácula, eso significa el éxito.

Trabajo: Manténgase apartado de las políticas erróneas promovidas por la dirigencia, aunque eso le traiga aparejado algún costo. De esa forma usted no se comprometerá con los malos actos imperantes y tendrá éxito cuando termine el período del estancamiento.

Vida privada: Es mejor estar solo que con malas compañías.

Salud, sentimientos y relaciones sociales: Ha llegado a un punto muerto. Espere hasta que la situación mejore y no acepte compromisos. Es mejor ser prudente y conservador.

Seis en el tercer puesto

Ellos soportan la vergüenza.

Aquellos que ocupan puestos por encima de su capacidad serán humillados. Los que prosperaron mediante halagos y servilismo serán incapaces de manejar en forma debida sus responsabilidades y caerán en la ignominia.

Trabajo: Si asume responsabilidades que no es capaz de manejar bien, será humillado y posiblemente sea rebajado de categoría.

Vida privada: Reconozca sus limitaciones, si intenta hacer algo para lo cual no está bien preparado, sólo pasará vergüenza.

Salud, sentimientos y relaciones sociales: No supere sus propias fuerzas ni se involucre en cosas que no entiende.

Nueve en el cuarto puesto

Quien sigue las órdenes del Cielo permanece sin defecto.
Sus compañeros compartirán su prosperidad.

La frase "órdenes del Cielo", podría traducirse como "destino" o "órdenes emanadas de una autoridad superior". Ello significa que si usted sigue fielmente su real vocación o su obligación, no cometerá defecto alguno y será exitoso.

Trabajo: Siga sus órdenes fielmente, todos los que lo acompañan se beneficiarán de su éxito. Puede llegar a ser promovido.

Vida privada: Sus amigos y familiares lo apoyarán en todo lo que usted hace y se beneficiarán de su buen liderazgo. Buena suerte.

Salud, sentimientos y relaciones sociales: Si sigue su vocación será feliz, popular y próspero.

Nueve en el quinto puesto

El estancamiento cesa.
Ventura para el gran hombre.
¡Puede perderse! ¡Puede perderse!
Así lo ata a un tupido árbol de morera.[2]

Finalmente el estancamiento podrá ser superado. La quinta línea simboliza a una persona con autoridad que es el encargado de corregir los abusos. La frase "lo ata a un tupido árbol de morera" significa que todas las precauciones posibles deberían tomarse para prevenir el fracaso, porque corregir el estancamiento no será fácil.

Atar algo a un árbol también indica que usted debería concentrar todos sus recursos en un objetivo específico, para no dispersar sus fuerzas y así lograr el éxito.

Trabajo: Puede mejorar la situación y poner a las cosas en movimiento nuevamente, pero para hacer eso necesitará colaboradores. Su posición no es segura, establezca una base sólida antes de moverse adelante y cuide de todos los detalles son mucha atención.

Vida privada: La situación mejorará, pero sólo después que usted ponga manos a la obra, con dedicación y cuidado.

Salud, sentimientos y relaciones sociales: Su salud mejorará después que solucione sus problemas actuales.

Nueve en el sexto puesto

El estancamiento es derrocado.
Primero estancamiento, luego regocijo.

Este es el final de un período de estancamiento, cuando los caminos se abren y es posible progresar nuevamente.

Trabajo: Su negocio o carrera prosperará. Usted puede ser promovido o iniciar un nuevo negocio.

Vida privada: Nuevas oportunidades aparecerán en su vida y con ellas volverá la felicidad.

Salud, sentimientos y relaciones sociales: Un tiempo de aislamiento y problemas crónicos de la salud está terminando. Su salud y su estado de ánimo mejorarán.

Notas

1. La progresión temporal de la situación descripta por los hexagramas del *Yijing* siempre va desde la base (primera línea) hasta el tope (sexta línea); por eso se dice que las tres primeras líneas están adentro y las tres líneas superiores están afuera. A veces también las dos o cuatro líneas centrales (2, 3, 4 y 5) pueden ser tomadas como las líneas interiores y las líneas 1 y 6 son vistas como estando afuera de la situación, porque la primer línea recién está entrando y la última ya se está yendo.

2. Atar un talismán a un árbol es un tipo de magia protectiva que aún se aplica en algunos lugares y la quinta línea puede reflejar esta antigua creencia. Asimismo, el carácter chino *sāng*, que significa "morera", puede haber sido elegido porque rima con *wáng*, que aquí es traducido como "perderse", pero también significa "desaparecer, irse, escapar; morir, perecer, fallar".

13

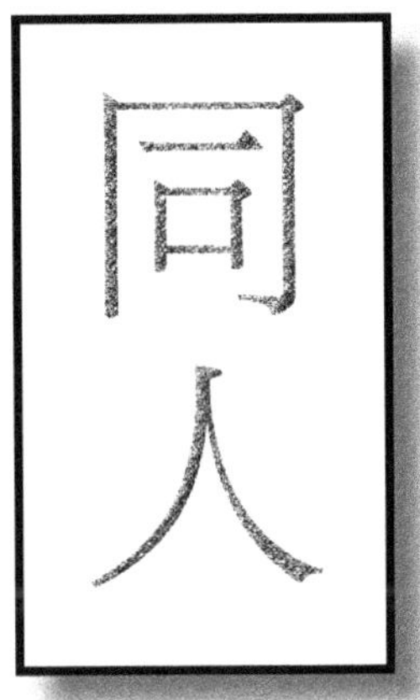

tóng rén
La Comunidad con los Hombres

Los dos caracteres chinos que le dan título a este hexagrama muestran una tapa cubriendo una abertura y a un hombre: uniendo a los hombres.

Significados asociados

Comunidad, juntos, reunir gente, compartir en armonía; estar de acuerdo, identificados, iguales; hacer uniforme.

El Dictamen

Comunidad con los hombres en los campos.
Éxito.
Es propicio atravesar el gran río.
Es propicia la determinación del noble.

> La gente se reúne naturalmente cuando un propósito común los une, cuando tienen una esperanza y una responsabilidad compartida. El hecho de que la reunión sea en el campo indica que es una unión de gente de similar jerarquía.
>
> Un grupo de personas que comparte la misma visión puede lograr gran éxito si todos trabajan para el bienestar común, evitando las peleas internas y permaneciendo unidos.
>
> En la China antigua, cruzar un río, ya fuera vadeándolo o pasando por encima del mismo cuando este se congelaba, no era una tarea sencilla porque no había puentes. Cruzar un río era peligroso y no

era nada confortable; de ahí que la frase “es propicio cruzar el río” es una metáfora que indica que este es un buen momento para llevar adelante un emprendimiento de importancia pero no debe ser tomado a la ligera.

La determinación es muy importante para mantener las cosas marchando adelante sin obstáculos y para seguir en el camino correcto, sin perder de vista los objetivos que todos los miembros del grupo comparten.

La Imagen

El Cielo asociado con el Fuego: la imagen de La Comunidad con los Hombres.
Así estructura el noble los clanes y divide las cosas.

El trigrama del fuego está debajo del trigrama del cielo y simboliza un punto de interés común, tal como un fuego en el campo, que congrega a la gente a su alrededor.

De la misma forma, una comunidad humana tiene que ser organizada apropiadamente, a partir de un interés común y cada uno debería realizar la tarea más adecuada, de acuerdo con su capacidad.

Solo siguiendo metas específicas y teniendo reglas claras de conducta, la multitud se convertirá en una comunidad organizada y no será una muchedumbre de gente confusa y desordenada.

Al comienzo un nueve

Comunidad con los hombres en la puerta de entrada.
Ningún defecto.

La comunidad en la puerta indica que la unión se está realizando a la vista de todos, no detrás de una puerta cerrada, ni urdiendo planes secretos. Cruzar el umbral de la puerta simboliza la entrada en la comunidad, atravesar un límite, asumir una nueva relación o una responsabilidad.

Trabajo: Se le presentará una buena oportunidad para iniciar un nuevo trabajo o recibirá una promoción. Si usted es sincero y se mantiene receptivo a lo nuevo, no cometerá errores.

Vida privada: Nuevas oportunidades y nuevas relaciones enriquecerán su vida. Este listo para cooperar y relacionarse con otras personas.

Salud, sentimientos y relaciones sociales: Buen momento para compartir sus sentimientos y esperanzas con otros. No se aísle.

Seis en el segundo puesto

La comunidad con los hombres en el clan lleva a la vergüenza.

Intenciones egoístas debilitarán la comunidad y crearán facciones antagonísticas que pueden llegar a destruir el grupo, o al menos complicarán la vida de sus miembros.

Los grupos de personas que se aíslen y conspiren contra los demás para sacar ventajas personales (los clanes o facciones) causarán problemas.

Trabajo: Gente reaccionaria y de cortos alcances formará grupos de interés que perjudicarán a los demás.

Vida privada: Esté en guarda contra el prejuicio y la malicia.

Salud, sentimientos y relaciones sociales: Permanezca aparte de las facciones mezquinas, prejuiciosas y de cortos alcances.

Nueve en el tercer puesto

Esconde armas en el matorral y sube a su alta colina.
Por tres años no se levantará.

La desconfianza imperante y algunos conflictos sin resolver están haciendo que proliferen las actitudes paranoicas.

Esta línea describe a alguien que en lugar de cooperar se retira de la vida social y busca una posición segura. Todos desconfían y tratan de sacar ventaja sobre los demás, con planes y arreglos secretos. No hay comunicación, todos están aislados.

Los tres años mencionados indican que esta lamentable situación perdurará por un cierto tiempo, antes que se pueda superar

Trabajo: No hay posibilidades de progreso a corto plazo. Debido a la desconfianza y el egoísmo, todo estará paralizado por un tiempo.

Vida privada: La falta de confianza imperante evitará que usted pueda recibir u ofrecer ayuda a otros. Algunas personas pueden conspirar contra usted o demandarlo judicialmente.

Salud, sentimientos y relaciones sociales: Su salud no empeorará ni mejorará. Desconexión emocional de otras personas, actitudes paranoicas.

Nueve en el cuarto puesto

Sube a su muralla pero no puede atacar.
Ventura.

Debido a la desconfianza, usted levanta murallas protectoras y planea atacar a sus supuestos enemigos. Pero antes de que los ataque, comprenderá que eso no es posible ni conveniente y finalmente logrará llegar a un acuerdo con ellos.

La ventura es el resultado de terminar con el conflicto y continuar con la cooperación.

Trabajo: Trate de disminuir la tensión y la mala voluntad imperantes. No está en condiciones de imponer su voluntad sobre sus adversarios, lo mejor que puede hacer es llegar a un acuerdo con ellos. De esa manera todos se beneficiarán.

Vida privada: Trate de superar las sospechas infundadas y los conflictos. No hay necesidad de esconderse ni de agredir a los otros.

Salud, sentimientos y relaciones sociales: Se siente cohibido, no sabe como compartir las cosas con los demás y desconfía de ellos. Aprenda a relajarse y a tomar las cosas con calma. No haga una tormenta en un vaso de agua.

Nueve en el quinto puesto

Los hombres en comunidad primero lloran y se lamentan, pero luego ríen. Grandes legiones pueden encontrarse.

El llanto indica pena por estar separados. El conflicto mantiene a las personas apartadas y causa un sufrimiento innecesario.

Si usted da el primer paso y demuestra su compromiso sincero, la unión se restaurará y todos serán felices nuevamente.

La risa simboliza la superación de las dudas y la distensión obtenida después de que se llegue a un acuerdo, cuando la comunidad vuelva a florecer, como poderosos ejércitos que dejan de estar enemistados y se unen en paz.

Trabajo: Es posible lograr un acuerdo para solucionar el conflicto que está paralizando su negocio. Puede haber dudas hasta que todos los involucrados se comprometan claramente. El resultado final será armónico y brindará nuevas oportunidades de progreso.

Vida privada: Una reconciliación es posible. No sea tímido, de el primer paso, muestre sus buenas intenciones claramente y así podrá mejorar la relación con las personas que le interesan.

Salud, sentimientos y relaciones sociales: Expresar abiertamente sus sentimientos e intenciones será muy beneficioso.

Nueve en el sexto puesto

Comunidad con los hombres en los campos.
No hay arrepentimiento.

La comunidad en el campo indica que la unión es adecuada y buena, pero sin tener gran intimidad. El tiempo para lograr una comunidad íntima ha pasado, pero aún así usted puede cooperar con los demás de una buena manera.

Trabajo: Aunque está en la periferia y no toma parte en las decisiones importantes, su posición es segura; no tiene dudas y puede participar exitosamente en proyectos compartidos.

Vida privada: Su relación con familia y/o amigos no es tan buena o tan cercana como usted querría, pero es lo mejor que usted puede lograr y es una relación madura y estable, por eso usted está satisfecho con lo que tiene.

Salud, sentimientos y relaciones sociales: Su relación con los demás es buena y conveniente aunque no tiene mucha intimidad con la gente que lo rodea.

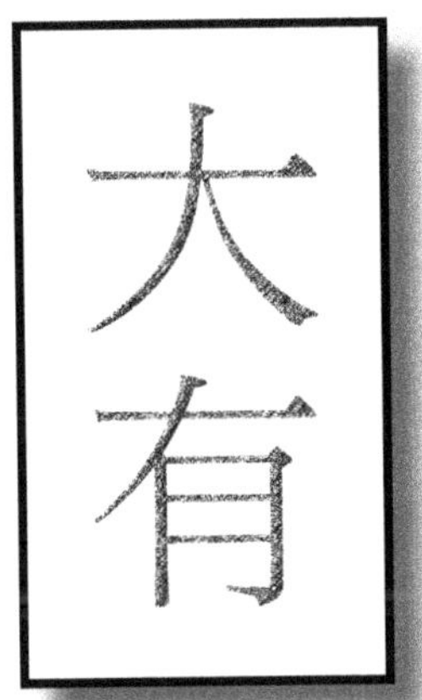

dà yǒu
La Posesión de lo Grande

Los dos caracteres que le dan título a este hexagrama significan "grande" y "posesión"; el segundo carácter –en su forma original– muestra una mano a la derecha (la imagen de la posesión), sobre la luna; algunos eruditos piensan que el carácter situado a la derecha no fue el de la luna, sino otro similar que significa "carne". De todas formas el significado es el mismo: posesión en gran escala.

Significados asociados

Gran posesión, gran riqueza, abundancia; soberanía,

El Dictamen

La Posesión de lo Grande.
Sublime éxito.

> Usted tiene muchos recursos y también posee el conocimiento que le permitirá aplicarlos exitosamente. Esto le permitirá conseguir un gran éxito. Claridad y fuerza creativa combinadas lo ayudarán a alcanzar sus objetivos.

La Imagen

El Fuego en lo alto del Cielo: la imagen de la Posesión de lo Grande.
Así el noble reprime el mal y promueve el bien,
obedeciendo así la buena voluntad del Cielo.

El fuego en lo alto del cielo indica claridad mental y un conocimiento claro de la situación, que puede ver en su totalidad desde su posición elevada. Por otro lado, el estar en lo alto también quiere decir que usted está expuesto, todos ven lo que usted hace.

El tener una conciencia perceptiva, ocupando un puesto destacado, lo hace responsable de aplicar bien su poder y conocimiento, limitando el mal y promoviendo lo que es bueno.

Al comienzo un nueve

Ninguna relación con lo dañino.
No hay defecto.
Habrá dificultades pero no desventura.

Usted posee grandes recursos, pero aún es un principiante. Hasta ahora no se ha enfrentado a grandes problemas, pero se acercan dificultades. Si usted se mantiene alerta y no aplica mal sus recursos, nadie podrá reprocharle nada, porque no cometerá errores.

Trabajo: Sea prudente y no avance apresuradamente sin tomar precauciones. No deje que otros lo tienten a involucrarse en cosas que usted no puede manejar bien.

Vida privada: Sea cuidadoso y no se deje entrampar, mantenga su distancia de las cosas que pueden traerle problemas. Usted experimentará algunos problemas, pero si los enfrenta con perseverancia y fortaleza, podrá salir adelante sin cometer errores.

Salud, sentimientos y relaciones sociales: Puede tener algunos problemas de salud. Sea cuidadoso con lo que introduce en su cuerpo y con la gente con quienes se relaciona.

Nueve en el segundo puesto

Un gran carruaje para cargarlo.
Uno tiene una meta.
Ningún defecto.

El gran carruaje simboliza no sólo abundantes medios, sino también la habilidad para aplicarlos efectivamente y sin demora en cualquier lugar, para lograr el objetivo que usted se proponga.

El tener un propósito claro (meta) significa que usted puede aplicar su energía efectivamente, concentrándola en un punto específico, con claridad de propósito. Sin defecto indica que usted no cometerá ningún error.

Trabajo: Este es el tiempo propicio para llevar adelante sus proyectos con determinación, concentrado en sus objetivos. Tendrá mucho trabajo y puede recibir una promoción.

Vida privada: Usted sabe lo que quiere y también cómo obtenerlo. Sus planes se desarrollarán sin tropiezo alguno.

Salud, sentimientos y relaciones sociales: Gozará de buena salud y tendrá mucha energía. Usted está dedicado a su trabajo.

Nueve en el tercer puesto

Un príncipe ofrenda sus logros al Hijo del Cielo.
Un hombre pequeño no puede hacerlo.

El príncipe que ofrenda sus logros simboliza a alguien en buena posición y con una buena dosis de poder, que pone su riqueza al servicio de altos ideales.

Hacer una ofrenda al Hijo del Cielo indica que usted debería usar sus recursos no sólo para su propio bienestar, pero también para ayudar a otras personas, con grandeza de ánimo.

Monopolizar todo para uno mismo es la marca de una persona vulgar y mezquina.

Trabajo: Cumpla su deber con imparcialidad, esté dispuesto a cooperar y a ayudar a quien se lo pida. Concéntrese en lo que tiene que hacer más que en su propio beneficio.

Vida privada: Está en buena posición para ayudar a otros y participar activamente en el servicio a su comunidad.

Salud, sentimientos y relaciones sociales: No se encierre en su torre de marfil; ábrase a los demás y participe en la vida social sin egoísmo.

Nueve en el cuarto puesto

No es arrogante.
Sin defecto.

El carácter chino traducido como "arrogante", también significa "plenitud, avasallador". La idea es que no debería jactarse de sus posesiones ni ser autoritario con los demás. Usted es capaz de auto controlarse y sabrá como mantener el equilibrio. No tendrá grandes novedades.

Trabajo: Su situación es estable. Sea modesto y actúe con equilibrio y humildad, de esa forma evitará problemas.

Vida privada: Aunque puede sentirse tentando a imponer sus opinión, no lo haga, de esa forma evitará complicaciones y remordimientos. No ostente sus riquezas, mantenga un perfil bajo.

Salud, sentimientos y relaciones sociales: Con tacto y cordialidad podrá evitar los posibles conflictos.

Seis en el quinto puesto

Su sinceridad es correspondida por los otros que se le unen.
Con dignidad habrá ventura.

Su sinceridad y habilidad naturales le ganarán el respeto y la confianza de los demás. Teniendo una posición importante, pero actuando con humildad, usted será exitoso en lo que emprenda, porque tendrá el soporte de todos.

Trabajo: Usted progresará, gracias a su claridad mental y al soporte de sus seguidores.

Vida privada: Usted es un ejemplo para su familia y amigos, que confían en usted plenamente.

Salud, sentimientos y relaciones sociales: Su vida social es plena, la gente confía en usted y le tienen mucho respeto. Buena salud.

Nueve en el sexto puesto

El tiene la protección del Cielo.
Ventura.
Nada que no sea favorable.

La protección del Cielo significa que usted recibirá soporte y reconocimiento desde altas esferas, pero también indica que recibirá ayuda y bendiciones de un poder por encima de los hombres.

Usted tiene muchos recursos y gran claridad mental, debido a eso todo será favorable.

Trabajo: Progresará mucho, apoyado por sus superiores.

Vida privada: El destino está de su lado. Todos sus emprendimientos serán exitosos.

Salud, sentimientos y relaciones sociales: Excelente salud. Tendrá muy buenas relaciones con los demás.

15

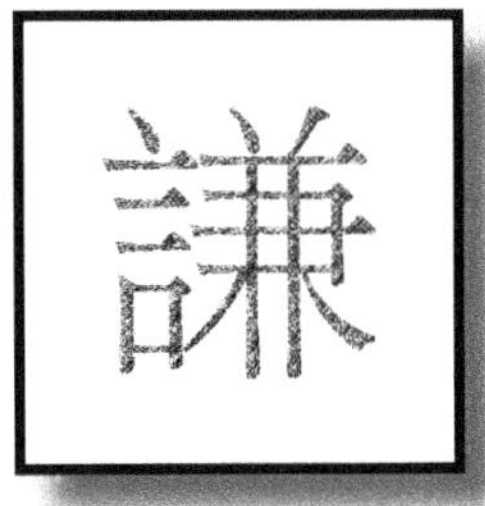

qiān
Modestia

Los ideogramas que conforman a *qiān* son *yuan*, "palabra" y un carácter fonético que indica modestia en el habla. Una traducción alternativa para *qiān* sería "rata", pero aquí usaremos el significado tradicional.

Significados asociados

Modesto, humilde, auténtico, deferente, dócil, moderado, sin pretensiones.

El Dictamen

Modestia.
Éxito.
El noble lleva a buen término.

> La Modestia lo ayudará a llevar para adelante sus emprendimientos sin poner su ego en el camino. Al concentrarse en el trabajo por hacer, evitando conflictos o competencia con otras personas, podrá tener una vida muy equilibrada.
>
> Ser modesto no quiere decir que usted es inseguro o débil, simplemente significa que sabe como tratar a los demás y que no necesita actuar con prepotencia para influenciar a las otras personas. Por el contrario, una actitud modesta tranquiliza a la gente y evita que surjan conflictos.
>
> La Modestia es una virtud que permite lograr buenos resultados sin perjudicar a otros, conservando siempre un buen balance y evitando que las cosas se salgan de su cauce.

La Imagen

En medio de la Tierra hay una Montaña: la imagen de la Modestia.
Así reduce el noble lo que es excesivo e incrementa lo que es escaso.
Sopesa las cosas y las distribuye en forma pareja.

Una montaña escondida dentro de la tierra es la imagen de una actitud modesta que no hace ostentación de sus virtudes; pero también simboliza tesoros ocultos, recursos a su disposición que usted mantiene reservados. Usted no se jacta de sus cualidades o de sus riquezas –lo que es excesivo– sino que al contrario trabaja sobre sus puntos débiles, incrementando lo que insuficiente. De esta manera se mejorará a sí mismo y evitará despertar los celos de los demás.

Al comienzo un seis

El noble es extremadamente modesto y por eso puede cruzar el gran río.
Ventura.

En la China antigua, cruzar un río, ya fuera vadeándolo o pasando por encima del mismo cuando este se congelaba, no era una tarea sencilla porque no había puentes. Cruzar un río era peligroso y no era nada confortable; de ahí que la frase "es propicio cruzar el río" es una metáfora que indica que este es un buen momento para llevar adelante un emprendimiento de importancia pero no debe ser tomado a la ligera.

La modestia abre el camino para alcanzar grandes resultados.

Trabajo: Podrá inicial proyectos difíciles y coordinar el esfuerzo de sus colaboradores con éxito. Para salir adelante será necesario que se dedique enteramente a su tarea. Este es un buen tiempo para progresar y recibir promociones.

Vida privada: Tendrá oportunidad de viajar, mudarse o iniciar nuevos proyectos. Su dedicación sincera garantizará el éxito.

Salud, sentimientos y relaciones sociales: Buena salud. Podrá progresar con un estilo tranquilo y poco pretencioso.

Seis en el segundo puesto

Modestia que se hace patente.
La determinación es venturosa.

El carácter chino traducido como "hacerse patente" literalmente significa "el grito de un ave", indicando que la modestia está anunciando algo públicamente. Ello significa que sus logros hablarán por sí mismos y pondrán en evidencia sus cualidades. Si sigue dedicado a su labor podrá alcanzar el éxito.

Por otra parte, usted sabe como debe actuar para proyectar una imagen positiva. Sus actos refuerzan su imagen pública, pero también su imagen pública le ayuda a conseguir el soporte de los demás, lo cual facilitará su tarea.

Trabajo: Sus habilidades serán reconocidas por los demás. Progresará y posiblemente será promovido. Siga adelante con su tarea.

Vida privada: Su familia y amigos aprecian sus esfuerzos y le ofrecen su apoyo sincero. Está en el camino correcto.

Salud, sentimientos y relaciones sociales: Sabe relacionarse apropiadamente con la gente, su palabra y sus acciones concuerdan enteramente y por eso la gente confía en usted. Tendrá buena salud física y espiritual. Su vida social será armoniosa.

Nueve en el tercer puesto

Un noble meritorio por su modestia lleva a buen término.
Ventura.

Usted ocupa un lugar de honor. Persevere en sus esfuerzos hasta alcanzar sus metas.

Una traducción alternativa a "modestia meritoria" sería "modestia que trabaja"; en ambos casos el significado es trabajo diligente.

La gente lo apoya porque ellos respetan su seriedad, su dedicación y sus triunfos. No olvide a aquellos que lo ayudaron por el camino después que alcance sus objetivos.

Trabajo: Para alcanzar sus metas deberá esforzarse, asegurándose de recibir el soporte de los demás, el cual es vital para alcanzar el éxito.

Vida privada: Será muy exitoso. Su popularidad y dedicación le permitirán llevar a buen puerto sus planes.

Salud, sentimientos y relaciones sociales: La gente busca su guía porque ellos confían en usted. Gozará de buena salud.

Seis en el cuarto puesto

Nada que no sea propicio para la modestia manifiesta.

Su sincero compromiso y dedicación a su tarea, lo harán muy exitoso. El carácter chino traducido como "manifiesta" también significa "mostrar, señalar, ondear (una bandera)", eso quiere decir que es importante que promueva lo que usted hace para que sea conocido por los demás y así usted pueda recibir el apoyo que necesita.

Trabajo: Usted está completamente dedicado a su tarea. Su honestidad y celo le han granjeado la apreciación y respeto de los demás. El apoyo generalizado que recibe, sumado a sus cualidades naturales, hará posible que usted puede desarrollar grandes emprendimientos.

Vida privada: Usted tiene una buena racha. Su dedicación y honradez es bien conocida y su buen reputación hará que la gente esté de su lado.

Salud, sentimientos y relaciones sociales: Su modestia y temperancia lo hacen muy querido y aseguran su felicidad.

Seis en el quinto puesto

Sin usar riqueza puede emplear a sus vecinos.
Es propicio ganar control con violencia.
Nada que no sea favorable.

No puede arreglar todos sus problemas con dinero. En este caso tendrá que actuar con fuerza y determinación para que las cosas no se desmadren. Note que los dos caracteres chinos que fueron traducidos como"ganar control con violencia", literalmente significan "invadir, enviar un ejército a cruzar la frontera para iniciar una guerra".

No espere a que las cosas sucedan, tome la iniciativa. La modestia no significa debilidad o sumisión. Use cualquier medio que sea necesario para restaurar la justicia, pero no se descontrole ni use más fuerza que la estrictamente necesaria.

Trabajo: Su posición es fuerte, pero debe actuar con prudencia para evitar que las cosas se descontrolen. Su ejemplo y firme guía serán necesarios para mantener el orden.

Vida privada: El dinero no puede solucionar los problemas entre las personas. Use su influencia con firmeza para corregir los errores y detener a los malhechores.

Salud, sentimientos y relaciones sociales: No sea reacio a aceptar la ayuda de otras personas, puede necesitarlos para resolver algunos problemas. No pase por alto sus problemas de salud, ocúpese de ellos sin demora.

Al tope un seis

Modestia que se hace patente.
Es favorable poner en marcha ejércitos, para castigar el propio territorio.

Castigar al propio territorio indica el ejercicio de autodisciplina. Cuando algo está mal no debe culpar a los demás, sino mirar adentro de usted mismo o de su propio círculo íntimo para descubrir la causa de los problemas.

Trabajo: Es imprescindible que ponga en orden su propia esfera de influencia. Las reformas para corregir los errores deben ser llevadas a cabo sin demora alguna.

Vida privada: Sólo podrá arreglar sus problemas actuales poniendo orden dentro de su propia casa.

Salud, sentimientos y relaciones sociales: Necesitará disciplina y moderación para mantener buena salud tanto física como emocional.

16

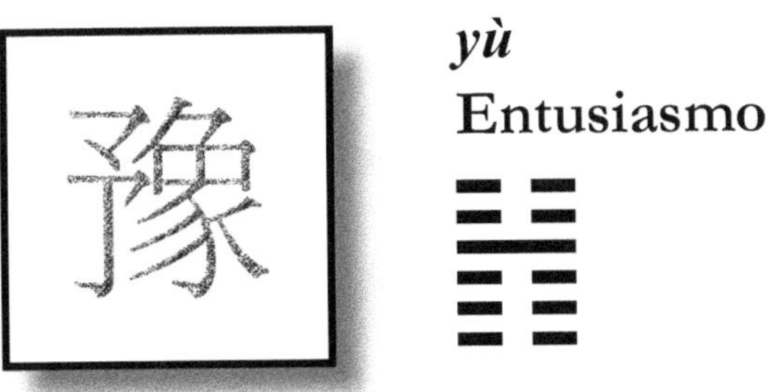

yù

Entusiasmo

La etimología del carácter chino que le da nombre a este hexagrama no es clara. La escuela moderna, siguiendo *Shuowen*, dice que significa un elefante, pero no existen textos antiguos en los cuales ese carácter tenga tal significado

Significados asociados

Entusiasmo, felicidad, alegría, entretenimiento; anticipación, tomar precauciones.

El Dictamen

El Entusiasmo.
Es favorable nombrar oficiales y hacer marchar ejércitos.

> Un líder fuerte estimula con pasión el entusiasmo de sus seguidores. Nombrar oficiales significa que tiene que elegir a personas calificadas, que compartan los mismo ideales.
> Hacer marchar ejércitos indica que no sólo debe alistar colaboradores, sino también organizarlos en una fuerza capaz y darles dirección precisa.
> Elegir el momento exacto es muy importante, si actúa antes de lo debido, o si se demora demasiado, sus proyectos fallarán.

La Imagen

El trueno surge impetuoso de la tierra: la imagen del Entusiasmo.
Así los reyes de antaño hacían música para honrar los méritos y la ofrecían esplendorosamente al Señor Supremo para ser dignos de sus finados antecesores.

La música, como el trueno, indica algo que atrae la atención de la gente. La música influencia a las personas, estimulando sus sentimientos y los pone en un estado de ánimo receptivo. La música simboliza un mensaje atractivo y armónico que hace que todos los oyentes vibren en la misma sintonía. De esa manera todos pueden colaborar con mayor eficacia y compartir un propósito más alto que el interés egoísta.

Al comienzo un seis

Entusiasmo que se hace patente trae desventura.

Jactarse de sus logros o alardear de sus conexiones estropeará su relación con aquellos que lo rodean. Tal conducta le ocasionará muchos problemas.

Trabajo: Usted puede tener ganancias transitorias porque su jefe lo favorece en la actualidad, pero a largo plazo puede llegar a quedar aislado. Mantenga un perfil bajo para evitar futuros conflictos.

Vida privada: No presuma de sus riquezas o de sus amigos de alto rango. La falta de discreción y tacto le ocasionará inconvenientes en el futuro.

Salud, sentimientos y relaciones sociales: Vivir por encima de sus medios le causará muchos problemas, tanto física como socialmente.

Seis en el segundo puesto

Sólido como una roca.
Su oportunidad vendrá antes que termine el día.
La determinación es venturosa.

"Sólido como una roca" significa que tiene que confiar en su propio juicio y no debe desviarse del camino elegido. No deje que otras personas o circunstancias pasajeras lo desvíen de sus objetivos. Debe estar listo para avanzar o retroceder, adaptándose a la situación, sin vacilación y sin hacer caso de lo que dicen otras personas, actuando siempre con determinación.

Trabajo: Manténgase enfocado en sus objetivos, pero también esté preparado para hacer ajustes sobre la marcha. Confíe en su propia visión más que en los consejos de los demás. Si se mantiene alerta podrá aprovechar una buena oportunidad.

Vida privada: No deje que nadie lo aparte de sus aspiraciones. Sea rápido para tomar las acciones correctivas que sean necesarias para evitar problemas.

Salud, sentimientos y relaciones sociales: Tendrá excelente salud y mucha energía. Esté atento para aprovechar las oportunidades.

Seis en el tercer puesto

Entusiasmo que mira hacia arriba trae arrepentimiento.
La vacilación trae arrepentimiento.

Su falta de autonomía e indecisión harán que usted pierda una buena oportunidad. Los indecisos que posponen las cosas no serán recompensados.

Trabajo: No espere que otros le muestren el camino ni le sostengan la mano, si sigue sin hacer nada, vacilando, será avergonzado.

Vida privada: Mirar a los demás esperando ayuda o con envidia, no soluciona nada. Se arrepentirá de su falta de decisión.

Salud, sentimientos y relaciones sociales: Le faltará energía y determinación. Si no toma la iniciativa no logrará nada.

Nueve en el cuarto puesto

El Entusiasmo origina grandes cosas.
No dudes.
Los amigos se apresuran a unirse a tu lado.

Este es el momento adecuado para la acción. Su certidumbre y firmeza atraerán a personas de ideas afines a su alrededor y obtendrá muy buenos resultados.

Trabajo: Se le presentará una oportunidad óptima para la realización de sus proyectos. Usted recibirá mucho apoyo y puede llegar a ser ser promovido.

Vida privada: Sus amigos y/o familia le brindarán su confianza y apoyo. Podrá alcanzar sus objetivos si no desperdicia la oportunidad.

Salud, sentimientos y relaciones sociales: Tendrá abundancia de energía y determinación. Gozará de buena salud y tendrá excelentes relaciones aquellos que lo rodean.

Seis en el quinto puesto

Persistentemente enfermo pero no muere.

Note que el carácter chino traducido como enfermedad también significa “estrés, odio”.

La enfermedad crónica que no es mortal indica un período en el que todo se detiene, una paralización del progreso. Usted estará bajo presión y tendrá muchos problemas, pero su determinación lo mantendrá en marcha.

Trabajo: Su negocio o carrera se estancará y usted sufrirá muchos problemas. Siga luchando sin perder la fe en usted mismo.

Vida privada: Los que lo rodean no lo apoyarán, al contrario, lo obstaculizarán. No se desanime y siga adelante.

Salud, sentimientos y relaciones sociales: Puede sufrir una enfermedad larga o crónica. Estará estresado y será hostigado por otras personas.

Al tope un seis

Entusiasmo confundido.
Pero si al final cambia el curso no habrá defecto.

El tiempo propicio para avanzar con entusiasmo está por terminar. Si no se adapta a las nuevas circunstancias y sigue avanzando ciegamente, cometerá un grave error. Tendrá una última oportunidad para hacer ajustes, no la desperdicie.

Trabajo: Sus esfuerzos no van a prosperar, al contrario, es posible que lo rebajen de categoría. La situación no es estable, esté listo para adaptarse y cambiar sus objetivos cuando sea necesario.

Vida privada: No se deje ilusionar por proyectos irrealizables. Esté preparado para reconsiderar las cosas y cambiar sus planes.

Salud, sentimientos y relaciones sociales: Si se da cuenta a tiempo de que está siendo engañado podrá evitar cometer errores.

17

suí
El Seguimiento

Los componentes del carácter chino que le da título a este hexagrama son are *chuò*, "ir" y un carácter fonético: "seguir".

Significados asociados

Seguir, ir o venir después de, perseguir, seguidor, conformarse, acatar, obedecer, atender.

El Dictamen

El Seguimiento tiene sublime éxito.
La determinación es favorable.
Sin defecto.

Continuidad, persistencia y adaptación flexible a las exigencias de los tiempos que cambian son las claves del éxito en este tiempo.

El Seguimiento tiene un doble aspecto: tanto seguir, como ser seguido; por lo que saber cuándo es conveniente seguir a otro y cuándo hay que liderar a los demás es muy importante. El Seguimiento también está relacionado con ayudar y servir a los demás.

Antes de obtener sus propios seguidores, usted debería saber cómo seguir el camino correcto. Mantenga su mente abierta y sea perceptivo y atento, sepa aprovechar los buenos consejos que reciba, de esa forma podrá adaptarse y cambiar su rumbo cuando sea necesario.

Este es uno de los pocos hexagramas que mencionan "las cuatro virtudes cardinales": *yuan, heng, li, zhen*, que significan "sublime", "éxito", "propicio" y "determinación o perseverancia".

Una o más de las cuatro virtudes aparecen en 50 de los 64 hexagramas, pero sólo los hexagramas 1, 2 (con una modificación), 3, 17, 19, 25 y 49 incorporan las cuatro virtudes en su dictamen.

Desde la dinastía *Han* en adelante, las cuatro virtudes se convirtieron en palabras claves del pensamiento confuciano, identificando cuatro cualidades o virtudes aplicables tanto al Cielo como al noble.

Todo oráculo que incluya estas cuatro virtudes indica que el éxito está garantizado, pero solo si el consultante se comporta correctamente; por esta razón la perseverancia en el camino correcto es la clave del éxito.

La Imagen

En el medio del Lago se encuentra el Trueno: la imagen del Seguimiento.
Así el noble descansa en paz en su casa al anochecer.

Los chinos creían que en invierno el trueno (*yang*, la energía creativa), descansaba en las profundidades del lago.

Observe que los caracteres traducidos como "al anochecer" también pueden ser traducidos como "cuando es el momento de ser reticente" o "cuando estás en la oscuridad." Por lo tanto, el significado de la imagen es que usted debe descansar y recuperar energías, cuando no sea posible seguir adelante.

Hay un tiempo adecuado para la acción y un tiempo propicio para el descanso, el noble comprende intuitivamente cual es el momento adecuado para avanzar o detenerse, porque el significado del Seguimiento es estar en contacto con el tiempo, percibir las necesidades del momento. Lo importante es ser lo suficientemente adaptable como para seguir el curso correcto de acción –ya sea reposo o movimiento– en cada momento.

Al comienzo un nueve

Las autoridades cambian.
La determinación es favorable.
Si sale de la puerta para relacionarse con otros uno logrará algo meritorio.

Note que la palabra traducida como "autoridades", alternativamente podría ser traducida como "sede del gobierno" o "reglas".

Este es un buen momento para ampliar sus horizontes, conocer gente nueva y aceptar nuevas influencias. Para estar listo y poder aprovechar las próximas oportunidades debe estar abierto a las nuevas alternativas; reconsidere sus prioridades y metas, no se adhiera ciegamente a ideas anticuadas.

Utilice su autodeterminación para elegir lo que es bueno para usted y seleccione sabiamente sus objetivos.

Trabajo: Nuevas oportunidades aparecerán y también una posible promoción. Para progresar debe estar listo para innovar. No se aísle, necesitará algunos socios para aprovechar al máximo este momento.

Vida privada: Sea flexible, no se quede estancando repitiendo la vieja rutina. No tenga miedo de hacer frente a nuevos retos y expandir su círculo de relaciones.

Salud, sentimientos y relaciones sociales: Comuníquese con los demás, no se quede aislado en su lugar, salga afuera a conocer el mundo. Si está abierto a lo nuevo podrá incorporar cosas buenas en su vida.

Seis en el segundo puesto

El se une al muchachito y deja ir al hombre maduro.

El muchachito simboliza una elección superficial e inmadura; el hombre fuerte indica una sabia decisión y una buena alternativa.

Relacionarse con gente agradable que no se preocupa por el futuro y sólo vive para el momento actual –el muchachito– no es malo de por sí, al menos si sólo se hace ocasionalmente. Pero si usted elige a ese tipo de personas como sus relaciones íntimas cotidianas, perderá opciones mucho más valiosas y relaciones más maduras.

El punto esencial es que para obtener mejores cosas es preciso abandonar sus relaciones con gente, influencias o hábitos de bajo nivel.

Trabajo: Si siempre elige lo más fácil y agradable, evitando el trabajo duro, eso no lo ayudará a progresar. Trate de relacionarse con gente experimentada y seria y aléjese de aquellos que no cuentan con los conocimientos, las cualidades o el compromiso necesarios para hacer un buen trabajo.

Vida privada: Elija sabiamente a sus amigos. Si sólo se relaciona con personas superficiales, eso le hará perder otras relaciones con mejores personas.

Salud, sentimientos y relaciones sociales: Si usted sólo sigue sus instintos básicos, perderá lo espiritual, lo más profundo.

Seis en el tercer puesto

El se une al hombre maduro y deja ir al muchachito.
El seguimiento obtiene lo que busca.
Una permanente determinación es favorable.

Esta situación es la inversa de la línea anterior. Indica que usted elegirá una opción buena y sabia, tomará una decisión correcta.

Este es un buen momento para superar las relaciones y hábitos que ya no son adecuados para una persona madura.

Siguiendo un buen modelo con perseverancia va a lograr sus objetivos de manera ventajosa.

Trabajo: Buen momento para adquirir nuevos conocimientos. Sus contactos beneficiarán su carrera y quizás consiga un ascenso. Para progresar, tendrá que dejar algunas cosas atrás.

Vida privada: Después de tomar la decisión adecuada, usted está en el camino correcto, relacionándose con gente buena y madura. Su persistencia será recompensada. No deje que nadie lo detenga.

Salud, sentimientos y relaciones sociales: Usted está en el umbral de un nuevo nivel espiritual, siga sus ideales con determinación.

Nueve en el cuarto puesto

Si uno persigue habrá una captura.
La determinación es ominosa.
La sinceridad con que recorre el camino lo ilumina.
¿Cómo podría haber defecto?

La palabra china traducida como "captura" también significa "dar en el blanco, encontrar, tener éxito". Usted puede encontrar o lograr algo tangible, pero también discernir o aprender algo nuevo.

Las cosas van a ir bien por un tiempo, pero si usted es complaciente, al final va a tener problemas.

Mantenga sus estándares altos y no confíe ciegamente en la gente que lo rodea, algunos de sus partidarios puede tener intenciones ocultas.

Trabajo: Tenga cuidado y adhiérase a la verdad. La insinceridad es peligrosa, no adule a sus superiores, pero también desconfíe de aquellos que lo halagan a usted.

Vida privada: Sea firme, pero flexible. Manténgase en guardia contra los falsos amigos.

Salud, sentimientos y relaciones sociales: Sea prudente y evite los excesos.

Nueve en el quinto puesto

La sinceridad lleva a la excelencia.
Ventura.

La búsqueda sincera de un objetivo superior lo llevará al éxito.

Una traducción alternativa de esta línea sería "La fidelidad es recompensada". Eso indica que el compromiso y la dedicación a su deber le traerán ventura.

Trabajo: No se contente con un resultado mediocre. Este es un excelente momento para desarrollar su negocio o carrera.

Vida privada: Las cosas le irán muy bien. Usted es sincero y está completamente dedicado al bien común, eso beneficiará mucho a su familia.

Salud, sentimientos y relaciones sociales: Tendrá muy buena salud y disfrutará de excelentes relaciones sociales.

Al tope un seis

Fuertes ataduras entre quienes siguen el mismo camino.
El rey lo ofrenda en la Montaña del Oeste.

La sexta línea frecuentemente simboliza a un sabio alejado del mundo o a alguien que está más allá de la situación, porque el tiempo del hexagrama se acaba en este punto.

Usted puede ser llamado de su retiro para ayudar a los demás.

La figura del rey haciendo una ofrenda en la Montaña Occidental indica que su trabajo o sus ideas serán reconocidos por las autoridades y será presentado como un ejemplo a ser imitado por los demás.

Trabajo: Sus esfuerzos serán recompensados. Usted tendrá nuevas oportunidades y comenzará una nueva etapa en su carrera.

Vida privada: Sus vínculos con alguien de alto nivel le permitirán introducirse en un nuevo círculo y se le abrirán amplias posibilidades.

Salud, sentimientos y relaciones sociales: Va a experimentar un despertar espiritual.

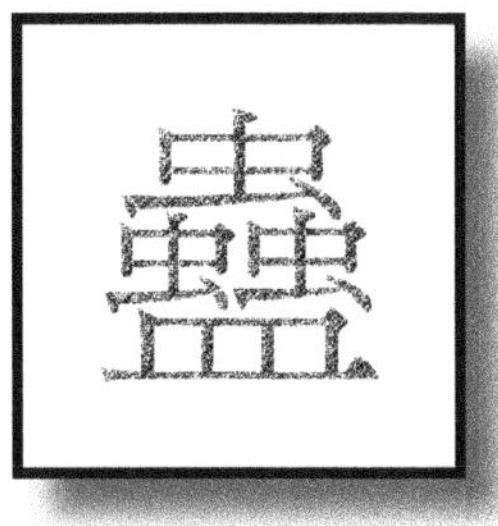

gǔ
Corrupción / El Trabajo en lo Echado a Perder

Antiguas representaciones del carácter chino que le da título a este hexagrama muestran un vaso con gusanos o serpientes.

Significados asociados

Decadencia, corrupción; gusanos venenosos en la comida o el estómago; veneno, influencia maligna; seducción, locura; maldición, embrujo

El Dictamen

Corrupción.
Éxito sublime.
Es favorable cruzar el gran río.
Antes del primer día tres días.
Después del primer día tres días.

La corrupción puede haber sido causada por descuido, errores o falta de adaptabilidad a las cambiantes circunstancias.

Antes de corregir una situación que se ha estropeado, es importante entender las causas del problema; por eso el dictamen dice: "antes del primer día tres días." La semana de la antigüedad, en China, tenía 10 días y en el primer día el rey emitía sus comandos. El significado de esta línea es que hay que tomarse un tiempo antes de poner manos a la obra para corregir la corrupción, porque es preciso analizar las causas antes de decidir como solucionar el problema.

La gente se acostumbró a la decadencia imperante y va a pasar algún tiempo antes que se adapten a las nuevas reglas, las cosas no se pueden arreglar en un instante, por eso el texto dice "después del primer día, tres días".

Corregir una situación en mal estado requiere mantener la esencia de la cosa y deshacerse de la corrupción, eliminar todas las partes que se echaron a perder. La renovación de una situación que fue descuidada durante demasiado tiempo, requiere un gran esfuerzo, pero los resultados serán buenos si usted está dispuesto a hacer un buen trabajo.

La frase: "Es favorable cruzar el gran río" indica que su trabajo tendrá buen resultado. En la China antigua, cruzar un río, ya fuera vadeándolo o pasando por encima del mismo cuando este se congelaba, no era una tarea sencilla porque no había puentes. Cruzar un río era peligroso y no era nada confortable; de ahí que la frase "es propicio cruzar el río" es una metáfora que indica que este es un buen momento para llevar adelante un emprendimiento de importancia pero no debe ser tomado a la ligera.

La Imagen

Debajo de la Montaña sopla el viento: la imagen de la Corrupción.
Así el noble sacude al pueblo y cultiva su moral.

El viento que sopla en la base de la montaña da la idea de aire estancado en un valle. De la misma manera las personas pueden quedar atrapadas por ideas anticuadas y malos hábitos y no pueden cambiar ni mejorar.

La imagen dice que ellos deben ser sacudidos y despertados para que puedan aprender comportamientos más adecuados. Nuevos valores y acciones positivas deberían reemplazar a la lasitud y las actitudes negativas del pasado.

Al comienzo un seis

Corrigiendo la corrupción dejada por su padre.
Porque hay un hijo el finado padre no tiene falta.
Peligro. Finalmente ventura.

La corrupción dejada por su padre indica errores causados por formas que ya no son válidas, problemas que vienen del pasado. Lo que se necesita es una renovación. Dado que la decadencia es reciente (la primer línea indica el comienzo de la situación), la corrección de las cosas malas no debería ser demasiado difícil. Si se corrigen los errores prontamente, el padre no tendrá ningún defecto.

Pero si las cosas se dejan libradas a sí mismas, sin aplicar ninguna corrección, habrá peligro de estancamiento. Cuanto más tiempo pase, más difícil será la corrección de los problemas heredados del pasado.

Trabajo: Usted debería cambiar su forma de hacer negocios o arreglar algo que está mal. Es posible que la persona que ocupaba su puesto previamente le haya legado una situación complicada.

Vida privada: Es tiempo de superar sus costumbres anticuadas e inoperantes. Mire hacia adelante en lugar de rememorar el pasado. Si no se adapta a los nuevos tiempos sus problemas empeorarán.

Salud, sentimientos y relaciones sociales: Podrá mejorar su salud espiritual y física, pero sólo si es receptivo a lo nuevo y está dispuesto a enmendar los errores pasados.

Nueve en el segundo puesto

Corrigiendo la corrupción dejada por su madre.
No sea demasiado duro.

La referencia a la madre y la advertencia acerca no ser demasiado duro indica que los errores deben ser corregidos con suavidad y delicadeza, sin avergonzar a las personas involucradas y sin hacer cambios radicales.

Un enfoque moderado, teniendo en cuenta las limitaciones de la gente que causó el problema, será la mejor opción.

Trabajo: Temas sensibles deben ser corregidos de manera discreta. Algo debe hacerse, pero sin llegar a extremos.

Vida privada: Algo no está bien en su familia, intente corregirlo con sumo cuidado. No sea duro con los sentimientos de los demás.

Salud, sentimientos y relaciones sociales: Aprenda a controlar sus estados emocionales, pero con equilibrio y dulzura. No reprima duramente a sus sentimientos, trate de encontrar el balance debido.

Nueve en el tercer puesto

Corrigiendo la corrupción dejada por su padre.
Habrá algunas fallas, pero no gran defecto.

Su intervención para corregir los problemas que han sido descuidados durante mucho tiempo le acarreará algunos conflictos. Usted no recibirá ayuda y algunas personas incluso pueden quejarse, aduciendo que usted es demasiado duro. Sin embargo, lo importante es solucionar los problemas. Al final todo saldrá bien, porque usted tiene suficiente voluntad y fuerza como para enderezar la situación.

Trabajo: Tiene una tarea complicada por delante y no podrá evitar enemistarse con algunas personas. Haga lo que tiene que hacer sin tener en cuenta las quejas.

Vida privada: Sus esfuerzos para renovar la situación despertarán un poco de resistencia, pero está en el camino correcto, no deje que lo hagan dudar acerca de sus objetivos.

Salud, sentimientos y relaciones sociales: Este no es momento para tomar medidas parciales. Lo importante es corregir sus defectos, una intervención a fondo es la única manera de evitar que su vida se estanque.

Seis en el cuarto puesto

Tolerando la corrupción dejada por su padre.
Si sigue así lo lamentará.

La inactividad no lo llevará a ninguna parte. Debilidad y adherencia rígida al pasado sólo hará que sus problemas actuales empeoren.

Trabajo: Usted será humillado si no se hace cargo de corregir la situación.

Vida privada: Si sigue haciendo caso omiso de la necesidad de reparar lo que está mal se va a arrepentir.

Salud, sentimientos y relaciones sociales: La complacencia en malos hábitos puede causarle una grave enfermedad.

Seis en el quinto puesto

Corrigiendo la corrupción dejada por su padre.
Uno obtiene alabanzas.

Problemas de larga data deben ser corregidos con la ayuda de los demás. Obtener alabanzas significa que sus esfuerzos serán reconocidos y apoyados por otras personas.

Trabajo: Usted puede ser promovido si maneja bien los problemas que enfrenta en la actualizad. Sus esfuerzos serán reconocidos y su reputación se acrecentará.

Vida privada: Sus amigos y familiares lo apoyarán en su búsqueda de una solución a los problemas heredados.

Salud, sentimientos y relaciones sociales: Es tiempo para arreglar sus problemas con la ayuda de otros. Renacimiento espiritual.

Nueve en el sexto puesto

El no sirve a reyes o señores.
Se ocupa de asuntos mucho más elevados.

Muchas veces la última línea indica a alguien que está fuera de la situación. Aquí simboliza a una persona sabia desprendida de las cosas del mundo, centrada en las metas espirituales y la superación personal.

Trabajo: El dinero no es lo más importante para usted. Puede que éste sea el momento propicio para retirarse de su trabajo para seguir sus propios objetivos personales.

Vida privada: Usted está desapegado de los demás, aunque es amigable con todos, pero ya no está interesado mucho en los asuntos de las otras personas.

Salud, sentimientos y relaciones sociales: Esta línea retrata a un espíritu verdaderamente libre, que sólo busca el crecimiento espiritual.

19

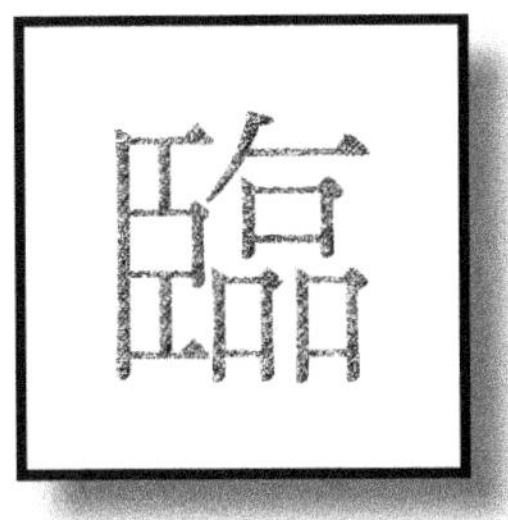

lín
El Acercamiento / Liderazgo

Los ideogramas que forman el carácter chino que le da título a este hexagrama son *chén*, "ministro, oficial" y *pǐn*, "tipo, variedad": supervisar diferentes cosas.

Significados asociados

Acercarse, inspeccionar, supervisar (sacrificio), lamentaciones ceremoniales.

El Dictamen

El Acercamiento.
Sublime éxito.
La determinación es favorable.
Al octavo mes habrá desventura.

> Usted debe estar listo para aprovechar al máximo las nuevas oportunidades que se aproximan porque no van a durar mucho tiempo. Los ocho meses representan un período efímero, una vez finalizado el crecimiento y la prosperidad cesarán.
>
> Las tres líneas inferiores simbolizan a las personas que están prosperando. Las tres líneas de arriba indican a las personas de mayor rango que trabajan con aquellos en posiciones más bajas, ayudándolos y supervisándolos.
>
> Este es uno de los pocos hexagramas que mencionan "las cuatro virtudes cardinales": *yuan, heng, li, zhen*, que significan "sublime", "éxito", "propicio" y "determinación o perseverancia".

Una o más de las cuatro virtudes aparecen en 50 de los 64 hexagramas, pero sólo los hexagramas 1, 2 (con una modificación), 3, 17, 19, 25 y 49 incorporan las cuatro virtudes en su dictamen.

Desde la dinastía *Han* en adelante, las cuatro virtudes se convirtieron en palabras claves del pensamiento confuciano, identificando cuatro cualidades o virtudes aplicables tanto al Cielo como al noble.

Todo oráculo que incluya estas cuatro virtudes indica que el éxito está garantizado, pero solo si el consultante se comporta correctamente; por esta razón la perseverancia en el camino correcto es la clave del éxito.

La Imagen

Por encima del Lago está la Tierra: la imagen del Acercamiento.
Así el noble es incansable en sus propósitos de instruir,
y sostiene y defiende al pueblo sin límites.

La imagen de este hexagrama muestra una masa de agua escondida, ubicada debajo de la tierra. Esto simboliza un tipo de liderazgo basado en la crianza y la educación de las personas, como un jardinero que riega el jardín para hacer que las plantas crezcan.

Al igual que un jardín, el Acercamiento va a florecer solamente durante un tiempo, hasta que llegue el otoño, por lo tanto, la oportunidad debe aprovecharse sin demora antes que se desvanezca.

Este es un buen momento para apoyar y enseñar a la gente, delegando autoridad en ellos. De esa manera van a crecer como personas plenamente responsables.

Al comienzo un nueve

Acercamiento conjunto.
La determinación es favorable.

Su influencia atraerá a personas de ideas afines, si coopera con ellos todos se beneficiarán. Colabore con los demás, pero sin renunciar a sus objetivos personales.

Trabajo: El trabajo con personas que comparten sus mismos objetivos será venturoso, pero no deje que los demás tomen todas las decisiones. Buen momento para recibir promociones y para el trabajo en equipo. Puede que usted sea asignado a un nuevo puesto de trabajo.

Vida privada: Tendrá excelentes oportunidades para establecer nuevas relaciones e iniciar nuevos proyectos con sus amigos o familia.

Salud, sentimientos y relaciones sociales: En comunión con los demás, compartiendo un objetivo común, enriquecerá con su vida. No se olvide de usted mismo, colaborar con otras personas no es lo mismo que renunciar a la propia individualidad.

Nueve en el segundo puesto

Acercamiento conjunto.
Ventura.
Todo es favorable.

Recibirá el reconocimiento de sus superiores. Nada va a detener su avance porque usted tiene la fuerza y el conocimiento necesarios para impulsar sus proyectos hacia adelante.

Trabajo: Podrá superar cualquier obstáculo en su camino, ayudado por el soporte que recibirá de sus superiores. Esté dispuesto a cooperar con los demás.

Vida privada: Nuevas oportunidades están llegando. Con la ayuda de sus amigos y familiares prosperará grandemente.

Salud, sentimientos y relaciones sociales: Sus amigos lo aprecian mucho y siguen su ejemplo. Disfrutará de buena salud.

Seis en el tercer puesto

Acercamiento placentero.
Ninguna acción podrá completarse favorablemente
Si se entristece por ello no habrá defecto

Si es demasiado complaciente o indulgente fracasará. Puede rectificar sus descuidos pasados y evitar cometer errores peores si fortalece su voluntad y cumple con su deber.

Desconfíe de los halagos y no sea perezoso ni apresurado.

Trabajo: Si no toma precauciones se va a arrepentir, evite asumir riesgos innecesarios. Sea cuidadoso y supervise bien a las personas que colaboran con usted, no se confíe demasiado.

Vida privada: No de nada por sentado. La situación parece ir bien pero si baja la guardia tendrá problemas.

Salud, sentimientos y relaciones sociales: Tenga cuidado con los excesos en el comer y el beber. Ejercite autocontrol. No descuide sus relaciones personales, evite abusar de los demás, pero tampoco deje que se aprovechen de usted.

Seis en el cuarto puesto

Acercamiento completo.
No hay defecto.

El Acercamiento está en su punto más alto. No hay defecto significa que usted estará a la altura de las circunstancias y sabrá supervisar bien a sus subordinados. Todo está funcionando bien, si se mantiene concentrado en el cumplimiento de sus tareas no tendrá ningún problema.

Trabajo: La cuarta línea es el lugar del ministro, un alto ejecutivo en una posición subordinada. Su liderazgo maduro y sensato le asegurará el éxito.

Vida privada: Podrá guiar y sostener a su familia muy bien sin cometer errores.

Salud, sentimientos y relaciones sociales: Tendrá muy buen equilibrio físico y espiritual.

Seis en el quinto puesto

Acercamiento sabio.
Es apropiado para un gran señor.
Ventura.

Un líder sabio (simbolizado por la quinta línea *yin*) puede emplear a otros para que le sirvan, delegando responsabilidad y promoviendo a las personas con capacidad (la segunda línea *yang*). El resultado será exitoso.

Trabajo: Usted es un administrador eficiente que se rodea de subordinados capaces y sabe cómo estimularlos para que realicen sus tareas son eficacia y dedicación.

Vida privada: Disfrutará de una vida familiar feliz y próspera.

Salud, sentimientos y relaciones sociales: Al mantener la mente y el cuerpo relajados usted disfrutará de una excelente salud. Su mente está clara y eso le posibilita a manejar todo de la manera correcta

Al tope un seis

Acercamiento sincero y generoso.
Ventura. Sin defecto.

Un sabio generoso y humilde es una bendición para las personas a las que enseña (la primera y la segunda líneas). Usted está dispuesto a compartir su experiencia con otros con el fin de ayudar a las personas dignas con su sabiduría.

Trabajo: Usted puede ser un consultor, o alguien que brinda orientación a otras personas. Su valioso consejo es muy apreciado.

Vida privada: Siendo generoso con su experiencia y conocimiento, ayudará a la gente que lo rodea con su sabiduría.

Salud, sentimientos y relaciones sociales: Un enfoque magnánimo y benévolo hacia otras personas le ayudará a tener buenas relaciones con todo el mundo.

20

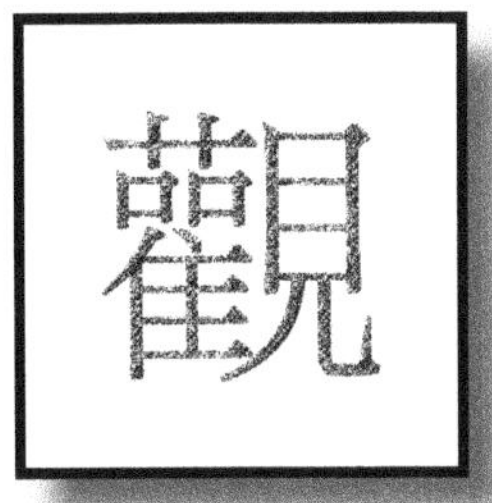

guān
Contemplación

Los ideogramas que forman al carácter chino que le da título a este hexagrama son *guān*, elemento fonético y *jiàn*, "ver".

Significados asociados

Ver, mirar, contemplar, observar; considerar, tomar algo en cuenta; causa para mirar, mostrar, aspecto, escena; una vista.

El Dictamen

Contemplación. Se hizo la ablución pero aún no la ofrenda.
Su sincera dignidad inspira admiración.

> Los rituales sacrificiales en la China antigua se iniciaban con una ceremonia de purificación. Aquí se describe el momento que media entre esa ceremonia y la ofrenda. Ya comenzaron los preparativos, pero el sacrificio aún no realizó.
>
> Ese momento de contemplación estaba cargado de significado y de tensión y era concebido para atraer la atención completa de los participantes en el ritual.
>
> Aplicado a la vida contemporánea, esto significa que usted necesita adquirir una nueva perspectiva de la situación, ver con ojos nuevos, como si fuera un extraño, su realidad cotidiana. No se limite a ver la superficie de las cosas, a menudo la gente esconde sus reales intenciones detrás de una fachada amigable. Trate de entender las motivaciones de las personas, eso le ayudará a comprender la situación en la que usted está implicado. No se excluya a usted mismo,

la Contemplación también implica la necesidad de entenderse a uno mismo.

Contemplación significa ver con entendimiento, si logra comprender de la situación, también podrá influenciar a otros y convertirse en un ejemplo a seguir.

La Imagen

El Viento se mueve sobre la Tierra: la imagen de la Contemplación.
Así los antiguos reyes visitaban todas las regiones contemplando al pueblo y estableciendo su educación.

El viento que se mueve sobre la tierra significa mirar a lo lejos, tratando de entender las costumbres de otras personas con una mentalidad abierta. Los antiguos reyes simbolizan personas sabias que saben cómo adaptar la sabiduría antigua a la realidad actual del pueblo, para instruir y guiar a la gente.

Desde un punto de vista personal, la imagen nos está diciendo que debemos ampliar nuestros horizontes, contemplar nuestra situación desde una nueva perspectiva y adaptar y actualizar las viejas creencias a la circunstancias presentes.

Al comienzo un seis

Contemplando como un muchacho.
No es defecto para un hombre pequeño.
Para el noble es humillante.

La falta de entendimiento no es un fallo en una persona joven o ignorante. Algunas personas pueden tener una comprensión limitada de la situación, careciendo de la capacidad para analizarla. De hecho la ignorancia sería excusable en los jóvenes, pero en un individuo maduro y educado, eso sería humillante, ya que dicha persona debería ser capaz de poder entender mejor la situación.

Esta línea describe a alguien que no entiende la situación y por ende, no va a ser capaz de actuar correctamente.

Trabajo: Usted tiene en sus manos más de lo que puede manejar, sobre todo porque carece de los suficientes conocimientos y experiencia. Sería mejor que espere antes de actuar o que de un paso atrás, si sigue adelante usted pasará vergüenza.

Vida privada: Su inmadurez y falta de conocimientos lo pueden poner en una situación incómoda. Si usted reconoce sus limitaciones evitará una penosa humillación.

Salud, sentimientos y relaciones sociales: Mejor guarde silencio, si manifiesta su confusión e ignorancia en público pasará vergüenza.

Seis en el segundo puesto

Contemplación furtiva.
La determinación es favorable para una mujer.

La palabra china traducida como "furtiva", también significa "mirar por una rendija de la puerta". En la antigüedad las mujeres chinas no podían dejar sus casas ni recibir una educación superior, por lo que no se esperaba que ellas tuvieran un amplio conocimiento del mundo, por eso la contemplación furtiva se relaciona con la mujer.

De hecho alguien mirando por una rendija de la puerta no puede tener un buen conocimiento de lo que es visto, porque dicha persona no puede ver toda la escena. Esta línea muestra a alguien –ya sea hombre o mujer– que tiene un campo de visión estrecho, un entendimiento limitado.

Usted puede carecer de los debidos conocimiento o estar limitado por el dogmatismo, mirando la realidad desde un punto de vista estrecho. Este tipo de contemplación limitada sería excusable en alguien con posibilidades limitadas, como una mujer en la antigua China o alguien muy joven, pero no en una persona madura y capaz.

También esta línea puede apuntar a algún tipo de espionaje a favor de una facción débil.

Trabajo: Solo está viendo un lado de la situación. Si usted es un subordinado que sólo está siguiendo órdenes, es posible que no necesite una comprensión completa de lo que sucede para trabajar bien, pero si está conduciendo a otros, su falta de entendimiento impedirá que usted obtenga buenos resultados.

Vida privada: Es importante que aprenda a ver las cosas desde un punto de vista más amplio, trate de obtener todos los detalles sobre la situación antes de tomar cualquier decisión. Las mujeres tendrán mejores posibilidades que los hombres.

Salud, sentimientos y relaciones sociales: Su comprensión es limitada, mantenga un perfil bajo. Trate de superar sus prejuicios.

Seis en el tercer puesto

Contemplando los avances y retrocesos de mi vida.

Habiendo alcanzado cierto grado de madurez, este es un buen momento para reflexionar sobre los aciertos y fallos en su vida pasada, para comprender y eventualmente hacer ajustes en su estilo de vida.

Haciendo un balance realista de sus posibilidades verá claramente lo que puede hacer a partir de ahora.

Trabajo: Este es un tiempo de estancamiento e incertidumbre. Trate de comprender mejor la situación antes de actuar.

Vida privada: Usted puede tener ganancias y pérdidas. Comprender las razones de lo que está pasando le ayudará a conocerse mejor.

Salud, sentimientos y relaciones sociales: Las consecuencias de sus acciones, mas que sus intenciones, le darán la clave para entenderse a usted mismo. Puede sufrir un retroceso en su salud.

Seis en el cuarto puesto

Contemplación de la gloria del reino.
Es favorable actuar como huésped de un rey.

La contemplación de la gloria del reino significa ampliar sus horizontes y descubrir nuevas posibilidades. Usted puede utilizar sus talentos para apoyar una buena causa o un negocio.

La frase "favorable actuar como huésped de un rey", también puede ser traducida como "es favorable tener una audiencia con el rey", eso significa que usted podrá progresar si se pone en contacto con la persona adecuada, en una posición de autoridad.

Trabajo: Su consejo es valioso. En primer lugar vea adónde puede emplearse mejor y a continuación aplique sus capacidades al trabajo elegido. Puede recibir una oferta para un nuevo trabajo o un puesto como asesor. Hará una tarea importante, con grandes responsabilidades.

Vida privada: No se limite a repetir el mismo libreto una y otra vez. Usted debe actuar como un miembro activo de la sociedad, desempeñando un papel importante e influyendo positivamente en los demás. Su valioso consejo es tomado en cuenta por gente importante.

Salud, sentimientos y relaciones sociales: Una vida más activa es posible. Comparta su sabiduría con los demás.

Nueve en el quinto puesto

Contemplación de mi vida. El noble no tiene reproches.

Usted está situado en una posición elevada. Sus decisiones afectan no sólo a su propia vida, pero también a otras personas.

El texto dice que "no tiene reproches", indicando que usted se mantendrá limpio de errores, observando con atención el resultado de sus acciones y corrigiendo cualquier desviación antes que cause problemas. Usted sabrá que usted hizo lo correcto si el resultado de sus acciones es bueno.

Trabajo: Su posición es segura y estable. Este es un momento de introspección, cuando usted se da cuenta de que todo está en orden. Manténgase alerta, usted debe cumplir importantes tareas y no puede descuidarse.

Vida privada: La quinta línea es el lugar del regente, eso indica que usted tiene una posición respetada en su familia. Usted es consciente de sus responsabilidades y sabe cuales son sus obligaciones, eso lo librará de cometer rrores.

Salud, sentimientos y relaciones sociales: Disfrutará de buena salud. Tendrá perspicacia para discernir el mejor camino y diferenciar lo que es bueno de lo que es malo.

Nueve en el sexto puesto

Contemplación de su vida. El noble no tiene reproches.

La sexta línea muchas veces representa a un sabio que no se preocupa de las cosas del mundo, porque está más allá de la situación.

Usted ve las circunstancias desde cierta distancia, con desapego, eso le da una buena perspectiva no sólo de lo que ocurre a su alrededor, sino también de las consecuencias de sus propios actos. Ya no le preocupan ni el éxito ni el dinero, por eso usted puede ver las cosas como realmente son. Su claridad le impedirá cometer errores.

Trabajo: Podrá hacer lo que es mejor para su negocio o empresa, actuando con imparcialidad y viendo la imagen completa de la situación.

Vida privada: Su vida ha sido buena y por eso puede contemplarla sin remordimientos. Usted es un ejemplo para otras personas.

Salud, sentimientos y relaciones sociales: Buena salud y excelente equilibrio emocional y espiritual. Usted está satisfecho con su vida.

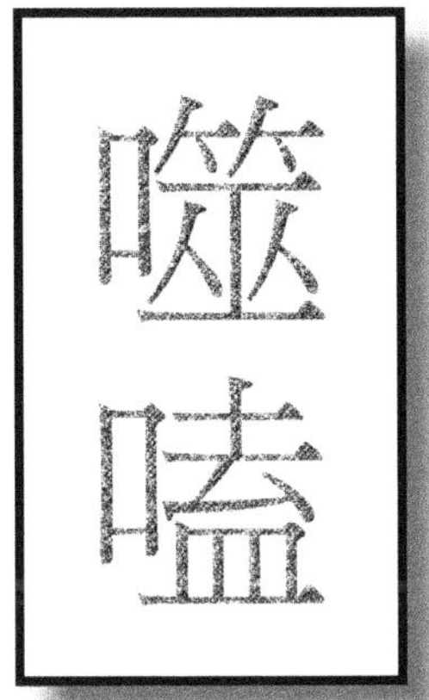

shì hé
La Mordedura Tajante

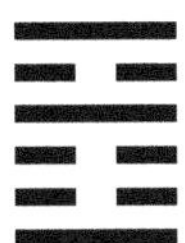

Los ideogramas que conforman el carácter chino que le da título a este hexagrama son *shì*: "morder, roer" y *hé*: "(pasar) a través, cerrar las mandíbulas".

Significados asociados

Cerrar las mandíbulas, morder, pasar a través, morder, masticar, triturar, romper entre los dientes, remover los obstáculos que impiden que las mandíbulas se unan.

El Dictamen

La Mordedura Tajante tiene éxito.
Es favorable administrar justicia.

> Este hexagrama está relacionado con los procesos penales, el otro hexagrama con un significado similar es el número 6: *El conflicto*, que indica una demanda civil.
>
> La Mordedura Tajante indica que deben aplicarse medidas enérgicas para corregir un error. Hay una obstrucción, algún elemento disfuncional que tiene que ser castigado o eliminado. La mordedura indica una acción rápida y enérgica, la aplicación de la justicia con fuerza para solucionar un problema. También indica que este es el momento para tomar una posición firme y luchar por sus convicciones.
>
> La primera y la última líneas son las que reciben el castigo, las otras líneas administran justicia.

La Imagen

Trueno y Rayo: la imagen de la Mordedura Tajante.
Así los antiguos reyes aplicaban con inteligencia los castigos
y promulgaban sus leyes.

El trueno indica movimiento y velocidad y representa la fuerza de la ley en la acción. El rayo indica claridad: las leyes deben estar claramente definidas para que quede claro aquello que es legal y lo que está prohibido y deben de aplicarse con fuerza y sin demora.

Los antiguos reyes simbolizan un patrón o modelo de buen gobierno, que debemos esforzarnos por seguir.

Para aplicar el castigo con inteligencia, uno no debe actuar arbitrariamente, sino medir cuidadosamente el tipo y el grado de las sanciones que se aplicarán, analizando caso por caso.

Promulgar las leyes significa poner las leyes en acción sin demora y estar listo a hacer lo que sea necesario para restablecer la justicia.

Al comienzo un nueve

Sus pies son apresados en el cepo y sus dedos mutilados.
No hay defecto.

Al ser la primer línea, el movimiento recién comienza, por lo tanto, el castigo se aplica como una acción preventiva, atrapando a los pies para impedir que se cometa una transgresión. El cepo indica una acción punitiva que impide que un transgresor continúe con su mal comportamiento. La primera línea, al estar en una posición baja, se asocia con los pies en varios hexagramas.[1]

El transgresor se libera de la culpa porque fue detenido antes de que pudiera cometer un delito más grave.

Trabajo: Su carrera será bloqueada o usted puede ser rebajado de categoría debido a haber cometido algunas transgresiones menores.

Vida privada: Usted será castigado al intentar cometer una mala acción y como resultado se le impedirá hacer cosas peores. Podría ir a la cárcel por un tiempo corto o experimentar algunas restricciones.

Salud, sentimientos y relaciones sociales: Puede llegar a sufrir de enfermedades relacionadas con la movilidad o tener algún problema con sus pies, por un tiempo.

Seis en el segundo puesto

Mordiendo a través de carne blanda la nariz es destruida.
No hay defecto.

La carne blanda indica que no hay complicaciones, los hechos son claros. La nariz destruida puede indicar que la aplicación de la corrección es demasiado entusiasta y que se pierde algo de sensibilidad (el olfato) por ser demasiado duro; también podría indicar que cortar la nariz fue el castigo aplicado en este caso. En cualquier caso, el castigo es justo. La línea dice "ningún defecto" porque hay argumentos más que suficientes para condenar al transgresor.

Trabajo: Es necesario aplicar un castigo a un transgresor endurecido. Puede que usted no tenga una imagen completa de la situación, pero tendrá más que suficientes motivos para castigar al delincuente.

Vida privada: Usted disciplinará a algún miembro de su familia o círculo de asociados, de manera justa y merecida.

Salud, sentimientos y relaciones sociales: Puede tener algún accidente sin demasiada importancia o cirugía menor.

Seis en el tercer puesto

El muerde a través de carne seca y encuentra veneno [odio, malevolencia].
Leve humillación. No hay defecto.

Se enfrenta a un problema que fue descuidado por demasiado tiempo y algunas cosas que saldrán a la luz puede provocar problemas. La persona que debe ser castigada no se someterá mansamente, sino que intentará contraatacar. Debido a que usted carece de suficiente poder para corregir a fondo los problemas a los que se enfrenta, puede pasar un poco de vergüenza, pero no cometerá ningún error.

Trabajo: Será criticado y entrará en conflicto con algún subordinado cuando trate de corregir abusos que fueron pasados por alto desde hace mucho tiempo. Aunque no podrá castigar al malhechor como debería ser, ni será capaz de solucionar totalmente los problemas, no cometerá ningún error.

Vida privada: Tendrá un conflicto con algunos de sus amigos o familiares cuando trate de corregir algunos abusos. Sus acciones sólo generarán resentimiento y pueden provocar un enfrentamiento desagradable con el malhechor. Puesto que usted está haciendo lo correcto, no tendrá nada de lo que reprocharse.

Salud, sentimientos y relaciones sociales: Correrá el riesgo de intoxicarse, pero eso no tendrá mayores consecuencias.

Nueve en el cuarto puesto

El muerde a través de carne seca con hueso y consigue flechas de metal.[2]
Es favorable la determinación ante las penurias.
Ventura.

Conseguir flechas de metal indica que para superar una fuerte resistencia y solucionar un viejo problema, que es duro como carne seca, es necesario tener los elementos adecuados (el hexagrama 40.2 asimismo menciona conseguir flechas, pero en ese caso son doradas). Las flechas simbolizan velocidad, orientación precisa, dureza y penetración; indican, que debe ser muy decidido y fuerte para poder aplicar el castigo adecuado de manera efectiva.

Trabajo: Tendrá éxito, e incluso puede que obtenga un ascenso, pero sólo después de realizar grandes esfuerzos y vencer una fuerte resistencia.

Vida privada: Para poder resolver problemas de larga data y castigar a transgresores encallecidos, uste necesitará ser tan duro como el metal. Necesita encontrar algunos indicios que le ayuden a solucionar el problema.

Salud, sentimientos y relaciones sociales: Se requieren medidas enérgicas para tratar una enfermedad crónica.

Seis en el quinto puesto

El muerde a través de carne seca
y consigue metal amarillo.[3]
La determinación es peligrosa, pero no habrá error.

Esta línea ocupa la posición del regente, siendo una línea *yin*, estará dispuesta a la clemencia. Obtener metal amarillo indica que debe tomar precauciones. Tenga listos los medios adecuados antes de enfrentarse a situaciones peligrosas y sea imparcial y justo.

"La determinación es peligrosa" significa que no es aconsejable forzar la situación ni llegar a extremos. Mantenga el equilibrio y no cometerá errores.

Trabajo: Tendrá éxito y hasta puede recibir una promoción, pero si se extralimita puede echar a perder todos sus logros anteriores.

Vida privada: Después de superar cierta resistencia tendrá buenas ganancias y su vida mejorará. Si muerde más de lo que puede masticar tendrá problemas.

Salud, sentimientos y relaciones sociales: No se sobrecargue a usted mismo, controle su estrés. Si tiene una enfermedad esta mejorará.

Nueve en el sexto puesto

Acarreando un yugo y con sus orejas mutiladas.[4]
Desventura.

Un delincuente contumaz que no escucha las advertencias sólo tendrá desgracia. Las orejas mutiladas indican que no es capaz de escuchar o aprender nada nuevo, que no va a abandonar la mala senda, porque está aislado por su obstinación.

Trabajo: Se quedará solo y será y castigado si no es capaz de obedecer las reglas y no trabaja en armonía con sus compañeros.

Vida privada: Si decide hacer caso omiso de los buenos consejos y es sordo a las quejas de los demás, tendrá que pagar un alto precio por su testarudez.

Salud, sentimientos y relaciones sociales: Si ignora la realidad estará aislándose de los demás. Los malos hábitos pueden dañar gravemente su salud.

Notas

1. La palabra china que se refiere a los pies o los dedos de los pies (*zhǐ*) sólo aparece en la primera línea. También puede encontrarse en los hexagramas: 21, 22, 34, 43, 50 y 52.

2. "Desde la antigüedad, en un caso civil, ambas partes, antes de que fueran escuchadas, llevaban a la corte una flecha (o un haz de flechas), en testimonio de su rectitud, tras lo cual eran escuchadas; en un caso penal, de la misma manera, depositaban treinta libras de oro, o algún otro metal." (*Legge*)

3. Ver Nota 2.

4. Una traducción alternativa sería que el yugo le cubre las orejas y por eso no puede oír. Nótese que en la China antigua, la mutilación de distintas partes del cuerpo era un castigo usual para ciertos crímenes.

bì

La Elegancia / Adornado

Los ideogramas que forman el carácter chino que le da título a este hexagrama son: *hui*, "plantas" y *bèi*, "concha": un árbol decorado con conchas de moluscos.

Significados asociados

Elegancia, ornato, decorado, decoración, abigarrado; buenas maneras, sutileza, diplomacia.

El Dictamen

Elegancia. Éxito
Es favorable tener una meta en asuntos menores.

> Las normas de etiqueta social son útiles para regular el comportamiento de las personas en beneficio del bien común. De esta manera la elegancia ayuda a mantener el orden social.
>
> Aplicado a la situación actual, esto significa que usted debe comportarse con delicadeza y cordialidad, que no es conveniente actuar con audacia ni agresividad, sino con discreción y elegancia. Sus relaciones con otras personas mejorarán si es amable y tiene modales finos.
>
> Evite tomar decisiones importantes o tratar asuntos complicados.

La Imagen

Fuego al pie de la Montaña: la imagen de la Elegancia.
Así el noble regula las multitudes con esclarecimiento.
Pero no se atreve a decidir los casos criminales.

El fuego ilumina y destaca a la montaña, de la misma manera, haciendo hincapié en el comportamiento deseado, con encanto y persuasión, se puede guiar a la gente con suavidad. Esto significa que debe utilizar métodos blandos y persuasivos, para enseñarles y convencerlos.

Sin embargo, tales métodos suaves no sirven para manejar a los criminales endurecidos.

Al comienzo un nueve

Le da elegancia a sus pies, deja el carruaje y camina.

Dejar el carruaje significa descartar las cosas superfluas y simplificar su vida, volver a lo esencial. Dar elegancia a sus pies sugiere utilizar sus propios medios para avanzar, en lugar de depender de otros para facilitarle el avance.

Trabajo: Tendrá que renunciar a ciertas ventajas para poder seguir su propio camino. Aunque puede perder algunos privilegios ganará en independencia.

Vida privada: Para ganar la libertad deberá descartar algunas comodidades y tomar sus propias decisiones.

Salud, sentimientos y relaciones sociales: En lugar de obedecer ciegamente lo que otros le dicen, este es el momento para tener un pensamiento independiente. Es hora de dejar atrás las muletas y tonificar sus propios músculos físicos y mentales.

Seis en el segundo puesto

Le da elegancia a su barba.[1]

Darle elegancia a su barba significa seguir algunas reglas o tradiciones, acostumbradas en algunos lugares. Su posición es débil y dependiente por lo que necesita ajustarse a las costumbres establecidas por sus superiores o por la sociedad.

Trabajo: Usted debe conformarse a las convenciones del lugar donde usted trabaja, siguiendo las normas de conducta imperantes.

Vida privada: Para ser aceptado en algunos círculos es necesario seguir ciertas reglas con respecto al vestir y las apariencias, no descuide su arreglo personal, pero tampoco actúe con fatuidad.

Salud, sentimientos y relaciones sociales: Se preocupa demasiado por su apariencia.

Nueve en el tercer puesto

Elegante y húmedo.
Una determinación a largo plazo es venturosa.

Disfruta de una un vida muy elegante y confortable. Sin embargo, debería mantener su firmeza para evitar ser debilitado por la vida fácil. Si mantiene su fuerza y determinación tendrá ventura.

Trabajo: Su posición es muy buena y tiene mucho apoyo. No se confíe demasiado ni descuide la planificación a largo plazo.

Vida privada: Vivirá un momento encantador. Tendrá buena suerte y muchos amigos. No se olvide de sus deberes.

Salud, sentimientos y relaciones sociales: Gozará de buena salud y felicidad. No sea demasiado indulgente con usted mismo.

Seis en el cuarto puesto

Elegancia blanca.
Un caballo blanco con alas.
No es un bandido, sino un pretendiente.

La súbita aparición de un recién llegado –adornado con sencilla elegancia blanca, pero con pensamientos y objetivos elevados– puede provocar algunas dudas, pero su sincero deseo es cooperar. Con el tiempo, será aceptado y las obstrucciones y dudas desaparecerán.

Es posible que dude antes de tomar una decisión importante. Puede ser que alguien le ofrezca algo, solicite su amistad o le declare su amor. Establecer una relación de confianza con el recién llegado va a tomar algún tiempo.

Trabajo: Usted se enfrentará a obstáculos temporales, pero a la larga tendrá buenas perspectivas. Recibirá una propuesta que puede hacerlo dudar, pero finalmente la aceptará.

Vida privada: Sus buenas intenciones pueden ser mal interpretadas, pero finalmente serán comprendidas. Su unión con un amigo o un amante puede demorarse.

Salud, sentimientos y relaciones sociales: Puede tener algunos problemas menores de salud, pero su mente se mantendrá sana y clara.

Seis en el quinto puesto

Elegancia en colinas y jardines.
La madeja de seda es insignificante.
Humillación, pero al final hay ventura.

Las colinas y jardines también se pueden traducir como "bosque nativo" o "parque natural". En cualquier caso, indica un lugar tranquilo, fuera de la vida activa de la ciudad. Simboliza un círculo íntimo en el que usted desea entrar, un lugar natural y espiritual. Usted no tiene mucho para ofrecer, sus recursos materiales son escasos y eso lo avergüenza un poco, pero al final esas cosas no importarán porque usted será aceptado.

La elegancia en las colinas y jardines también puede indicar una búsqueda de la paz, un alejarse del mundanal ruido.

Trabajo: Se le presentará una oportunidad de trabajo en un nuevo entorno. Usted vacilará, pero finalmente tendrá éxito.

Vida privada: Este puede ser un buen momento para retirarse y empezar una vida más contemplativa en el campo.

Salud, sentimientos y relaciones sociales: Las colinas y jardines simbolizan la entrada a un nuevo nivel espiritual, donde las cosas materiales no son importantes.

Nueve en el sexto puesto

Simple elegancia.
Sin defecto.

Muchas veces la sexta línea está más allá de la situación. En este caso, está más allá del adorno y de la elegancia.

La simplicidad es la única cosa que usted necesita. Al ser completamente sincero no cometerá errores.

Trabajo: No hay necesidad de embellecer la realidad, sea simple y directo y no fallará.

Vida privada: Una persona auténtica no necesita de posturas ni adornos.

Salud, sentimientos y relaciones sociales: Tendrá un excelente equilibrio físico y espiritual.

Notas

1. La tradición cuenta que Confucio se irritó mucho cuando recibió esta línea en una respuesta del *YiJing*, por considerarla intrascendente y banal.

23

bō
La Desintegración

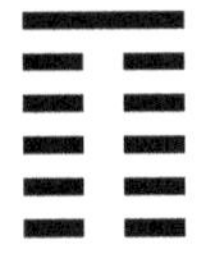

Los ideogramas que constituyen el carácter chino que le da título a este hexagrama son: *lù*, "trinchar" y *dāo*, "cuchillo": trinchar con un cuchillo.

Significados asociados

Pelar, desollar, despellejar, hendir, cortar en mitades, degradar, desintegrar, arruinar, romper, remover, arrancar, pelar, desplumar, desnudar.

El Dictamen

La Desintegración.
No es favorable ir a ningún lugar.

> Esta es una época de decadencia, cuando mala gente prospera y destruye la base de sustentación de las buenas personas. Las relaciones interpersonales se ven obstaculizadas, cada uno se preocupa solo por sí mismo, la confianza es escasa y nadie coopera con los demás. Este proceso de declinación no se puede detener, por eso en lugar de perder tiempo y energía luchando contra él, el mejor curso de acción es mantener la calma y mantenerse lejos de los problemas hasta que esta época adversa termine.

La Imagen

La Montaña descansa sobre la Tierra: la imagen de la Desintegración.
Así los superiores aseguran su posición siendo generosos con aquellos que están por debajo de ellos.

Para mantener su posición firme, tiene que consolidar su base de sustentación. Asegúrese de que conserva el apoyo de la gente de la que usted depende para sus necesidades. Esté preparado para hacer concesiones a los demás en lugar de luchar. Mantenga un perfil bajo, no llame la atención de los demás.

Al comienzo un seis

Las patas del lecho se desintegran.
Los perseverantes son destruidos.
Desventura.

Las patas del lecho que se desintegran simbolizan cómo la situación se ve socavada gradualmente por hombres malvados, desde la periferia (las patas) hasta el centro (la piel, en la cuarta línea).

La desintegración de las patas del lecho indica un plan de acción sistemático para privarle de sustento. La cama es un lugar para el descanso, por ello su tranquilidad y bienestar están amenazados.

No hay nada que pueda hacer excepto estar alerta y esperar. Cualquier acción ofensiva sólo empeorará su situación.

Trabajo: Alguien está conspirando para socavar su posición. Tenga cuidado con las personas que lo rodean. No sería prudente emprender nuevos negocios ni enfrentar abiertamente a sus enemigos. Espere y manténgase atento.

Vida privada: Habrá peleas en la familia o entre amigos. Usted puede ser traicionado. Trate de mantenerse tranquilo y calmado.

Salud, sentimientos y relaciones sociales: Puede llegar a tener problemas con sus pies y sufrir cierto grado de confusión.

Seis en el segundo puesto

El marco del lecho se desintegra.
Los perseverantes son destruidos.
Desventura.

La situación se agrava y el ataque está afectando la estructura misma de su vida. Lo están dejando aislado y sin recursos defensivos.

Sea flexible, trate de ver como retirarse a un lugar seguro. Si trata de luchar para mantener su posición va a ser aplastado.

Trabajo: Su influencia está disminuyendo y su posición se hace más precaria. No sea terco y busque una salida a la mala situación antes de que sea demasiado tarde.

Vida privada: Poco a poco lo están dejando solo y está perdiendo el apoyo de los demás. Es mejor que se retire ahora, aceptando algunas pérdidas, en lugar de perder todo al final.

Salud, sentimientos y relaciones sociales: Sufrirá cierto grado de confusión y falta de puntos de referencia. Puede tener problemas con sus rodillas.

Seis en el tercer puesto

Rompe con ellos.
Sin defecto.

No deje que lo aparten de sus principios. Está rodeado de gente mala, si se rompe su vínculo con ellos no cometerá errores.

Trabajo: Mantenga su independencia a toda costa. No imite lo que hacen los demás, siga su propio rumbo.

Vida privada: No rebaje sus estándares siguiendo ciegamente a quienes lo rodean. Es mejor que se mantenga apartado en lugar de participar en las fechorías de los demás.

Salud, sentimientos y relaciones sociales: Ha llegado el momento de reafirmar su voluntad y seguir su propio camino, sin tener en cuenta lo que dicen otras personas.

Seis en el cuarto puesto

El lecho se desintegra hasta la piel.
Desventura.

En la China antigua, el colchón de la cama era una piel de animal estirada a través del marco de la cama. Si esa piel se destruía la cama se convertía en algo inútil.

Los malos tiempos están en su peor momento. La desintegración le afecta directamente, no tiene apoyo y ningún lugar para descansar. No hay manera de escapar de los problemas.

Trabajo: Peligro, puede ser calumniado y perder su posición.

Vida privada: No tiene ningún lugar para descansar y hay peligro de que lo traicionen. No puede hacer nada al respecto.

Salud, sentimientos y relaciones sociales: Ha llegado al punto más bajo de este ciclo. Preserve su fuerza y espere hasta que las cosas mejoren.

Seis en el quinto puesto

Peces ensartados.
Favores de la gente de la corte.
Nada que no sea favorable.

El tiempo de la Desintegración está por terminar. Los peces ensartados simbolizan a las personas que están empezando a cooperar siguiendo a un buen líder. Las gente de la corte (que también puede traducirse como "damas de palacio") son las cinco líneas *yin* que ahora dejan de ser hostiles y cooperan por el bien de todos. Recibir favores de la gente de palacio significa recibir la aprobación del centro de poder y ser introducido ante el mismo. Aparecerán nuevas oportunidades para progresar.

Trabajo: Con el apoyo de amigos influyentes, usted prosperará.

Vida privada: El tejido social se restablecerá. Los conflictos con sus amigos o familiares quedarán atrás. Un nuevo periodo de paz y cooperación está iniciándose.

Salud, sentimientos y relaciones sociales: Su salud mejorará.

Nueve en el sexto puesto

Un gran fruto aún no comido.
El noble consigue un carruaje, al vulgar se le desintegra el refugio.

El gran fruto simboliza importantes logros y una gran persona destacándose entre muchos otros que son inferiores.

El gran fruto también simboliza las nuevas oportunidades de progreso que aparecerán.

Que el noble consiga un carruaje indica que las personas capaces ahora podrán avanzar con apoyo y firmeza. Por otro lado, los vulgares –que prosperaron en los malos tiempos– van a perder todas sus ganancias mal habidas.

Trabajo: Será promovido y obtendrá nuevos negocios. Sus proyectos serán exitosos y recibirá mucho apoyo.

Vida privada: Su posición como cabeza de la familia será restaurada. Los que crearon problemas serán avergonzados.

Salud, sentimientos y relaciones sociales: Gozará de excelente salud. Su horizonte espiritual se expandirá.

24

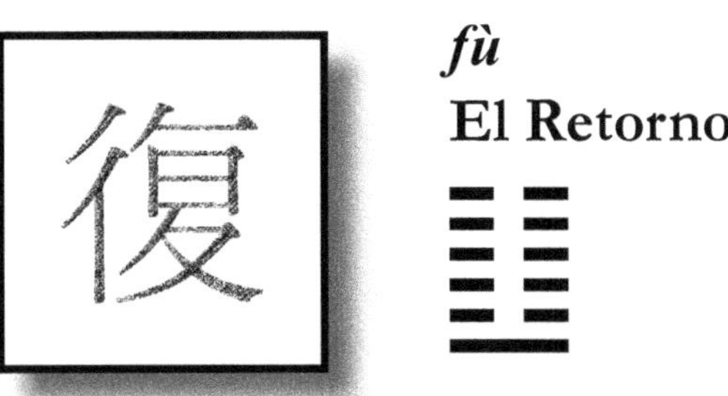

fù
El Retorno

Los ideogramas que componen el carácter chino que le da título a este hexagrama son: *chì*, “pisada” y *fù*, “volver atrás”: volver caminando.

Significados asociados

Volver, regresar, volver para atrás; repetir, restaurar, revertir.

El Dictamen

El Retorno.
Éxito.
Salida y entrada sin daño.
Llegan amigos sin tacha.
Adelante y atrás por el camino.
En siete días retornará.
Es favorable tener adonde ir.

> Este hexagrama está relacionado con el mes del solsticio de invierno, el tiempo del año cuando los días comienzan a ser más largos y el poder *yang*, simbolizado por el trueno, vuelve a surgir.
> Los “siete días” indican un corto período o el inicio de un nuevo ciclo, como el séptimo día en el que la luna pasa de creciente a menguante después de la luna nueva. Además de en este hexagrama, el carácter chino para siete sólo aparece en los hexagramas 51 y 63 –en ambos casos en la segunda línea–. Aquí indica el comienzo de un nuevo ciclo y un retorno. El número siete está relacionado con la devolución de dinero en el hexagrama 51 y con el retorno de una cortina en el hexagrama 63.

El retorno es un fenómeno natural, los días comienzan a alargarse a partir del solsticio de invierno, pero la primavera todavía está lejos. Por esta razón, sería inútil tratar de forzar las cosas, ya que la situación se va a desarrollar a su propio ritmo.

Salida y entrada sin daño significa que después de un período de estancamiento, aparecerán oportunidades y las cosas comenzarán a moverse nuevamente. La gente se unirá espontáneamente para colaborar entre sí.

Puesto que la energía *yang* todavía no está firmemente establecida, hay ajustes por hacer y es posible que haya que probar diferentes formas de hacer las cosas hasta encontrar el camino más adecuado, por eso el texto dice "es favorable tener adonde ir".

La Imagen

El Trueno en medio de la Tierra: la imagen del Retorno.
Así en el día del solsticio, los antiguos reyes cerraban los pasos fronterizos.
Mercaderes y viajeros no se trasladaban
y el soberano no visitaba sus dominios.

Los antiguos reyes cerraban las entradas al reino en el solsticio de invierno para que las personas descansaran.

El retorno es un período de renovación, de recuperación después de un momento de debilidad o extrañamiento. Cuando el retorno se inicia es importante descansar por un tiempo, detener toda la actividad para alimentar la energía que está volviendo (principio *yang*) con el fin de permitir que crezca y así estar preparado para ejercer actividad intensa en el momento adecuado, después de haber recuperado la fuerza.

Al comienzo un nueve

Retorno antes de ir demasiado lejos.
No habrá daño ni arrepentimiento.
Sublime ventura.

Los errores deberían ser corregidos antes que compliquen la situación. Cuando se corrige un error sin dudarlo, reaccionando a tiempo, no habrá ningún motivo de vergüenza y podrá conseguir un buen resultado.

Trabajo: Corrija cualquier paso en falso antes de que dañe su posición o su reputación.

Vida privada: Es mejor reconocer errores sin demora, antes de que se produzcan complicaciones, en lugar de ignorarlos. No dude en decir "lo siento" si cometió un error que afecta a otra persona.

Salud, sentimientos y relaciones sociales: Su salud y sus relaciones sociales no sufrirán si usted enmienda sus faltas tan pronto como es consciente de haberlas cometido.

Seis en el segundo puesto

Retorno calmado.
Ventura.

El carácter chino traducido como "calmado" también significa "renunciar, liberar, dejar ir". Esto significa que usted será capaz de relajarse, reconsiderar y finalmente, dar un paso atrás. También indica que para evitar situaciones difíciles es bueno contentarse y darse por satisfecho con los resultados obtenidos, sin pedir más.

Trabajo: Esté preparado para reevaluar sus opciones cuando una persona más sabia le da consejos. No intente hacerlo todo por sí mismo, modere sus pretensiones.

Vida privada: Relájese, deténgase un momento antes de actuar, tómese el tiempo necesario para evaluar adonde se dirige. Escuche a los demás, no deje que su ambición le arruine la vida.

Salud, sentimientos y relaciones sociales: Trate de reducir el estrés en su vida. Subordine los intereses egoístas al bien común.

Seis en el tercer puesto

Retorno repetido.
Peligro.
Sin defecto.

Inseguridad e indecisión le harán perder el tiempo y le causarán complicaciones, pero al menos, si usted ve y corrige sus errores podrá evitar tener más problemas, por lo tanto no habrá razón para el arrepentimiento.

El carácter chino traducido aquí como "repetido" también significa "al borde de, orilla del río, orilla", por lo que la línea puede leerse alternativamente como "regresando desde el borde del agua". El agua simboliza peligro. Tome todo el tiempo que necesite para evaluar sus acciones antes de comprometerse, así no correrá riesgos, pero una vez que decida lo que debe hacer no cambie su rumbo.

Vida privada: Concéntrese en lo que está haciendo y no se distraiga. Si comienza a hacer algo, ocúpese de terminar su tarea, no lo deje a medio hacer.

Salud, sentimientos y relaciones sociales: Indecisión y falta de resistencia. Si usted sigue un tratamiento médico, no lo abandone, continúe con el mismo hasta que esté completamente terminado.

Seis en el cuarto puesto

Retorna solo por el medio del camino.

Retornar solo significa que usted tomará su propio camino, en lugar de seguir a otro o ser influenciado por alguien. Retornar solo es una reafirmación de su propia voluntad. La línea no dice si su nuevo curso será bueno o malo, pero caminar por el medio del camino (evitando los extremos) indica buen equilibrio y nunca puede ser una mala cosa.

Trabajo: Si desea encontrar su propia vocación tendrá que dejar atrás a quienes lo rodean y mirar atrás para retornar a su vocación original. Puede que abandone su trabajo actual para iniciar su propio negocio.

Vida privada: No deje que otros lo aparten de sus objetivos. Es mejor estar solo y ser fiel a uno mismo, que someterse irreflexivamente a los deseos del rebaño.

Salud, sentimientos y relaciones sociales: Siga su propio corazón. Tendrá buen equilibrio físico y espiritual. Puede sentirse solo, pero eso pasará.

Seis en el quinto puesto

Sincero retorno.
Sin defecto.

El carácter chino que aquí traducimos como "sincero" también significa "generoso, fuerte, sólido, auténtico, devoto". Indica que el retorno será verdadero, sin dudas, siguiendo su real sentir.

Trabajo: Usted tiene muy buenas razones para volver atrás, porque sabe que una reforma sincera es la única opción viable.

Vida privada: Cuando usted encuentre el camino correcto, sígalo sin dudarlo.

Salud, sentimientos y relaciones sociales: Si sigue el sincero deseo de su corazón no cometerá error alguno.

Al tope un seis

Pierde el camino del retorno.
Desventura.
Calamidades y errores.
Si pone sus ejércitos en marcha al final sufrirá una gran derrota,
cuyo infortunio alcanzará al regente de su estado.
Ni en diez años será capaz de atacar exitosamente.

Al ser la última línea del hexagrama, el retorno aquí se hace desde el punto más lejano y a destiempo. Debido a que está confundido y avanzó demasiado en la dirección equivocada no podrá encontrar el camino correcto para el retorno. Ya es demasiado tarde para retornar.

Poner ejércitos en marcha significa poner recursos en el lugar equivocado. Si usted insiste obstinadamente en tales conductas agresivas y erróneas, tendrá grandes pérdidas.

Diez años indica un largo período, como en los hexagramas 3.2 y 27.3. Usted quedará incapacitado durante mucho tiempo después de sufrir una gran derrota.

Trabajo: Su terquedad le costará muy caro. Será despojado de su rango y sus errores lo perjudicarán no sólo a usted pero también a la organización para la cual usted trabaja.

Vida privada: Por seguir ciegamente un mal camino, dañará a toda su familia y quedará enredado en problemas por mucho tiempo.

Salud, sentimientos y relaciones sociales: Su terco orgullo y su obstinación lo mantendrán en la oscuridad por un largo tiempo. Puede llegar a sufrir una enfermedad crónica a causa de sus malas decisiones.

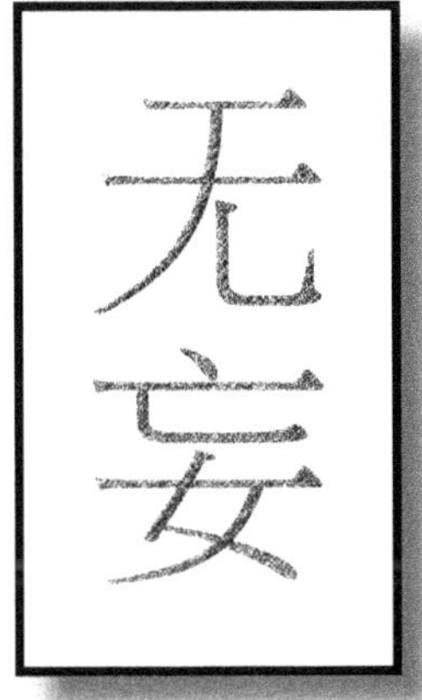

wú wàng
Inocencia / Sin expectaciones

Los dos caracteres chinos que le dan título a este hexagrama son: *wú*: "no" y *wàng*: "contar con, suponer, esperar, error": sin expectaciones o sin error.

Significados asociados

Comportamiento inocente, no estar pendiente de lo que va a suceder, no tener expectaciones, acción espontánea sin calcular la ventaja, completa sinceridad; sucesos imprevistos.

El Dictamen

Inocencia.
Sublime éxito.
La determinación es favorable.
Si uno no es recto tendrá infortunio.
No es favorable tener una meta.

> Inocencia significa algo que es genuino, sin fingimiento, sin engaño ni pretensiones. Acción inocente significa que uno sigue sus impulsos naturales cuando se enfrenta a lo inesperado, que uno hace lo que quiere sin preocuparse por las consecuencias.
>
> Estar en contacto con el tiempo es el punto clave aquí. El tiempo de la inocencia requiere intuición, sinceridad y adaptabilidad, no seguir un guión ni ponerse a reflexionar antes de actuar.

El tiempo de la Inocencia también está relacionado con sucesos inesperados, que pueden ser buenos o malos, como se ve en el texto de varias líneas.

Este es uno de los pocos hexagramas que mencionan "las cuatro virtudes cardinales": *yuan, heng, li, zhen*, que significan "sublime", "éxito", "propicio" y "determinación o perseverancia".

Una o más de las cuatro virtudes aparecen en 50 de los 64 hexagramas, pero sólo los hexagramas 1, 2 (con una modificación), 3, 17, 19, 25 y 49 incorporan las cuatro virtudes en su dictamen.

Desde la dinastía *Han* en adelante, las cuatro virtudes se convirtieron en palabras claves del pensamiento confuciano, identificando cuatro cualidades o virtudes aplicables tanto al Cielo como al noble.

Todo oráculo que incluya estas cuatro virtudes indica que el éxito está garantizado, pero solo si el consultante se comporta correctamente; por esta razón la perseverancia en el camino correcto es la clave del éxito.

La Imagen

El Trueno se mueve bajo el Cielo
y todas las cosas participan de la inocencia.
Así los antiguos reyes, en floreciente armonía con los tiempos,
nutrían las 10.000 cosas [todos los seres].

El trueno indica poder y la creatividad.

Los antiguos reyes simbolizan un patrón o modelo de buen gobierno, en sintonía con los ritmos de la naturaleza.

De la misma manera, usted debería estar en armonía con las mareas del cambio, aceptando a la gente y al mundo que está en constante cambio, en sus propios términos.

Rara vez es posible adaptar la realidad o las otras personas a sus exigencias. Al contrario, usted debería tener la suficiente flexibilidad como para percibir intuitivamente la mejor manera de interactuar con las cambiantes circunstancias que lo rodean.

Al comienzo un nueve

Avance inocente.
Ventura.

Actuar con espontaneidad, siguiendo sus impulsos naturales le traerá suerte. No se reprima a usted mismo, sea flexible y sea receptivo al cambio y las novedades.

Va a cumplir sus deseos.

Trabajo: La primera línea se asocia con los comienzos. No se deje oprimir por la rutina, si sigue adelante en forma espontánea los acontecimientos se desenvolverán en forma natural de una manera ventajosa para usted.

Vida privada: No ignore sus impulsos creativos. Este es un buen momento para seguir su vocación. No se reprima, siga los verdaderos deseos de su corazón.

Salud, sentimientos y relaciones sociales: Tendrá oportunidad para crecer espiritualmente si sigue su intuición. No se deje gobernar por las reglas o el reloj, sea espontáneo y desinhibido.

Seis en el segundo puesto

Cosecha sin haber arado.
Los campos están listos para su uso sin haberlos desmontado.
Es favorable tener una meta.

Disfrutar de la cosecha y de los campos sin haberlos preparado de antemano indica que usted trabaja por cuenta ajena y que la acción fue iniciada por otro. Pero usted va a hacer lo que se le pide porque quiere hacerlo, no a causa de la codicia o la obediencia ciega.

Otra traducción alternativa sería "no arará por el bien de la cosecha, ni limpiará el campo para tener un campo maduro", lo cual significa que usted hará lo que sea debido, no movido por los posibles beneficios, sino simplemente porque quiere hacerlo o porque piensa que eso es su deber.

Otro significado es que usted obtendrá buenas ganancias después de poco o ningún esfuerzo o simplemente tendrá suerte, pero es importante que usted se concentre en sus objetivos.

Trabajo: Concéntrese en cumplir con su deber, no tendrá ningún problema, al contrario encontrará que todo está listo y podrá tener éxito fácilmente.

Vida privada: Este es un momento afortunado para las inversiones y los buenos negocios. Va a prosperar fácilmente sin mucho esfuerzo.

Salud, sentimientos y relaciones sociales: Su ser interior está maduro para evolucionar espiritualmente. Si tuviera problemas de salud, éstos disminuirán.

Seis en el tercer puesto

Desastre inesperado.
La vaca amarrada por alguien es la ganancia del caminante
y el infortunio del aldeano.

La pérdida de uno es la ganancia de otro. El que no tiene nada puede recibir algo y el que tiene posesiones puede perderlas.

Algunos pueden beneficiarse de su mala suerte, pero sus problemas no son culpa suya. Alternativamente, usted puede tener ganancias a expensas de los demás.

Trabajo: Ganancias y pérdidas arbitrarias. Alguien puede beneficiarse de su desgracia o viceversa.

Vida privada: Puede tener pérdidas y/o ganancias fortuitas o problemas inesperados. Esté abierto a las oportunidades que puedan presentarse.

Salud, sentimientos y relaciones sociales: La situación es inestable, usted tendrá altibajos.

Nueve en el cuarto puesto

Si usted puede mantener su determinación no tendrá defecto.

Una traducción alternativa sería "puede ser determinado", o "se puede obtener un augurio". El significado es que usted debe y puede elegir qué hacer y luego tiene que apegarse a su decisión y sin vacilar. No deje que lo desvíen de sus objetivos, sea fiel a sí mismo.

Trabajo: Si mantiene su curso sin dejarse influir por los demás no tendrá ningún problema. No espere ningún cambio.

Vida privada: No siga los consejos de otras personas ciegamente. Defienda su opinión y sus objetivos.

Salud, sentimientos y relaciones sociales: Tenga cuidado, no cambie sus planes o estilo de vida sólo porque otras personas le piden que lo haga.

Nueve en el quinto puesto

Enfermedad inesperada.
No tomes medicina y tendrás regocijo.

Problemas inesperados surgirán. Deje que la situación siga su propio curso, no interfiera, los problemas mejorarán por sí mismos.

Trabajo: No se involucre con las cosas que no están bajo su propia responsabilidad, no asuma la culpa por cosas que están fuera de su control. Espera y vea qué pasa, no trate de corregir aquellos problemas que usted no ha originado.

Vida privada: No trate de regular todo o arreglar todos los problemas que lo rodean. Trate de no intervenir a menos que no tenga otra opción. Deje que las cosas y las personas se manejen por sí mismas.

Salud, sentimientos y relaciones sociales: Algunas enfermedades deben seguir su propio curso, hasta que desaparecen de forma natural. No se apresure a tomar medicamentos.

Nueve en el sexto puesto

Acción inocente causa desventura.
Ningún lugar [objetivo] es favorable.

Deténgase ahora mismo. Seguir sus impulsos naturales sólo empeorará la situación. El tiempo propicio para el comportamiento inocente ha terminado. Espere hasta que surjan nuevas oportunidades, hasta entonces no haga nada.

Trabajo: No hay manera de que usted puede hacer algo para mejorar su posición actual. Mantenga un perfil bajo y no inicie nada nuevo, de esa forma minimizará sus pérdidas.

Vida privada: Por ahora no puede hacer nada más. Trate de no involucrarse, si actúa solo producirá más problemas.

Salud, sentimientos y relaciones sociales: Tiempo propicio para la meditación y la quietud. Deténgase y espere.

26

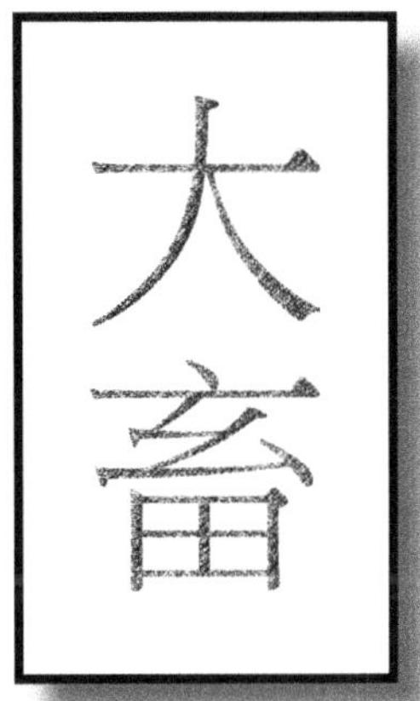

dà chù
Gran acumulación

Los dos caracteres chinos que le dan título a este hexagrama son: *dà*: "grande, enorme" y *chù*: "acumular, criar, nutrir, cultivar, domesticar".

Significados asociados

La fuerza domesticadora de lo grande, poder controlado, gran domesticación, gran dominio de sí mismo o restricción (lo que es restringido acumula fuerza), gran acumulación, gran crianza, acumulando y desarrollando recursos para uso futuro.

El Dictamen

Gran acumulación.
La determinación es favorable
No comer en casa brinda buena fortuna.
Es propicio cruzar el gran río.

> Antes de llevar a cabo grandes logros debe acumular y ordenar sus recursos. Persevere para lograr sus objetivos, sin saltear ningún paso que sea necesario. No actúe antes de hacer los preparativos adecuados.
>
> Salir de su propia casa con en busca de sustento significa expandirse para superar sus límites actuales.
>
> En la China antigua, cruzar un río, ya fuera vadeándolo o pasando por encima del mismo cuando este se congelaba, no era una tarea

sencilla porque no había puentes. Cruzar un río era peligroso y no era nada confortable; de ahí que la frase "es propicio cruzar el río" es una metáfora que indica que este es un buen momento para llevar adelante un emprendimiento de importancia pero no debe ser tomado a la ligera.

La Imagen

El Cielo en medio de la Montaña: la imagen de la Gran Acumulación.
De esta forma el noble, interiorizándose con muchas palabras
y obras de la antigüedad así cultiva su carácter.

El cielo en el medio de la montaña simboliza tesoros escondidos. El conocimiento del pasado es un tesoro valioso, no solo desde el punto de vista intelectual, sino porque también se puede aplicar en el presente. Antes de iniciar un nuevo emprendimiento, reúna la mayor cantidad posible de información y vea cómo les ha ido a proyectos similares en el pasado. Además las personas que se hayan destacado en el pasado en su misma área de actividad le proporcionarán buenos modelos de conducta.

El ideograma chino traducido como "carácter" también significa "habilidad, aptitud, calidad". Cultivar el carácter significa que el aumentar sus conocimientos lo hará más capaz, eficiente y hábil.

Al comienzo un nueve

Hay peligro.
Es conveniente desistir.

El carácter chino traducido como "peligro" también significa "amenaza, opresivo, cruel, malvado, brutal, enfermedad, demonio malevolente, machacar, triturar". Eso indica que si sigue adelante se expondrá a peligros, puede ser atacado y sufrir grandes pérdidas. Es mejor que posponga sus planes hasta que la situación mejore, hay obstáculos peligrosos bloqueándole el camino. Puede tener que renunciar a algo para evitar riesgos.

Trabajo: No asuma ningún riesgo y evite los conflictos. Deténgase ahora antes de meterse en problemas.

Vida privada: Este no es el momento adecuado para comenzar algo nuevo. Espere hasta que las circunstancias mejoren.

Salud, sentimientos y relaciones sociales: No intente nada nuevo. Sea conservador, cuide su salud, no la arriesgue.

Nueve en el segundo puesto

Al carruaje se le quitan los soportes del eje.[1]

Los soportes del eje son dos pedazos de madera que sostienen el eje del carruaje firmemente, en ambos lados. Si se quitan los soportes el carruaje no se moverá, no importa cuanto poder se aplique.

Usted no recibirá ninguna advertencia antes de ser detenido por una fuerza irresistible. Acepte la situación tal cómo es y espere. Reserve sus recursos para uso futuro.

Trabajo: Ejercite autocontrol y espere pacientemente hasta que tenga una buena oportunidad para seguir adelante. Utilice su tiempo de manera constructiva, aumentando su conocimiento y poniendo a punto sus recursos.

Vida privada: Puede sufrir conflictos familiares que no se resuelven. Espere a que la situación mejore, por ahora no puede hacer nada para mejorarla.

Salud, sentimientos y relaciones sociales: Llegará a un punto muerto. Quédese tranquilo donde está y espere.

Nueve en el tercer puesto

Buenos caballos que corren uno tras otro.
Es propicio tener presente las dificultades y ser perseverante.
Practica el manejo del carro y la defensa armada diariamente.
Es favorable tener una meta.

El bloqueo desaparece y usted puede avanzar junto con otras personas que comparten sus objetivos, como caballos corriendo juntos.

Peligro y dificultades todavía acechan a lo largo del camino, no sea imprudente. Su determinación se pondrá a prueba.

Necesitará movilidad, velocidad y buenas medidas defensivas para poder llevar a cabo sus planes exitosamente.

Es imperativo que tome todas las precauciones y medidas de seguridad que sean posibles. Entrenamiento con carros indica que debe comprobar y volver a comprobar sus planes, asegúrese que sus movimientos están bien sincronizados y esté preparado para hacer ajustes sobre la marcha.

Trabajo: Puede recibir una promoción en su trabajo, pero aún hay desafíos por delante. Prepárese y no baje la guardia, es posible que tenga que defenderse. Tendrá que adquirir nuevas habilidades para hacer frente a sus nuevas responsabilidades.

Vida privada: Tendrá nuevas oportunidades y con la colaboración de sus amigos o familiares progresará. Aún así usted está en peligro, avance con cautela y firmeza. Esté dispuesto a aprender cosas nuevas y modificar sus planes.

Salud, sentimientos y relaciones sociales: Si tiene problemas de salud, estos van a mejorar. No sea imprudente, tome el tiempo debido para ajustar su cuerpo a la nueva situación.

Seis en el cuarto puesto

La cobertura protectora de los cuernos del becerro.[2]
Sublime ventura.

Prevenir que un becerro cornee a alguien antes que sus cuernos hayan crecido indica que las medidas de precaución deben aplicarse mucho antes de que el verdadero peligro esté presente, evitando problemas con antelación. También significa que usted debe controlar a la gente bajo su responsabilidad para evitar posibles problemas.

De la misma manera, aplicando esto su yo interno, debe ejercer dominio sobre usted mismo y evitar actuar antes de que esté listo para ello.

El tema principal de este hexagrama es acumular poder, restringiendo su uso hasta que llegue el momento adecuado, porque la acción prematura le traería más problemas que ventajas.

Trabajo: Tendrá buena fortuna si aguarda hasta el momento oportuno. No avance hasta que esté listo, aplique la disciplina tanto a usted mismo como a sus subordinados. Si actúa en el momento adecuado tendrá gran éxito.

Vida privada: Espere por un tiempo hasta que esté listo para avanzar sin cometer un grave error.

Salud, sentimientos y relaciones sociales: Es tiempo para ejercer autocontrol e incrementar su conocimiento. Sea moderado en todas las cosas

Seis en el quinto puesto

Los colmillos de un cerdo castrado.
Ventura.

En este punto, el poder salvaje y descontrolado se ha domesticado, la energía es sublimada y se puede usar sin peligro.

La imagen del cerdo castrado indica que aquí el peligro fue neutralizado en su fuente y por fin puede usar el poder sin cometer errores. El peligro puede ser externo, procediendo de otros, o interno, si usted pierde el control de sus pasiones.

La buena fortuna es el resultado de regular eficazmente su energía y usarla para el bien.

Trabajo: Tendrá excelentes opciones para avanzar en su carrera o negocio, pero aún debe mantener una firme disciplina.

Vida privada: Si puede evitar que la situación se salga de control será exitoso. Mantenga su calma y autocontrol para evitar problemas.

Salud, sentimientos y relaciones sociales: Usted es su propio amo porque puede disciplinarse a sí mismo. Tendrá excelente equilibrio emocional y buena salud. No es buen momento para el amor romántico ni la sensualidad.

Nueve en el sexto puesto

Alcanza el camino del Cielo.
Éxito.

Una traducción alternativa sería "recibe las bendiciones del cielo". En este punto, ha superado todos los obstáculos y encontrará la forma adecuada de expresión para satisfacer sus potencialidades.

El camino del Cielo también significa tener un muy amplio campo de acción o puede indicar que usted va a cumplir con su destino y que está siguiendo órdenes que vienen de la más alta autoridad (el Cielo).[3]

Trabajo: Sus esfuerzos alcanzarán un completo éxito.

Vida privada: Vivirá un muy buen momento. Todo procederá de acuerdo con sus planes y sus deseos se harán realidad.

Salud, sentimientos y relaciones sociales: Alcanzará una realización espiritual auténtica. Su vida será completamente armoniosa.

Notas

1. Compare con la tercera línea del hexagrama 9.

2. Una cobertura protectora era colocada sobre los cuernos incipientes del becerro, tanto para protegerlos como para evitar que el animal fuera a lastimar a alguien. De esa forma el becerro podía ser usado como un animal de trabajo sin correr ningún riesgo. *Rutt* comenta que la cobertura protectora de los cuernos también era usada para marcar al becerro como una futura víctima sacrificial, a ser ofrecida en el sacrificio de la cosecha otoñal.

3. El carácter chino traducido como "cielo", *tiān*, sólo aparece tres veces como un concepto religioso (otras veces aparece sin esa connotación, refiriéndose al cielo físico) en el Dictamen y algunas líneas, una vez en este hexagrama en la última línea y otras dos veces en el hexagrama 14. En este contexto significa "poder divino, por encima de lo humano".

27

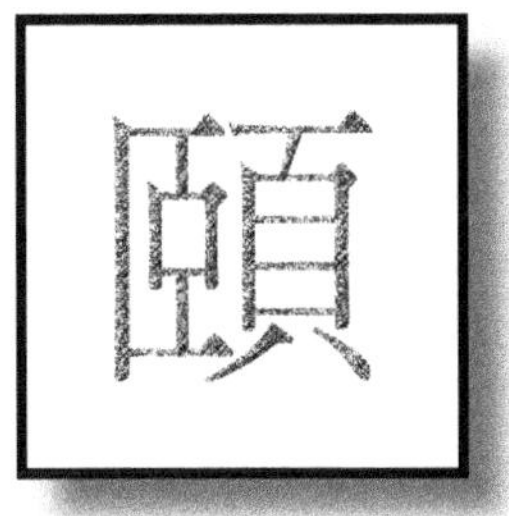

yí
La nutrición / Las mandíbulas

Los ideogramas que forman el carácter chino que le da título a este hexagrama son: *yí:* "mandíbulas, mentón" y *yè*: "cabeza".

Significados asociados

Nutrir, alimentar, cuidar en los primeros años de la vida; las mandíbulas, el mentón, las mejillas, huesos de las mandíbulas.[1]

El Dictamen

La Nutrición.
La determinación es venturosa.
Presta atención a la alimentación que buscas para llenar tu boca.

> Este hexagrama está relacionado con la alimentación, la cual incluye no sólo el alimento material, sino también la nutrición emocional y espiritual.
>
> Las tres líneas inferiores son alimentadas (reciben alimentación material) y las tres líneas superiores nutren a otras personas (alimento espiritual).
>
> La elección de la fuente correcta de nutrición para nuestro espíritu es muy importante, porque eso determinará el tipo de personas en que nos convertiremos.
>
> Prestar atención a la alimentación significa que debemos seleccionar los valores correctos para nuestro alimento espiritual y también el alimento adecuado para nuestra mesa. Tampoco debemos tomar nuestro alimento a expensas de otras personas.

La Imagen

Bajo la Montaña está el Trueno: la imagen de la Nutrición.
Así el noble es cuidadoso con lo que dice y moderado en el beber
y el comer.

Nuestras palabras afectan a las personas que nos rodean, pueden nutrir a otros emocional y espiritualmente o pueden dañarlos. Asimismo, el alimento que incorporamos en nuestro cuerpo nos puede perjudicar si su cantidad o calidad no es la apropiada. En ambos casos, las mandíbulas son lo que usamos, ya sea para ingerir el alimento o para hablar. También las cosas que vemos y oímos son parte de la alimentación de nuestro espíritu.

Al comienzo un nueve

Dejas irse a tu tortuga mágica y me miras con tu mandíbula colgando.
Desventura.

La pérdida de la tortuga mágica indica que usted no está asumiendo sus responsabilidades como debería. La tortuga mágica simboliza la inteligencia e iniciativa.[2] Usted debería ser capaz de cuidar de sí mismo con facilidad, porque tiene los medios para hacerlo; pero en lugar de ocuparse de sus propios asuntos, mira a otras personas con envidia. Tal actitud dependiente le causará problemas.

Tome el control de su vida y asuma la responsabilidad de sus propias decisiones.

Trabajo: Puede perder su puesto o ser degradado debido a sus errores o quizás pierda un negocio importante.

Vida privada: Si no se hace cargo de sus propios intereses, en lugar de esperar que los demás cuiden de ellos, eso le ocasionará muchos problemas.

Salud, sentimientos y relaciones sociales: No descuide su salud, ocúpese de mantener su cuerpo en buena forma.

Seis en el segundo puesto

Busca alimento en la cumbre.
Se aparta del camino y va hacia la cumbre por nutrición.
Marchar [iniciar una campaña] trae desventura.

Está buscando el alimento en el lugar equivocado, en lugar de ocuparse de conseguir el alimento para sí mismo de la manera correcta. Si continúa haciendo eso caerá en desgracia.

La palabra china traducida como "cumbre", en este contexto también significa "invertir, caer, volcar, tumbar", indicando que está en peligro de caer o ser derrocado. Si usted no conoce límite ni medida y toma excesivos riesgos, va a derrumbarse en forma estrepitosa.

Trabajo: Si invade el territorio de los demás o trata de tomar lo que es propiedad ajena, usted tendrá problemas. Haga su trabajo en lugar de tomar ventaja de los esfuerzos de otras personas.

Vida privada: Está violando las reglas para obtener beneficios egoístas o para ahorrarse esfuerzos, pero sus tretas sólo funcionarán por un corto tiempo. Al final tendrá que pagar un alto precio por sus abusos.

Salud, sentimientos y relaciones sociales: Si usted abusa de su salud va a dañar su cuerpo.

Seis en el tercer puesto

Rechaza la nutrición.
La determinación es desventurada.
No actúes así por diez años.
Ninguna meta es favorable.

Si se nutre con el alimento inadecuado día tras día, eso lo atrapará en un círculo vicioso que puede dañar su salud.

Diez años indica un largo período, como en los hexagramas 3.2 o 24.5.

Trabajo: Puede sentirse tentado a tomar el camino equivocado, pero si así lo hace su carrera o negocio se estancará por un largo tiempo.

Vida privada: Rechazar el camino correcto con terquedad puede causar daños duraderos en su vida.

Salud, sentimientos y relaciones sociales: Si se nutre con la comida equivocada, ya sea física o espiritual, dañará su salud.

Seis en el cuarto puesto

Busca alimento en la cumbre.
Mirando fijamente como un tigre,
con avidez e insaciable deseo de persecución.
Sin defecto.

La cumbre es un lugar elevado, que permite una buena visión de lo que lo rodea, eso indica claridad mental y buen conocimiento del las circunstancias. El tigre es un símbolo extremo de la fuerza *yang*, potente y lleno de energía, pero en este caso, su intenso deseo no es egoísta sino que está orientado a nutrir a otros, por eso no habrá errores.

La cuarta línea simboliza un ministro que está trabajando para su rey, buscando ayudantes confiables para realizar su tarea.

Trabajo: Usted puede ser un reclutador de personal o de alguien que está buscando la gente adecuada para un trabajo. Su voluntad se orienta a cumplir con su deber y va a hacer un buen trabajo.

Vida privada: Con la ayuda de otras personas podrá lograr lo que anhela.

Salud, sentimientos y relaciones sociales: En caso de que tenga algún problema de salud, éste es un buen momento para buscar el tratamiento adecuado para sus males.

Seis en el quinto puesto

Se aparta del camino.
La determinación trae ventura.
No se puede cruzar el gran río.

El alejarse del camino indica que, dadas las circunstancias actuales, usted tendrá que buscar formas no convencionales para cumplir con sus responsabilidades para con otras personas.

No cruzar el río significa reconocer sus propias limitaciones y evitar hacer cosas peligrosas que están más allá de sus medios, pero en lugar de eso buscar la ayuda de un sabio (la sexta línea), quien lo guiará con su experiencia y conocimiento.

Trabajo: No abarque más de lo que usted puede manejar por su cuenta. Si se siente inseguro, busque recibir orientación de las personas con más experiencia.

Vida privada: Usted está en una buena posición, pero se enfrenta con algunos problemas que no puede manejar solo. No dude en pedir ayuda, usted no puede seguir adelante solo.

Salud, sentimientos y relaciones sociales: Busque su camino por afuera de las opciones convencionales. Esté abierto a la posibilidad a tratamientos médicos alternativos.

Nueve en el sexto puesto

La fuente de la nutrición.
Peligro, pero buena fortuna.
Es favorable cruzar el gran río.

Tiene el poder para educar, guiar y nutrir a otras personas. No tome sus responsabilidades a la ligera, si se tiene cuidado tendrá éxito.

En la China antigua, cruzar un río, ya fuera vadeándolo o pasando por encima del mismo cuando este se congelaba, no era una tarea sencilla porque no había puentes. Cruzar un río era peligroso y no era nada confortable; de ahí que la frase "es propicio cruzar el río" es una metáfora que indica que este es un buen momento para llevar adelante un emprendimiento de importancia pero no debe ser tomado a la ligera.

Trabajo: Usted está listo para llevar a cabo tareas difíciles, orientar y educar a otras personas. Tendrá éxito si actúa con cautela.

Vida privada: Vivirá un momento auspicioso. Puede ayudar a otras personas y lograr sus objetivos. Si se da cuenta de los peligros implicados no fallará.

Salud, sentimientos y relaciones sociales: Cruzar el gran río indica el logro de un mayor nivel de conciencia, pero debe tomar precauciones.

Notas

1. En la China Proto-Neolítica los huesos de las mandíbulas se acumulaban como signo de riqueza.

2. Las conchas de tortuga eran utilizadas como un medio oracular mucho antes de que el *Yijing* existiera. Durante las dinastías *Shang* y *Zhou*, los omóplatos de buey y caparazones de tortuga eran utilizados para adivinar el futuro. Con el tiempo, la dinastía *Zhou* sustituyó ese método por el uso de los tallos de milenrama (ver **Consultando al oráculo con los palillos de milenrama**, en la pág. 409). Por eso la tortuga mágica indica poderes oraculares y discernimiento espiritual. Además las tortugas eran un símbolo de longevidad.

dà kuo
Gran exceso

Los dos caracteres chinos que dan título a este hexagrama son: *dà*: "grande, enorme" y *guò*: "preponderancia, exceso, ir más allá".

Significados asociados

Sobrecarga, masa crítica, preponderancia de lo grande, exceso de lo grande, gran superioridad.

El Dictamen

Gran exceso.
La viga maestra se dobla.
Es favorable tener una meta.
Éxito.

Las cuatro líneas *yang*, situadas en el interior de este hexagrama (líneas 2, 3, 4 y 5), simbolizan una viga de soporte que está sobrecargada. Las líneas *yin* en el primer y el último lugar brindan insuficiente sostén o apoyo a las líneas *yang* interiores. El texto dice que "la viga maestra se dobla", eso significa que la carga es demasiado pesada para la viga de soporte, que será tensionada más allá de su resistencia.

Las líneas *yang* simbolizan el poder, la energía que está llegando al punto de ruptura. Este es un momento extraordinario, debido a la extraordinaria abundancia de la energía *yang*, por eso se requieren medidas extraordinarias para evitar problemas y equilibrar la situación, porque la fundación no es suficientemente fuerte como para soportar tanto sobrepeso.

Usted está sobrecargado y estresado, para tener éxito es preciso que decida qué hacer y luego avance hacia su meta sin perder tiempo. Este es el momento de tomar medidas rápidas, pero con sumo cuidado y sin violencia.

La Imagen

El Lago cubre los Arboles: la imagen de la Preponderancia de lo Grande.
Así el noble se mantiene solitario sin temor y renuncia al mundo sin lamentarlo.

El lago que cubre los árboles simboliza una situación que ha llegado a un punto crítico, que ya no está bajo control.

Los árboles sumergidos indican aislamiento e incapacidad para actuar. Asuma la realidad de la situación y tome distancia de sus problemas cotidianos por un tiempo, no puede hacer frente a todas las obligaciones que lo están agobiando.

Sólo usted debe decidir lo que puede hacer y que cosas debe desechar, cuando no pueda soportar por más tiempo la presión. Puede que tenga que dejar algunas cosas o personas atrás o desafiar la sabiduría convencional o las actitudes políticamente correctas.

Al comienzo un seis

Usa una estera para ofrendas de blanco carrizo.
Sin defecto.

La primera línea es donde empieza el movimiento e indica una posición humilde. Los pobres colocaban sus ofrendas sobre esteras de hierbas, mientras que los ricos utilizaban vasijas rituales de bronce.

La estera de blanco carrizo simboliza tomar precauciones cuidadosas antes de hacer algo. Si usted procede con precaución y sinceridad no cometerá faltas. También indica que usted no tiene muchos recursos, pero si los emplea bien serán suficientes. Actúe con cuidado, sencillez y austeridad.

"Poner las cosas en el suelo podría considerarse suficiente, pero cuando se coloca por debajo de ellas una estera de la hierba blanca, ¿qué motivo de culpa puede haber? Tal proceder muestra mucho cuidado. La hierba blanca es una cosa trivial, pero a través del uso que se haga de ella, puede llegar a ser importante. El que va hacia adelante con tal cuidadoso arte no caerá en ningún error." (Las Diez Alas, *Xiaoxiang I*).

Trabajo: Debería estar muy atento a cada detalle de lo que hace. No escatime los gastos que son realmente necesarios, pero tampoco desperdicie el dinero.

Vida privada: Sea prudente y modesto. Realice sus tareas con seriedad y extremo cuidado.

Salud, sentimientos y relaciones sociales: La sinceridad y la devoción de su corazón son las mejores ofertas que puede presentar.

Nueve en el segundo puesto

Un sauce seco produce brotes.
Un hombre viejo consigue una mujer joven.
Nada que no sea favorable.

Esta línea indica que algo que parecía marchito se renueva; una alianza poco común inyectará nueva energía en su vida.

También puede indicar que usted verá la vida con nuevos ojos y nuevos intereses después de formar una asociación con una persona más joven o inexperta.

Los brotes del sauce indican que la mujer joven puede engendrar nueva vida.

Trabajo: Podrá hacer prosperar y revitalizar su negocio solo si está abierto a las nuevas ideas y está dispuesto a incorporar nuevos socios o ayudantes. Valore a los recién llegados por lo que son y lo que ofrecen, no por su apariencia; no importa si son principiantes o personas de condición humilde.

Vida privada: Este es un buen momento para hacer alianzas con gente joven o nuevos conocidos. Sea receptivo a las ideas poco convencionales y las oportunidades. Su familia puede llegar a agrandarse.

Salud, sentimientos y relaciones sociales: Si está enfermo su salud mejorará. Sea flexible y de mente abierta. Puede obtener ayuda y apoyo de sectores inesperados o conseguir una nueva pareja más joven que usted.

Nueve en el tercer puesto

La viga maestra se dobla.
Desventura.

Si va demasiado lejos y es terco e inflexible, el precio de su arrogancia será el fracaso.

Acepte sus límites y pida ayuda cuando sea necesario, de lo contrario tendrá que afrontar más de lo que puede manejar.

Trabajo: Su posición no es fuerte porque no tiene una buena base. Puede ser rebajado de categoría o su empresa puede perjudicarse debido a su terquedad y falta de adaptación a los nuevos desafíos.

Vida privada: Si no es lo suficientemente flexible como para manejar las necesidades del momento y es sordo a los buenos consejos, tendrá problemas.

Salud, sentimientos y relaciones sociales: El orgullo y la arrogancia no lo llevarán a ninguna parte. Es posible que tenga problemas con su salud debido al estrés excesivo.

Nueve en el cuarto puesto

La viga maestra se curva para arriba.
Ventura.
Si hay algo más [motivos ulteriores] habrá humillación.

Al curvarse para arriba, la viga maestra forma un arco y de esa manera puede soportar más peso que antes[1]. Eso se debe a que la viga recibe soporte desde abajo.

Tiene una base de sustentación muy sólida, si hace un buen uso de su posición de fuerza tendrá buena fortuna, pero si aplica mal sus recursos tratando de obtener ventajas egoístas y se olvida de sus colaboradores, se va a arrepentir. Si no sobrepasa sus límites se evitará problemas.

Trabajo: Usted será promovido y su negocio va a prosperar. No se olvide de los que han hecho posible que usted pueda llegar a su posición actual.

Vida privada: Gracias al apoyo de sus seres queridos podrá mejorar o construir su casa. No abuse de los demás.

Salud, sentimientos y relaciones sociales: Si tuviera problemas de salud, éstos mejorarán.

Nueve en el quinto puesto

Un sauce seco produce flores.
Una mujer vieja consigue un esposo joven.
No hay falla ni alabanza.

Un hombre de edad avanzada puede tener hijos con una mujer joven (como indica la segunda línea), pero una mujer vieja no puede hacer lo mismo con un esposo joven.

La unión que se describe en esta línea no puede generar resultados buenos y duraderos, sólo algo evanescente como las flores, que simbolizan el placer temporal. Si trata de solucionar sus problemas sólo en la superficie, no conseguirá resultados duraderos. Si sólo lo hace por el placer, a largo plazo no perderá ni ganará nada, porque sus acciones serán intrascendentes.

Esta línea ocupa el lugar del regente, un regente decadente no puede solucionar sus problemas apoyándose en alguien más joven y fuerte.

Trabajo: Esperó demasiado tiempo sin hacer nada. Ahora ya es demasiado tarde para arreglar sus problemas. Hacer las cosas sólo para salvar las apariencias no lo ayudará.

Vida privada: Puede tratar de renovar su vida, pero además de disfrutar por un tiempo, no podrá lograr nada importante.

Salud, sentimientos y relaciones sociales: Si se esfuerza sólo por mantener las apariencias, eso no le ayudará en el largo plazo. Es posible que establezca una relación sentimental con alguien más joven, pero no será duradera.

Al tope un seis

Se sumerge hasta la coronilla al vadear al río.
Desventura.
Sin defecto.

Si a lidiar con una tarea peligrosa a cualquier precio (como vadear un río que es demasiado profundo), lo pagará muy caro. Puede que tenga que sacrificar demasiado, porque no está a la altura de las circunstancias y no será capaz de terminar su tarea con éxito.

Es sólo usted quien puede decidir si los sacrificios a los que se enfrenta valen la pena.

Trabajo: Puede sacrificar su carrera por una causa o porque está cumpliendo con su deber, sin importar las dificultades o los costos.

Vida privada: Si continúa empujando hacia adelante tendrá grandes pérdidas, pero nadie podrá decir nada en su contra.

Salud, sentimientos y relaciones sociales: Es posible que tenga una enfermedad grave o un accidente. Correrá peligro de ahogarse.

Notas

1. El arco es un elemento estructural de forma curvada que salva el espacio entre dos pilares o muros depositando toda la carga que soporta en los apoyos, mediante una fuerza oblicua que se denomina empuje.

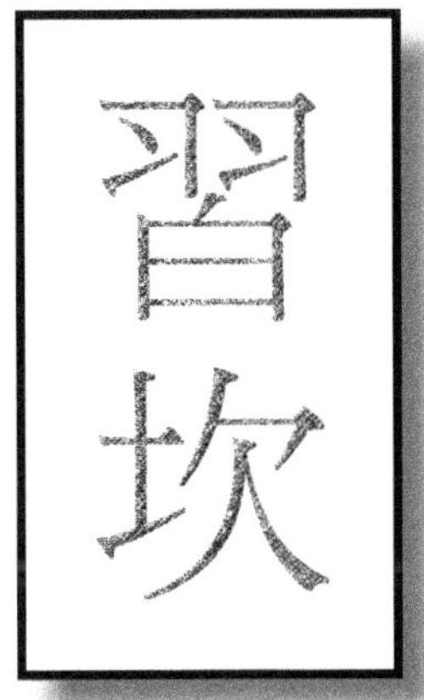

xí kǎn
El Abismo / Hoyo dentro de un hoyo

Los dos caracteres chinos que le dan título a este hexagrama son: *xí*: "repetido, práctica" y *kǎn:* "abismo, pozo, trampa, peligro": abismo repetido, hoyo dentro de un hoyo, doble trampa.

Este es uno de los ocho hexagramas que están compuestos por un mismo trigrama, repetido dos veces, en este caso es ☵, *Lo Abismal.*

Sírvase ver **Los ocho trigramas**, en la pág. 395 para saber más acerca del trigrama ☵.

Significados asociados

Trampa, paso peligroso, peligro, tiempo crítico, algo que se hunde, hoyo, trampa, superando los riesgos. Los significados se intensifican debido a que el primer carácter del nombre del hexagrama significa "repetir" y el segundo peligro, pozo, trampa, por lo que da la idea de un largo tramo de peligro. Puede indicar prisión, ya que la antigua China se cavaban hoyos en el suelo para mantener a los prisioneros encarcelados en los mismos.

El Dictamen

El Abismo.
Si atas la verdad a tu corazón tendrás éxito
y obtendrás reconocimiento por tus obras.

> La situación es peligrosa y difícil. Para tener éxito en estos tiempos críticos tiene que emular al agua, que es el símbolo de peligro, pero

también indica cómo superar los peligros. El agua fluye sin cesar y siempre es fiel a sí misma, llena cada grieta siguiendo su curso, sin volver atrás, ni detenerse.

Debe avanzar sin cesar como el agua que fluye, enfrente cada paso del camino con resolución. Obedezca lo que le dice su corazón y sea fiel a usted mismo. Solo así podrá atravesar con éxito este tiempo

Puede llegar a cometer errores y estará expuesto al peligro, pero si mantiene su decisión y continúa avanzando con determinación, prevalecerá sobre el peligro.

La Imagen

El agua fluye hasta alcanzar la meta:
la imagen de el Abismo.
Así el noble es constante en su virtud
y viaja dedicándose a la enseñanza.

Al igual que el agua, que fluye sin parar llenando todos los huecos en su camino, preste atención a cada detalle. No se descuide, actúe con seriedad y mostrando dedicación a su tarea.

El agua que fluye incesantemente también simboliza la enseñanza por la repetición, dando el ejemplo correcto de una forma constante.

Al comienzo un seis

El Abismo.
Al entrar uno cae en una caverna en el fondo del hoyo.
Desventura.

Después de perder su camino, ha quedado entrampado en un patrón de errores repetitivos, como si estuviera en el fondo de un doble pozo. La situación es muy grave, si no toma conciencia y hace algo al respecto, tendrá serios problemas.

Trabajo: Errores repetidos lo pondrán en una situación muy comprometida.

Vida privada: Está atrapado en un callejón sin salida a causa de sus malas decisiones. Si no corrige su comportamiento, su situación empeorará.

Salud, sentimientos y relaciones sociales: Está perjudicando su salud con sus malos hábitos. Es posible que tenga una enfermedad crónica. Peligro de muerte.

Nueve en el segundo puesto

El Abismo es peligroso.[1]
Conténtese con pequeñas cosas.

Cuando se enfrentan obstáculos peligrosos, no es posible solucionar todo a la vez. Por ahora sólo puede encargarse de mejorar algunos detalles, haga su situación más segura trabajando de una manera gradual pero no trate de solucionar los problemas de fondo.

Trabajo: Trate de ocuparse de los problemas que puede manejar con cierta facilidad, uno a la vez. Evite asumir riesgos.

Vida privada: Por ahora está bloqueado. La única manera de aliviar su situación es a través de mejoras graduales. Tenga cuidado.

Salud, sentimientos y relaciones sociales: Su salud mejorará lenta y gradualmente. No trate de hacer más de lo que es posible.

Seis en el tercer puesto

Viniendo al Abismo.
Abismo peligroso[2] y profundo.
Entra a una caverna en el Abismo.
No hagas nada.

Usted está atrapado en una situación peligrosa que no entiende por completo. Cualquier cosa que trate de hacer para liberarse sólo empeorará su posición. No puede desligarse de sus problemas sin ayuda externa, trate de relajarse y espere hasta que se presente una oportunidad.

Trabajo: No podrá superar sus problemas a corto plazo. Espere hasta recibir ayuda o hasta que tenga los medios requeridos para hacer algo positivo. Si actúa antes de tiempo sólo se enredará a usted mismo aún más profundamente en los problemas.

Vida privada: Está atascado en un callejón sin salida, acosado por problemas y conflictos familiares. Cualquier cosa que haga sólo complicará más las cosas. La única manera de aliviar su difícil situación es detenerse, quédese quieto, esté tranquilo y deje que las cosas sigan por sí solas por un tiempo hasta se presente un nuevo factor que le permita superar sus problemas.

Salud, sentimientos y relaciones sociales: Cualquier cosa que trate de hacer ahora para mejorar su salud puede ocasionar consecuencias no deseadas. No intente nada nuevo por el momento.

Seis en el cuarto puesto

Un jarro de vino más un tazón de arroz.
Usando cacharros de arcilla
entregados conjuntamente por la ventana.
Finalmente no habrá defecto.

Proceda con absoluta simplicidad, franqueza y honestidad. Aunque piense que lo que puede ofrecer no es mucho, lo importante es que actúe con sinceridad, eso será suficiente y así no cometerá errores.

En otro nivel de interpretación, dado que los pozos solían usarse como celdas para aprisionar a los delincuentes en la China antigua, esta línea muestra a alguien dando ayuda a otro que está encarcelado o atrapado en una mala situación, alimentando al preso con alimento material o espiritual.

Trabajo: Tendrá oportunidad de conocer a una persona influyente y formar con él una relación mutuamente beneficiosa. Concéntrese en las cosas reales que puede ofrecerle y sea sincero y directo.

Vida privada: Usted puede ayudar a alguien o recibir ayuda de otra persona. Lo importante son las buenas intenciones no las apariencias. Actúe con sencillez y sinceridad.

Salud, sentimientos y relaciones sociales: Mantenga las vías de comunicación abiertas con otras personas. Colabore con los demás, sin pedir mucho de ellos.

Nueve en el quinto puesto

El Abismo no se desborda.
Sólo se llena hasta el borde.
Sin defecto.

Va a superar sus dificultades actuales. La situación solo empeorará hasta un cierto punto, luego se estabilizará y mejorará por sí misma.

Tenga cuidado con los excesos, no sobrepase los límites.

Trabajo: Su situación se estabilizará y disminuirán sus problemas. Este no es un buen momento para comenzar proyectos ambiciosos.

Vida privada: Relájese y disfrute el hecho de que superó un mal período. No tendrá mayores problemas.

Salud, sentimientos y relaciones sociales: Su salud mejorará. Es un buen momento para descansar.

Al tope un seis

Atado con cuerdas trenzadas y una soga negra.
Abandonado en un matorral espinoso.[3]
Por tres años uno no consigue nada.
Desventura.

Si insiste en continuar por el camino equivocado quedará atrapado por su propia locura. Los tres años simbolizan un periodo completo durante el cual será aprisionado, es decir que quedará en mala situación, sin poder mejorar por un largo tiempo.

Los arbustos espinosos simbolizan las trabas que lo mantendrán atrapado en una mala posición.

Trabajo: Puede llegar a quedar en muy mala posición por un tiempo, como resultado de haber violado las reglas. Los tres años también pueden simbolizar un largo período sin trabajo.

Vida privada: Quedará aislado por un tiempo. Incluso puede ser encarcelado.

Salud, sentimientos y relaciones sociales: Puede tener problemas de salud crónicos, debido a sus malos hábitos.

Notas

1. El carácter chino traducido como "peligroso", también indica un precipicio empinado. De ahí el peligro de caer en el abismo.
2. Ver la Nota 1.
3. Las dos palabras traducidas como "matorral espinoso" también significan "mantener a un prisionero cautivo en un lugar". Las prisiones estaban rodeadas de matorrales espinosos en la China antigua.

lí

Lo Adherente / El Fuego

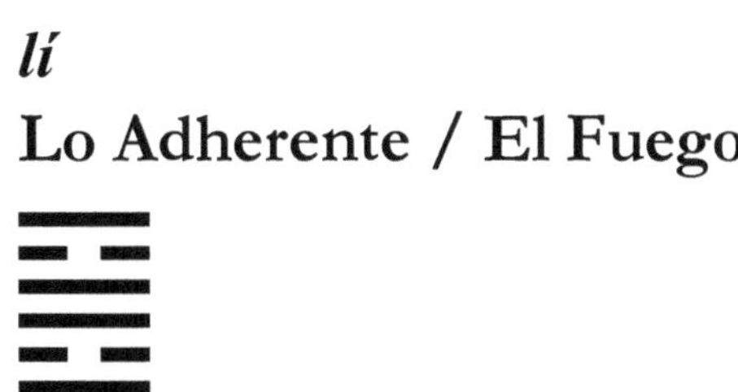

Los ideogramas que conforman el carácter chino que le da título a este hexagrama son: *lí*, "demonio", componente fonético y *zhuī*, "pájaro": un pájaro ominoso, quizás un búho o un oriol (*Oriolus chinensis*), un pájaro de plumaje amarillo brillante. Algunos traductores llaman a este hexagrama *Oriol*.

Este es uno de los ocho hexagramas que están compuestos por un mismo trigrama, repetido dos veces, en este caso es ☲, *Lo Adherente*.

Sírvase ver **Los ocho trigramas**, en la pág. 395 para saber más acerca del trigrama ☲.

Significados asociados

Brillantez, resplandor; adherencia; una red. Algunos expertos dicen que este carácter designaba a un oriol, pájaro que en las odas está frecuentemente relacionado con tragedia, tristeza y pena, lo cual sugiere que los orioles podrían ser aves de mal agüero. El significado moderno es "irse".

El Dictamen

Lo Adherente.
La determinación es favorable.
Domesticar una vaca trae ventura.

> Ilustración espiritual y lealtad son los temas principales de este hexagrama.
>
> Una vaca domesticada indica docilidad y obediencia; también significa saber que hay que estar dispuesto a hacer concesiones.

Tener determinación, pero también ser obediente, significa que debe hacer lo que el deber le exige y adherirse firmemente a lo que es correcto, con lealtad.

Lo Adherente indica la capacidad de atrapar ideas y percepciones, como con una red, usando esas percepciones y la comprensión adquirida para seguir el camino correcto, con iluminación espiritual.

La Imagen

Luminosidad duplicada forma Lo Adherente.
Así el gran hombre mantiene su claridad iluminando los cuatro puntos cardinales.

El trigrama inferior simboliza iluminación interior y el superior claridad externa. El significado de esto, aplicado a la vida humana, es que sólo después que usted se conozca a sí mismo, será capaz de arrojar luz sobre el mundo que lo rodea y así comprenderlo en profundidad.

El fuego consume y por eso este hexagrama nos habla de la fugacidad de la vida. Sólo si el fuego de la iluminación se aferra a su vida, ésta tendrá sentido y podrá hacer un buen uso de ella.

Al comienzo un nueve

No está seguro sobre qué camino tomar.
Sus pasos son cautos y esmerados.
Si uno es respetuoso no habrá defecto.

Esta línea simboliza la hora del amanecer y el comienzo de un día o el inicio del recorrido por la vida.

Recién está comenzando su viaje, pero aún ignora cuál es su destino final y qué camino debe tomar. Por eso es natural proceder con cautela y vacilar un rato. Lo importante es actuar con prudencia, si encara su tarea con la debida concentración y seriedad no fallará.

Trabajo: Tómese todo el tiempo necesario para entender bien la situación antes de tomar cualquier acción.

Vida privada: No actúe con apuro. Lo mejor sería que pruebe diferentes opciones hasta encontrar la mejor manera de hacer su tarea.

Salud, sentimientos y relaciones sociales: Tenga cuidado con sus pasos o puede caer y lesionarse. Si usted está convaleciente, tómese las cosas con calma, sea paciente.

Seis en el segundo puesto

Resplandor amarillo.
Sublime ventura.

Esta línea simboliza el mediodía, cuando el sol brilla en su apogeo.

Usted ha alcanzado un buen entendimiento. El color amarillo simboliza el camino correcto, el camino del medio entre los extremos, indicando muy buen equilibrio.

Trabajo: Usted tendrá éxito en su trabajo porque tiene la experiencia y el conocimiento suficiente como para elegir el mejor camino.

Vida privada: Vivirá un momento propicio, porque la buena suerte y la claridad de espíritu facilitarán que alcance el éxito.

Salud, sentimientos y relaciones sociales: Tendrá muy buena salud y excelente claridad mental.

Nueve en el tercer puesto

Bajo la luz del sol que se pone, si no toca el tambor y canta,
lamentará el acercamiento de la vejez.
Desventura.

Esta línea simboliza la puesta del sol y el final de un ciclo.

Un momento de esplendor se está desvaneciendo, usted puede disfrutar del presente o lamentar lo que está por perder porque los buenos tiempos van a terminar.

No importa lo que haga, de todas formas perderá algo, pero si se concentra en el presente, en lugar de vivir pendiente de lo que va a pasar, usted sufrirá menos.

Trabajo: Usted puede experimentar algunas pérdidas o posiblemente se retire de su trabajo.

Vida privada: Un ciclo de su vida está terminando. Se trata de un fenómeno natural, trate de aceptarlo y disfrute de aquellas cosas que todavía tiene.

Salud, Sentimientos y Relaciones: Aprenda a hacer frente a las pérdidas. Su salud puede disminuir. Su estado de ánimo será variable.

Nueve en el cuarto puesto

Llega abruptamente, como con fuego y muerte y así es descartado.

Esta línea describe una ascensión rápida, violenta y brillante. Este proceso acelerado no tendrá tiempo suficiente como para consolidarse adecuadamente, tal como un fuego de paja arderá rápidamente y se extinguirá en poco tiempo.

La persona que se describe aquí no perdurará por mucho tiempo porque no tomó las medidas adecuadas para conseguir apoyo. Al final quedará aislado y será descartado y olvidado.

Trabajo: Si obtiene ganancias rápidas utilizando métodos extremos, su triunfo será fugaz. Usted puede perder su negocio o su puesto.

Vida privada: Va a entrar en conflicto con otras personas porque usted es demasiado precipitado y agresivo. Al final va a quedar solo.

Salud, sentimientos y relaciones sociales: Si usted no aprende a moderarse va a arruinar su salud.

Seis en el quinto puesto

Torrentes de lágrimas con penas y lamentos.
Ventura.

Si echa un vistazo a sus errores del pasado se arrepentirá amargamente de ellos al verlos desde una nueva perspectiva.

Después de la hora más oscura, un nuevo amanecer llegará.

Trabajo: Sólo después de reconocer y arrepentirse de sus errores, podrá convertir la derrota en triunfo.

Vida privada: Este es un punto de inflexión. El arrepentimiento y la vergüenza son el preludio a nuevas oportunidades en su vida.

Salud, sentimientos y relaciones sociales: Después de un momento de dolor su salud y/o relaciones sociales mejorarán.

Nueve en el sexto puesto

El rey lo manda a atacar.
Es meritorio eliminar a los líderes y capturar a los que no son malvados.
Sin defecto.

Algunos problemas deben de ser atendidos sin demora. Ser enviado por el rey significa que usted tiene autoridad real y no tiene dudas. La ejecución de los líderes significa llegar a la raíz del problema y evitar perder el tiempo con los pequeños detalles.

"Eliminar a los líderes" también puede traducirse como "cortar las cabezas"; esta frase hace hincapié en la necesidad de tratar la causa del problema y no sus manifestaciones.

Trabajo: Su valor será reconocido y se encargará de una tarea disciplinaria importante. Si es un militar puede llegar a entrar en combate.

Vida privada: Va a poner orden en su familia y prosperará.

Salud, sentimientos y relaciones sociales: Para superar su debilidad debe abandonar sus malos hábitos de inmediato, pero evite mortificarse demasiado. Sea estricto con usted mismo, pero no se convierta en un masoquista.

xián
Influencia mutua

El carácter chino que le da título a este hexagrama se toma generalmente como un préstamo fonético. Diferentes traductores le dan distintos significados, pero la traducción más común es "influencia".

Cuatro hexagramas están relacionados con el matrimonio y las medidas preliminares que conducen a él: **31-**Influencia mutua, representa la atracción inicial y el cortejo de una pareja; **32-**Duración, indica la institución del matrimonio; en **53-**Avance gradual, se muestran los pasos y las ceremonias que llevan al matrimonio y en **54-**La muchacha que se casa, se describe a una joven entrando en la casa de un hombre mayor como esposa secundaria.

Significados asociados

Influir, incitar, influencia mutua, cortejo, unidos, juntos, reciprocidad, atracción mutua, sentimientos, sensibilidad.

El Dictamen

Influencia Mutua.
Éxito.
La determinación es favorable.
Tomar una doncella trae ventura.

> La influencia es recíproca, no sólo implica influir en los demás, pero también estar abierto a las influencias de las otras personas.
>
> Determinación –en este contexto– significa estar dispuesto a seguir el curso natural de desarrollo de la relación, sin tener motivos ocultos.

Tomar una doncella no sólo significa casarse o formar una pareja, pero asimismo puede referirse a muchos otros tipos de relaciones a largo plazo basadas en la confidencia mutua, como las amistades, relaciones familiares, relaciones comerciales, etc.

La Imagen

El Lago sobre la Montaña: la imagen de la Influencia Mutua.
Así el noble está bien dispuesto [abierto] para recibir a la gente.

De la misma manera que el agua se acumula en un lago de montaña, porque es cóncavo, dejando espacio para el almacenamiento de agua, tener una disposición tolerante y carente de prejuicios facilitará que la gente se acerque a usted.

Una actitud indulgente y receptiva le permitirá conectarse profunda y sinceramente con otras personas que se verán atraídas hacia usted.

Al comienzo un seis

Influencia Mutua en el dedo gordo de su pie.

El dedo gordo del pie no puede mover el cuerpo por sí mismo, eso indica que su influencia aún es muy débil y no causará efecto alguno.

Es posible que usted desee establecer una relación con otra persona que parece ser receptiva, pero hasta ahora nadie dio ningún paso concreto para realizarlo.

Trabajo: Sus expectativas todavía no fructificarán. Su influencia no está bien establecida.

Vida privada: Usted está en una etapa de planificación. Puede preguntarse qué puede hacer para llegar a la otra persona, pero hasta ahora no ha hecho nada.

Salud, sentimientos y relaciones sociales: No pasará gran cosa, porque usted todavía no decidió qué hacer. En temas de salud, adhiérase a los métodos convencionales, no es tiempo para innovar.

Seis en el segundo puesto

Influencia Mutua en sus pantorrillas.
Desventura.
Permanecer trae ventura.

Avanzar antes de tiempo podría causarle problemas.

Mantenga su independencia e ignore a aquellos que pretenden influenciarlo. No deje que otros lo involucren en un curso de acción que le traiga problemas.

Trabajo: Este no es el momento apropiado para cambiar nada. Permanezca en su posición y no se involucre en los planes de otras personas.

Vida privada: Espere hasta que esté seguro de lo que debe hacer. No deje que las opiniones de los demás le influyan indebidamente.

Salud, sentimientos y relaciones sociales: Este no es un buen momento para hacer cambios. Aténgase a su propio consejo.

Nueve en el tercer puesto

Influencia Mutua en sus muslos.
Se aferra a lo que persigue.
Seguir adelante causará humillación.

No actúe precipitadamente. Tómese el tiempo suficiente para evaluar la situación antes de hacer algo.

Estar abierto a las influencias de los demás es bueno, pero la pérdida de auto-control puede convertirlo en una marioneta de los demás. Tampoco se deje esclavizar por sus propios deseos, eso sería humillante. Trate de ver las cosas desapasionadamente y ejerza control sobre usted mismo

Trabajo: Ocupa una situación precaria y subordinada. No deje que la ambición lo ciegue al hecho de que otras personas se están aprovechando de usted.

Vida privada: Si no se controla a sí mismo, otras personas lo manipularán a su gusto.

Salud, sentimientos y relaciones sociales: El desequilibrio emocional puede afectar a su salud. Trate de calmarse.

Nueve en el cuarto puesto

La determinación es venturosa.
El arrepentimiento desaparece
Va y viene inquieto e indeciso,
[solo] sus amigos entenderán [seguirán] sus pensamientos.

Este es el momento propicio para actuar con decisión, aunque todavía tenga algunas dudas.

Dado que usted no tiene una amplia esfera de influencia, sólo aquellos estrechamente asociados con usted apoyarán sus acciones.

La palabra traducida como "entender" también significa "adherirse, obedecer, seguir".

Trabajo: Aproveche una oportunidad que se le ofrecerá. Usted tendrá el apoyo de sus colaboradores cercanos.

Vida privada: Después de decidir qué hacer, adhiérase a sus planes. Su familia y amigos seguirán su ejemplo.

Salud, sentimientos y relaciones sociales: Gozará de buena salud. Con la ayuda de sus amigos superará sus dudas.

Nueve en el quinto puesto

Influencia Mutua en el espinazo.
No hay arrepentimiento.

El carácter chino traducido como "espinazo", también significa "la carne a lo largo de la columna vertebral, por encima del corazón." Esto indica que la influencia viene del corazón, proviene de una fuente verdadera.

Su firmeza de propósito y claridad mental le permitirán expandir su influencia de manera constante.

Trabajo: Está seguro de sí mismo y persigue sus objetivos con perseverancia, por eso puede ejercer una buena influencia sobre los demás. Su posición es segura.

Vida privada: Su posición es firme y estable. Su familia y amigos confían en usted porque saben que es muy confiable.

Salud, sentimientos y relaciones sociales: Disfrutará de excelente resistencia física y tendrá buen equilibrio emocional.

Al tope un seis

Influencia Mutua en sus mandíbulas, mejillas y lengua.

Si usted trata de influir a los demás sólo con palabras sin sustancia, no logrará ningún efecto duradero.

Trabajo: La retórica vacía no lo beneficiará. Su influencia será insignificante.

Vida privada: Las acciones hablan más que las palabras, si sus palabras no reflejan la realidad, no servirán de nada.

Salud, sentimientos y relaciones sociales: El exceso de locuacidad lo perjudicará. No mienta ni se deje engañar por otros.

héng
Constancia / La duración

Los ideogramas que conforman el carácter chino que le da título a este hexagrama son: *xīn*, "corazón" y *héng*, elemento fonético: relacionado con el corazón.
Cuatro hexagramas están relacionados con el matrimonio y las medidas preliminares que conducen a él: **31-**Influencia mutua, representa la atracción inicial y el cortejo de una pareja; **32-**Duración, indica la institución del matrimonio; en **53-**Avance gradual, se muestran los pasos y las ceremonias que llevan al matrimonio y en **54-**La muchacha que se casa, se describe a una joven entrando en la casa de un hombre mayor como esposa secundaria.

Significados asociados

Constante duradero, perdurable, persistente, continuo, por largo tiempo.

El Dictamen

Constancia.
Éxito.
Sin defecto
La determinación es favorable.
Es propicio tener una meta.

> Tradicionalmente este hexagrama se relaciona con el matrimonio, pero también se aplica a toda relación de larga duración o a proyectos que perduran a través del tiempo. Tanto las relaciones personales como los propósitos a largo plazo requieren tener objetivos claros y mantener un compromiso constante para que sean viables.

Este no es buen momento para que intente cambiar nada en su vida, está avanzando en el camino correcto, siga adelante concentrado en sus objetivos actuales.

Para poder ser constante debe estar preparado para adaptarse a los nuevos tiempos, pero permaneciendo fiel a sus metas y compromisos.

La Imagen

Trueno y Viento: la imagen de la Constancia
Así el noble mantiene su posición y no cambia su curso.

La constancia es un proceso dinámico; quedarse quieto significaría caer en el estancamiento, es preciso que usted persevere y sea flexible para poder alcanzar sus objetivos.

Si usted es determinado, pero adaptable, podrá mantener un curso firme durante mucho tiempo.

Al comienzo un seis

Constancia profunda.
La determinación es desventurosa.
Ninguna meta es favorable.

El carácter chino traducido como "profunda" también significa "pedir demasiado, sobrepasar, ir más allá". Describe a una persona que es demasiado apresurada y testaruda.

Usted está en una posición baja y quiere obtener resultados fáciles y rápidos, pero si no espera hasta que llegue el momento adecuado y no respeta aquellos límites que no debería cruzar, cometerá errores que le causarán muchos problemas.

Trabajo: Si es demasiado impetuoso y actúa sin la debida preparación, fracasará. No vaya más allá de su área de responsabilidad o entrará en conflicto con otras personas en su trabajo.

Vida privada: Su terquedad y falta de respeto a las reglas le traerán muchos problemas.

Salud, sentimientos y relaciones sociales: La falta de control sobre usted mismo puede afectar su salud. Tenga cuidado, puede que tenga un accidente.

Nueve en el segundo puesto

El arrepentimiento desaparece.

Si aprende cómo actuar con firmeza y no abandona sus objetivos, no cometerá errores.

Aunque tiene un carácter fuerte, su posición no es muy firme, por eso es preciso que actúe con prudencia y que trate de superarse, alcanzando una posición más elevada. Usted sabe que va a tener la oportunidad de tener éxito, pero eso tomará algún tiempo.

Trabajo: Si es meticuloso y hace un buen trabajo, prosperará a largo plazo.

Vida privada: No va a cometer ningún error. Su vida será estable. Trate de mejorarse a usted mismo.

Salud, sentimientos y relaciones sociales: Si aprende a disciplinarse a usted mismo, eso lo beneficiará tanto física como espiritualmente.

Nueve en el tercer puesto

Su carácter no es constante.
Puede que tenga que soportar la desgracia.
La determinación es humillante.

Si está descontento con su situación actual y sueña con metas irrealizables, dependiendo de la aprobación de los demás, eso debilitará su carácter y lo hará muy desgraciado.

Tenga constancia y cumpla con sus compromisos, de otra forma no va a lograr nada de valor, sino que será avergonzado.

Trabajo: Es importante que cumpla con sus deberes apropiadamente, de lo contrario su reputación se arruinará e incluso podría ser despedido.

Vida privada: Si no es constante tendrá conflictos con los demás. Faltar a su palabra puede ocasionarle problemas legales.

Salud, sentimientos y relaciones sociales: Un estado de desequilibrio mental puede producirle situaciones angustiantes.

Nueve en el cuarto puesto

No halla animales en la cacería.

Si no puede encontrar lo que busca, eso significa que sus esfuerzos están mal aplicados o que sus expectativas están fuera de contacto con la realidad. Como resultado, usted va a fracasar.

La perseverancia por sí sola no es suficiente, usted debería ser lo suficientemente flexible como para cambiar su enfoque cuando vea que algo no está funcionando efectivamente.

Trabajo: Usted va a gastar su energía y recursos en intentos fallidos porque sus objetivos son irrealizables, posiblemente porque está utilizando los métodos equivocados.

Vida privada: Sus proyectos fracasarán porque usted está buscando cosas que no existen o las está buscando en el lugar equivocado.

Salud, sentimientos y relaciones sociales: Expectaciones poco realistas generarán frustración.

Seis en el quinto puesto

Dándole duración a su carácter.
La determinación es venturosa para una mujer,
pero infortunada para un hombre.

Esta línea indica falta de carácter o iniciativa. También muestra incapacidad para adaptarse a las nuevas circunstancias.

La mujer simboliza a alguien en una posición de subordinación, como lo eran las mujeres en la antigua China.

Si usted está siguiendo el liderazgo de otros, no tener mucho carácter o iniciativa no le causará problemas, pero si lo que se espera de usted es que tome decisiones o si tiene responsabilidades para con otras personas, tal deficiencia sería un grave error.

Trabajo: Para un subordinado, la ausencia de iniciativa no es un defecto de por sí, pero para un gerente esto sería un error. Usted puede perder una buena oportunidad por ser muy rígido o demasiado lento para reaccionar ante nuevas situaciones.

Vida privada: La falta de flexibilidad o la obediencia rígida a las tradiciones puede causarle problemas si usted es el jefe de la familia.

Salud, sentimientos y relaciones sociales: Sus creencias pueden detener su evolución espiritual haciéndolo ciego a las nuevas ideas y posibilidades que se presentan.

Al tope un seis

Constantemente agitado.
Desventura.

Estar constantemente agitado indica falta de autocontrol e imprudencia. No se preocupe por lo que está fuera de su control, pero ocúpese de las cosas que puede manejar, paso por paso y con calma.

Si usted no se tranquiliza y se relaja un poco, su ansiedad descontrolada le traerá problemas.

Trabajo: Lo más importante en este momento es que evite cometer errores. Tómese todo el tiempo necesario para asegurarse de que lo que hace está bien hecho. Los descuidos y distracciones le causarán problemas.

Vida privada: Las acciones precipitadas provocan accidentes y errores. Tómese un respiro y enfoque su mente en su tarea.

Salud, sentimientos y relaciones sociales: Usted está demasiado estresado. Si no se calma dañará su salud.

dùn
La Retirada

El carácter chino que le da título a este hexagrama es un préstamo tomado de *tún*, elemento fonético y *chuò*: "ir". La escuela modernista cree que este carácter es un préstamo tomado de *tún*: "joven cerdo, chanchito", pero nosotros nos atendremos al significado tradicional.

Significados asociados

Retirada, escape, retirada estratégica, retracción, retroceso, renuncia, ocultamiento.

El Dictamen

La Retirada.
Éxito.
Es favorable la determinación en lo pequeño.

> Las dos líneas *yin* en la parte inferior de este hexagrama representan a personas mezquinas y de bajo nivel que están avanzando y que obligan a retirarse a quienes se niegan a renunciar a sus principios.
>
> La única forma de evitar pérdidas y eludir el peligro es retirarse a una posición segura. Al retirarse no solo evitará enredarse en complicaciones, sino que también salvará la cara. Retirarse también significa mantener un perfil bajo, permanecer fuera de la vista y lejos de la acción.
>
> Retirarse no es lo mismo que renunciar para siempre. La retirada es un movimiento estratégico que le permitirá conservar su fuerza y eventualmente planificar su regreso futuro, cuando sea posible.

Determinación en lo pequeño significa que los objetivos ambiciosos son irrealizables en este momento, sólo pueden hacerse pequeñas cosas.

La Imagen

La Montaña debajo del Cielo: la imagen de La Retirada.
Así el noble mantiene a distancia al vulgar,
no con odio pero con gravedad.

Mantenga una severa reserva para evitar que las personas indeseables se acerquen a usted. Evite confrontaciones abiertas y manténgalos alejados, quedándose fuera de su alcance. No deje que lo involucren en sus maquinaciones egoístas y de cortos alcances.

Al comienzo un seis

En la cola de la retirada.
Peligro.
No trates de emprender nada.

Es demasiado tarde para retirarse de manera segura. Al estar en la cola de la retirada, usted está en contacto directo con sus perseguidores y en peligro.

Ha esperado durante demasiado tiempo; ahora debe quedarse quieto hasta que pueda ver claramente lo que tiene que hacer. Retirarse a toda prisa sólo empeoraría sus problemas.

Los problemas que lo acosan pueden estar relacionados con algún conflicto sin resolver de su pasado.

Trabajo: Mantenga un perfil bajo y espere a tener una buena oportunidad. Este no es el momento apropiado para asumir riesgos o para entrar en conflicto.

Vida privada: No atraiga la atención de los demás sobre usted mismo. Esté contento con lo que tiene y no exija más.

Salud, sentimientos y relaciones sociales: Descanse. No cambie nada en su vida.

Seis en el segundo puesto

Aferrado con un cuero de buey amarillo
que nadie puede remover.

El amarillo simboliza el equilibrio, que es el color del camino del medio, indicando un buen balance entre los extremos. En este caso esto indica que usted está siguiendo el camino correcto y que no se apartará de él.

Esta línea también simboliza a una persona en una posición subordinada que se aferra fuertemente a alguien en una posición más elevada (la quinta línea).

Siguiendo esta idea, debería solicitar la ayuda de alguien con más experiencia y recursos que usted y mostrarle lealtad.

Trabajo: Usted necesita la ayuda de sus superiores para obtener buenos resultados.

Vida privada: Podrá escapar del peligro solo si coopera con otras personas. No se aísle ni corte sus lazos con aquel de quien depende.

Salud, sentimientos y relaciones sociales: No se quede solo, busque la ayuda y orientación de personas de buen nivel que puedan ayudarlo en su desarrollo.

Nueve en el tercer puesto

Atado [a otros] en la Retirada.
Aflicción y peligro.
Es favorable hacerse cargo de siervos y criadas.

Sus opciones son limitadas. Su libertad está seriamente restringida por los apegos sentimentales u obligaciones que tiene con la gente que depende de usted.

Hasta que recupere su libertad de acción sólo podrá hacer pequeñas cosas porque sus responsabilidades lo limitan mucho.

Trabajo: Sus opciones están restringidas debido a sus asociados, que se aferran a usted y dificultan sus movimientos. Si no puede deshacerse de ellos, al menos tome la iniciativa y manténgalos bajo su control.

Vida privada: Su familia es una pesada carga que limita sus opciones severamente. Si se hace cargo de ellos lo menos que debe exigirles es su respeto y obediencia.

Salud, sentimientos y relaciones sociales: Sus bajos deseos le impiden crecer espiritualmente.

Nueve en el cuarto puesto

Retirarse del deseo de su corazón.
Ventura para el noble.
Decadencia para los vulgares.

Retirarse de lo que a uno le gusta no es fácil. Un hombre vulgar, apegado a sus placeres, no sería capaz de hacerlo, porque se requiere disciplina y una voluntad fuerte para desprenderse de algo que uno anhela.

Cuando uno tiene que cortar una relación que no es conveniente, este tipo de retirada debe ser realizada con cortesía, sin amargura, pero con determinación.

Usted podrá vivir bien sin la persona que está dejando atrás, pero esa persona, que se aprovechaba de usted para vivir bien, entrará en decadencia.

Trabajo: Retírese y tome distancia de las personas que están tomando ventaja indebida de su trabajo. No dependa de elementos inferiores, usted puede manejarse perfectamente por sí mismo.

Vida privada: No deje que la gente inferior lo explote. Deje que se valgan por sí mismos.

Salud, sentimientos y relaciones sociales: Abandone los malos hábitos o vicios que están minando su salud, tanto espiritual como físicamente.

Nueve en el quinto puesto

Admirable retirada.
La determinación es favorable.

El carácter chino traducido como "excelente", también significa "alegre, feliz", lo que significa que ésta es una retirada amistosa, realizada en el momento oportuno, sin causar conflictos y con firme determinación.

Aunque sea una retirada amistosa es favorable mantener firme su determinación, no permita que lo aparten de sus objetivos.

Trabajo: Planee cuidadosamente su retirada y espere hasta el momento adecuado. Al retirarse sin crear conflictos usted dejará atrás suyo una puerta abierta, no un nuevo enemigo.

Vida privada: Al retirarse de una relación personal en el momento adecuado y con finura usted evitará futuros problemas y resentimientos.

Salud, sentimientos y relaciones sociales: Si está enfermo su salud mejorará.

Nueve en el sexto puesto

Retirada fructífera.
Nada que no sea favorable.

Podrá retirarse feliz y exitosamente. Sus perspectivas de futuro son excelentes.

Trabajo: Podrá retirarse con honor de su trabajo. Posiblemente se jubile.

Vida privada: Después de un largo tiempo, al fin podrá retirarse con facilidad de una situación o alejarse de alguien que lo estaba molestando o limitando.

Salud, sentimientos y relaciones sociales: Usted no tiene dudas ni remordimientos, porque no tiene nada de lo que reprocharse, por eso puede retirarse sin ningún impedimento. Gozará de un muy buen estado de salud.

dà zhuàng
Gran Poder

Los dos caracteres chinos que la dan título de este hexagrama son: *dà*: "gran, grande" y *zhuàng*: "poder".

Significados asociados

Poder, fortaleza, fuerte, robusto, grande, varón completamente crecido, en la plenitud de la vida.

El Dictamen

Gran Poder.
La determinación es favorable.

> Debido a que tiene muchos recursos, todo lo que emprenda será favorable. Sin embargo, tener poder y saber cómo usarlo apropiadamente son dos cosas diferentes.
>
> Determinación aquí significa perseverar en el camino correcto. Sólo si aplica su poder de una manera sabia tendrá éxito, de otra forma sólo se enredará en interminables conflictos y complicaciones.

La Imagen

El Trueno en lo alto del Cielo: la imagen de Gran Poder.
Así el noble no pisa senda alguna que se aparte del decoro.

Un gran poder puede ser realmente útil solo si puede controlarlo debidamente, sin causar daño ni a los demás ni a usted mismo. Si usted no tiene la suficiente sabiduría y auto dominio, el gran poder solo le causará problemas.

Si se mantiene en el camino correcto, con el tiempo aprenderá a aplicar su poder con eficacia y sin prepotencia, de lo contrario va a complicarse la vida y tendrá interminables conflictos con otras personas.

Al comienzo un nueve

Poder en los dedos [del pie].
Marchar [iniciar una campaña] trae desventura.
Esto es la verdad.

Los dedos de los pies indican que la situación recién se inicia, está en las primera etapas de su desarrollo. Todavía no está en condiciones de aplicar su fuerza de manera efectiva, porque es un principiante, no tiene los contactos adecuados y le falta autocontrol.

Use su poder para mejorarse a usted mismo, resista la tentación de utilizarlo antes de estar listo. Sea consciente de sus limitaciones y espere a que lleguen circunstancias más propicias.

Si usted intenta actuar antes de estar preparado, fracasará.

Trabajo: Todavía está en una fase preparatoria. No actúe prematuramente, sin tener el apoyo necesario.

Vida privada: No sea agresivo ni imprudente. Espere hasta que la situación le ofrezca una buena oportunidad para avanzar sin crear conflictos con los demás.

Salud, sentimientos y relaciones sociales: No se esfuerce demasiado, sea paciente. Si no tiene cuidado puede lastimar sus pies.

Nueve en el segundo puesto

La determinación es favorable.

Los obstáculos que refrenan su avance están desapareciendo. En este punto es importante evitar ser demasiado confiado y ejercer mucha moderación.

Sólo si evita los excesos tendrá éxito.

Trabajo: Sus responsabilidades e influencia crecerán. Prosperará si utiliza sus nuevos recursos de manera inteligente y moderada.

Vida privada: Finalmente puede comenzar a aplicar su poder con éxito. Tenga cuidado y mantenga un estilo de vida equilibrado.

Salud, sentimientos y relaciones sociales: Su salud está mejorando y tiene mucha energía. No sea demasiado indulgente con usted mismo.

Nueve en el tercer puesto

El hombre vulgar usa el poder, el noble no actúa así.
La determinación es peligrosa.
El carnero embiste la cerca y sus cuernos quedan trabados.

El poder debería usarse con moderación para evitar tener problemas con otras personas.

Persistir en el uso descarado del poder lo expondrá al peligro, porque cuando se intenta solucionar un problema usando la fuerza bruta, eso ocasionará resentimientos y generará más problemas que los que soluciona.

Este hexagrama utiliza la imagen del carnero como un símbolo del abuso de poder y la falta de auto-control. Note que la forma del hexagrama, con dos líneas partidas *yin* en la parte superior (la cabeza) sugiere los cuernos en la cabeza del carnero. Usar los cuernos es un ejemplo del mal uso del poder.

Quedarse atrapado en la valla significa que su accionar prepotente le ocasionará complicaciones imprevistas. No actúe con arrogancia ni desprecie los derechos ajenos.

Trabajo: Si actúa en forma temeraria y violenta usted quedará enredado en medio de grandes problemas. No haga alarde de su poder.

Vida privada: Si trata de imponer sus puntos de vista por la fuerza generará conflictos y problemas con los demás.

Salud, sentimientos y relaciones sociales: Actuar con arrogancia le ocasionará problemas. Es posible que tenga problemas de movilidad.

Nueve en el cuarto puesto

La determinación es favorable, el arrepentimiento se desvanece.
La cerca se abre, no hay traba.
El poder reside en los soportes del eje de un gran carruaje.

La mención a la "determinación" y el hecho de que "el arrepentimiento se desvanece" indica que usted no cometerá errores y avanzará con constancia por el camino correcto.

De la misma manera que un carro rodando sin problemas sobre sus ejes bien lubricados, usted podrá llevar adelante sus objetivos sin que nada lo obstaculice.

La valla que se abre indica que podrá superar los últimos obstáculos sin tener ningún problema.

Trabajo: Puede llegar a obtener un ascenso en su trabajo o avanzar en su negocio. Sus esfuerzos serán recompensados.

Vida privada: Finalmente podrá utilizar sus abundantes recursos de manera efectiva y sin cometer ningún fallo.

Salud, sentimientos y relaciones sociales: Sus problemas de movilidad se resolverán. Su salud mejorará.

Seis en el quinto puesto

Pierde el carnero en *Yi*.
No hay arrepentimiento.

Yi era el nombre de un lugar.[1] Perder el carnero en *Yi* significa superar malos rasgos de carácter como la terquedad y la arrogancia, aunque también implica la idea de perder algo de fuerza o poder.

Ahora usted puede manejar la situación con buen balance y armónicamente, sin cometer errores, evitando confrontaciones agresivas.

Trabajo: Podrá resolver los problemas que tenga en forma pacífica y sencilla.

Vida privada: Debido a que es cortés y diplomático, no tendrá ningún problema con las personas a su alrededor.

Salud, sentimientos y relaciones sociales: Al sublimar sus deseos inferiores alcanzará la paz interior. Posible fallecimiento.

Al tope un seis

El carnero embiste la cerca.
No puede retirarse ni puede ir para adelante.
Nada es favorable.
Si uno puede soportar las dificultades habrá ventura.

Usted ha llegado a un punto muerto. Avanzó demasiado lejos y lo detuvieron por la fuerza. Ahora no puede avanzar más, pero tampoco puede retirarse.

Deje de tratar de solucionar todos sus problemas usando la fuerza, reconsidere la situación y acepte sus limitaciones. Trate de ver la situación desde una perspectiva diferente, busque nuevas opciones.

Trabajo: Sus frenéticos esfuerzos no lo llevarán a ninguna parte. Necesita replantearse la situación y encontrar una nueva forma de encararla, hasta que haga eso seguirá en un callejón sin salida.

Vida privada: La impaciencia y la terquedad lo llevarán a una posición muy mala, de dónde no podrá salir a menos que cambie su forma de actuar.

Salud, sentimientos y relaciones sociales: Su arrogancia lo pondrá frente a un dilema. Cuando no sepa que hacer ni como salir de sus problemas, será el momento de buscar otra forma de hacer las cosas.

Notas

1. La palabra *Yi* se puede traducir como "campo", "cambiar" o "fácil", pero lo más probable es que sea una referencia histórica a *Wang Hai*, una figura legendaria que no sólo perdió a su rebaño en *Youyi (Yi)*, pero también fue asesinado allí, tal vez porque cometió adulterio con la mujer equivocada, o como resultado de una disputa sobre los campos de pastoreo. Supuestamente *Wang Hai* fue quien comenzó con la cría de ganado, en tiempos legendarios y por eso tradicionalmente es reverenciado como un héroe cultural en China.

35

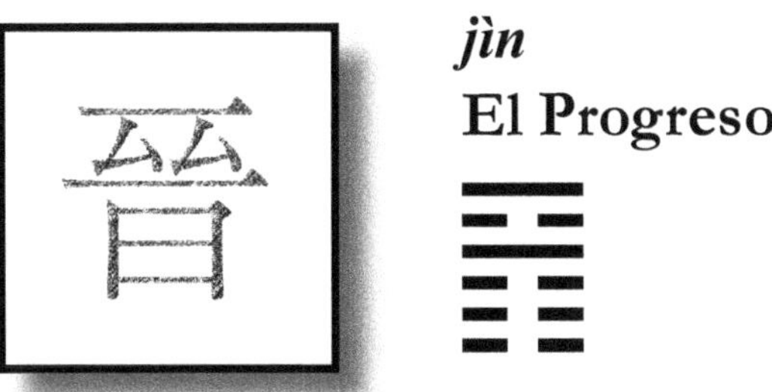

jìn
El Progreso

El carácter chino que le da nombre a este hexagrama originalmente mostraba dos flechas apuntando hacia abajo, al ideograma inferior, que parecía representar al Sol: el Sol que avanza.

Significados asociados

Progreso, avance, promoción, florecimiento, incremento.

El Dictamen

Progreso.
El marqués de *Kang* es honrado con gran cantidad de caballos.
En el mismo día es recibido [en audiencia por el soberano] tres veces.

> El Marqués de *Kang*[1] simboliza una persona cuya importancia es reconocida por las autoridades, quienes lo apoyan. Ser recibido por el soberano tres veces en el mismo día indica que él trabaja en estrecha colaboración con sus superiores y que su progreso es continuo.
>
> No avance sin tener la autorización de la autoridad, porque aunque usted tiene una posición elevada, es un subordinado.
>
> Los caballos simbolizan poder y medios para salir adelante. Los medios más valiosos que puede tener son las personas a su servicio, por lo tanto debe saber como cooperar con otras personas, por el bien de la organización a la que usted pertenece.

La Imagen

El brillo del sol se eleva sobre la Tierra: la imagen del Progreso.
Así el noble hace evidentes por sí solo sus brillantes talentos.

Después de que se perfeccione a usted mismo y establezca una buena reputación, estará en condiciones de obtener el apoyo de las autoridades en su campo de actividad.

Una vez que haya ganado un cierto reconocimiento por parte de sus superiores, sus talentos servirán para iluminar no sólo su propio camino, pero también para ayudar a otras personas.

En otro nivel de interpretación, hacer evidentes sus talentos, indica que antes de tener ninguna repercusión en el mundo es necesario que tenga una visión clara de sus fortalezas y debilidades, que sepa lo que quiere y cuáles son sus posibilidades de conseguirlo.

Al comienzo un seis

Progresando pero reprimido.
La determinación es favorable.
Sé tolerante ante la falta de confianza.
Sin defecto.

Su avance recién se inicia y usted todavía no se ha ganado la confianza de los demás. Posiblemente carezca de suficiente experiencia y debido a eso aún no podrá obtener suficiente apoyo.

Sea fiel a sus propias expectativas. Continúe trabajando con determinación para convertir su visión en realidad.

Trabajo: No recibirá apoyo y hasta es posible que algunos lo obstruyan. Tenga confianza en usted mismo y no abandone sus planes. No culpe a los otros por no confiar en usted, tendrá que ganarse la confianza de ellos con trabajo duro.

Vida privada: Por ahora no podrá avanzar porque no lo están ayudando. Evite conflictos con los demás y siga dedicado a sus objetivos. Tenga fe en su propia potencialidad y no haga caso de las críticas que pueda recibir.

Salud, sentimientos y relaciones sociales: Aunque se encuentra detenido, siga haciendo todo lo posible para superarse a usted mismo. De esa forma ganará la confianza de los demás y no cometerá errores.

Seis en el segundo puesto

Progresando con pena.
La determinación es favorable.
Recibirá una gran bendición [ayuda, beneficio, felicidad] de su antepasada.

Progresar con pena significa que tendrá que hacer algunos sacrificios para seguir avanzando hacia adelante.

Su progreso es difícil porque todavía está solo, sin recibir ningún tipo de ayuda o cooperación de los demás.

En algún momento recibirá ayuda, puede que provenga de una mujer o de una figura maternal. Note que el carácter chino traducido como "antepasada", también significa "abuela, reina madre". La gran bendición de su antepasada puede indicar que recibirá el reconocimiento de su predecesor.

Trabajo: Su trabajo no es fácil y sus esfuerzos aún no son reconocidos porque todavía no encontró el enfoque correcto. Puede que consiga ayuda o asesoramiento de alguien proveniente de su pasado o tal vez de un colega que ocupaba su misma posición antes que usted.

Vida privada: Usted está preocupado o de luto. Puede heredar algo o recibir el apoyo de una figura maternal de su pasado. Sea paciente y tenga fe en usted mismo.

Salud, sentimientos y relaciones sociales: No ha encontrado el camino correcto porque todavía no se conoce bien a sí mismo. Solo después que comprenda y sea consciente de sus verdaderos sentimientos entenderá lo que tiene que hacer.

Seis en el tercer puesto

Todos están de acuerdo y confían.
El arrepentimiento desaparece.

Finalmente usted ganó la confianza y la cooperación de sus pares. Al trabajar con otras personas será capaz de llevar a cabo sus objetivos con éxito.

El que el arrepentimiento desaparezca indica que todas las personas involucradas comparten sus mismos objetivos y no tienen dudas ni vacilaciones.

Trabajo: Recibirá apoyo y avanzará en su carrera, pero no en solitario, sino dentro de un equipo.

Vida privada: Sus amigos y familiares confían en usted y lo ayudarán, porque ellos comparten sus metas.

Salud, sentimientos y relaciones sociales: Ha superado sus conflictos internos. Ahora sabe claramente lo que quiere hacer.

Nueve en el cuarto puesto

Progresando como una ardilla.
La determinación es peligrosa.

La palabra traducida como "ardilla" indica un roedor de algún tipo. Dichos animales son vistos como una plaga en China, porque destruyen los cultivos. La ardilla simboliza un comportamiento deshonesto y agresivamente codicioso.

El sentido de este tiempo es progresar junto con otras personas, no monopolizar todos los bienes para usted mismo. Si continúa comportándose con avaricia se meterá en problemas.

Trabajo: Si sólo le preocupan las ganancias inmediatas para usted mismo, sin pensar en sus responsabilidades para con otros, será disciplinado y hasta puede ser despedido.

Vida privada: Si no controla su codicia, su conducta egoísta y voraz causará muchos conflictos con las personas a su alrededor.

Salud, sentimientos y relaciones sociales: La ambición y la imprudencia lo apartarán de los valores espirituales y le harán difícil relacionarse con los demás.

Seis en el quinto puesto

El arrepentimiento desaparece.
No te preocupes por pérdida o ganancia.
Ir para adelante trae ventura.
Nada que no sea favorable.

Usted no tiene ninguna duda porque está completamente concentrado en lo que tiene que hacer, sin estar obsesionado con las posibilidades de ganancia o pérdida (la victoria o el fracaso).

Su dedicación y buen equilibrio lo harán feliz y exitoso. No cometerá errores.

Trabajo: Una actitud humilde que es capaz de delegar tareas a los subordinados, pero también presta atención al consejo de los expertos (la sexta línea) lo llevará al éxito.

Vida privada: No se preocupe por los detalles menores. Usted sabe desenvolverse bien, avanzando sin preocupaciones y con seguridad. Todo le irá bien.

Salud, sentimientos y relaciones sociales: Excelente salud. Muy buen equilibrio físico y espiritual.

Nueve en el sexto puesto

Progresando con sus cuernos.
Úsalos sólo para castigar tu propia ciudad.
Peligro, pero habrá ventura.
Sin defecto.
La determinación es humillante.

Castigar a la propia ciudad significa que debe disciplinarse a usted mismo y a las personas bajo su liderazgo.

El tiempo del progreso está llegando a su fin. Puesto que no puede continuar avanzando, utilice su energía para poner en orden su propia esfera de influencia.

Esta es la última línea del hexagrama, por lo que existe el peligro de que las cosas se le vayan de las manos, pero eso no justifica el uso de medidas extremas para castigar a otros. Si lo hace será humillado.

Trabajo: Lo más importante que es usted mismo se auto controle, sólo después de lograr eso, ocúpese de disciplinar a sus subordinados. Todavía puede tener éxito, pero sólo si mantiene las cosas en equilibrio. Las actitudes intolerantes o indulgentes le traerán problemas.

Vida privada: Si bien puede aplicarse a usted mismo una disciplina estricta, no aplique los mismos métodos duros a otras personas.

Salud, sentimientos y relaciones sociales: El autocontrol y la disciplina son cosas buenas, pero sólo en la medida adecuada. Si tiene demasiado estrés o se esfuerza demasiado su salud se verá afectada.

Notas

1. *Kang Hou,* el Marqués de *Kang*, fue el título de *Feng*, el noveno hijo del rey Wen (el fundador de la dinastía *Zhou*). Su nombre sólo aparece en el Dictamen en este hexagrama. Es muy probable que, cuando el texto de este hexagrama fue escrito, *Feng* todavía tenía el título de Marqués de *Kang*. Más tarde, le fue conferido el feudo de *Wei* y desde entonces él fue conocido como el Marqués de *Wei* y su título anterior fue olvidado por la historia. Muchas versiones del *Yijing*, imitando a Wilhelm, traducen *Kang* como "vigoroso", porque en el tiempo de Wilhelm no se sabía que *kang hou* era el título de *Feng*. En varias partes del *Yijing* se encuentran referencias históricas, tal como sucede en el Dictamen de este hexagrama.

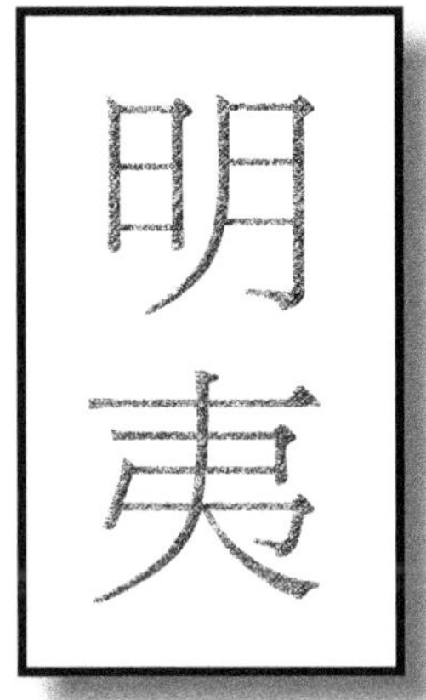

míng yí
El Oscurecimiento de la Luz

Los dos caracteres chinos que le dan título a este hexagrama son: *míng*: "luz" y *yí*: "esconder, matar, herir, oscurecer". Alternativamente puede ser traducido como "el faisán brillante" o "el faisán que está llamando", pero nosotros nos atendremos a su significado tradicional.

Significados asociados

Oscurecimiento de la luz, ocultar la luz, disminuir el brillo, suprimir la luz, ocultar el brillo propio, censura.

El Dictamen

El Oscurecimiento de la Luz.
Es propicio tener presente las dificultades y ser perseverante.

> Usted está haciendo frente a circunstancias adversas. Ni sus palabras ni sus obras serán apreciadas por los demás.
>
> Personas mezquinas y vulgares lo acosarán y se quejarán de usted. Evite llamar la atención sobre usted mismo, no haga gala de su conocimiento ni sus talentos, porque eso despertaría la hostilidad de los demás.
>
> No le diga a otras personas cuáles son sus opiniones, disimule sus planes; manténgase fiel a sus objetivos y siga adelante por su propio camino, con firmeza y discreción.
>
> El Oscurecimiento de la Luz también puede indicar que la situación no es clara o que su percepción está oscurecida.

La Imagen
La luz ha entrado dentro de la tierra: la imagen del Oscurecimiento de la Luz.
Así dirige el noble las multitudes.
El vela su luz, pero conserva su lucidez.

Mantenga un perfil bajo. La luz debajo de la tierra significa que en tiempos de decadencia intelectual es peligroso mostrar brillantez públicamente.

Soporte con paciencia la ignorancia de los demás y no trate de corregirlos ni criticarlos. Es preferible que pase por un tonto en lugar de antagonizarlos. Lo importante es que mantenga su claridad mental incólume, sin llamar la atención de los otros. No trate de sobresalir.

Al comienzo un nueve
Oscurecimiento de la Luz durante el vuelo.
El baja sus alas.
El noble avanza por el camino por tres días, sin alimentarse,
pero tiene un objetivo. El posadero chismea sobre él.

Algunos peligros o una contingencia inesperada lo obligarán a cancelar o posponer sus planes. Bajar las alas indica que su avance se dificultará mucho y tendrá que renunciar a algunas cosas.

La gente no lo va a entender y lo criticarán.

Los tres días por el camino sin alimentarse, indican que va a perseverar a pesar de la falta de recursos, sin abandonar sus objetivos.

Trabajo: Disminuya su exposición y evite llamar la atención sobre usted mismo. Usted tendrá que posponer algunas cosas, pero con algunos sacrificios, podrá seguir adelante.

Va a perder la confianza de sus superiores y compañeros, que no lo van a entender, e incluso pueden conspirar contra usted. Es posible que no tenga ingresos durante un tiempo.

Vida privada: Las personas que lo rodean tienen sus mentes nubladas, por eso van a malinterpretar lo que usted haga y lo obstaculizarán. Siga adelante por su cuenta, cueste lo que cueste. No renuncie a sus metas aunque tenga que hacer algunos sacrificios. Si es tenaz, a largo plazo va a tener éxito.

Puede llegar a tener problemas con su casero o el propietario del lugar donde usted se aloja.

Salud, sentimientos y relaciones sociales: Es posible que se lastime las manos o los pies y que su movilidad esté un poco limitada durante un tiempo.

Seis en el segundo puesto

El Oscurecimiento de la Luz lo hiere en el muslo izquierdo,
pero es salvado por un caballo poderoso.
Ventura.

El ser herido en el muslo significa que la resistencia en contra de usted se incrementará, su capacidad para avanzar se verá reducida y estará privado de los medios necesarios. Pero a pesar de todos estos inconvenientes, sus enemigos no podrán neutralizarlo por completo.

La izquierda es la dirección de la retirada, por eso, ser herido en el muslo izquierdo puede indicar que usted será atacado desde atrás, a traición, tomándolo por sorpresa.

El caballo es un símbolo de coraje, espíritu bravío y fuerza moral para resistir la oposición; significa que si usted sigue perseverando va a superar las dificultades e incluso podrá ayudar a aquellos que dependen de usted. El caballo también indica que usted recuperará su movilidad y podrá superar los obstáculos.

Trabajo: Su carrera y objetivos se ven obstaculizados por una oposición seria. No deje que lo detengan; manténgase en movimiento y recupere la iniciativa.

Vida privada: Mantenga la calma y no abandone sus intenciones. No se desanime ni se deje amedrentar.

Salud, sentimientos y relaciones sociales: Usted está en el camino correcto; no deje que otros lo desalienten. Usted puede tener un accidente y dañar sus extremidades inferiores.

Nueve en el tercer puesto

Oscurecimiento de la Luz durante la cacería en el sur.
Su gran líder [de la oscuridad] es capturado.
No seas apresurado en tu determinación.

La cacería indica la búsqueda de una forma de resolver las dificultades presentes. En la antigua China, el sur se colocaba en la parte superior de los mapas, esto indica que usted está buscando a una persona en una posición elevada, quien es la fuente de todos los problemas que usted experimenta.

Podrá encontrar la forma de corregir la mala situación actual sólo cuando el “Señor de la Oscuridad“ (la sexta línea de este hexagrama) sea descubierto.

No debería ser demasiado apresurado para resolver los problemas, porque la mala situación actual ha existido por mucho tiempo y debe ser corregida en forma gradual.

Trabajo: Su tarea será esclarecer una situación complicada y oscura. Usted puede trabajar como un investigador o alguien que busca pistas para localizar el origen de los problemas.

Vida privada: Tendrá que afrontar conflictos y sospechas hasta que descubra donde está el origen de sus problemas. Tómese su tiempo para determinar la mejor manera de solucionar las cosas.

Salud, sentimientos y relaciones sociales: Se descubrirá la causa de sus dolencias, pero la mejoría de su salud tomará algún tiempo.

Seis en el cuarto puesto

Se adentra en el lazo izquierdo del vientre.
El encuentra el corazón del Oscurecimiento de la Luz y sale de la puerta y el patio.

Va a llegar al fondo del asunto, el corazón de las tinieblas, desde donde se puede comprender a fondo la situación. La mención al "corazón" y "el lado izquierdo del vientre" indican que usted tiene acceso a las maquinaciones internas de quien es la fuente de toda la oscuridad. Se encuentra cerca de una persona peligrosa, e incluso puede tener su confianza.

Al llegar a ese punto, usted sabrá que ya no tiene nada más que hacer allí, que es el momento para iniciar una nueva etapa. Deje su posición. Salir de la puerta y el patio indica que tiene que escapar de un lugar peligroso.

Trabajo: Puede llegar a ser asignado a una nueva posición o lugar, o puede que deje voluntariamente su posición actual para evitar comprometerse con actos malignos.

Vida privada: No tiene ninguna posibilidad de mejorar las cosas. Su mejor opción es cortar por lo sano y empezar de nuevo.

Salud, sentimientos y relaciones sociales: El lado izquierdo del vientre indica que es aconsejable reposar para restaurar su salud.[1] Tómelo con calma, pero no se quede quieto donde está, usted necesita alejarse de las personas que tienen malos designios.

Seis en el quinto puesto

Oscurecimiento de la Luz [como en el caso de el] príncipe *Ji*.
La determinación es favorable.

El príncipe *Ji* fue el ministro del último rey *Shang*, un tirano que no permitía oposición alguna. Debido a sus conexiones familiares, *Ji* no podía retirarse de la corte y tuvo que fingir locura para evitar involucrarse con el malvado rey y así salvar su vida.

Su situación es muy complicada, no puede retirarse de una situación peligrosa ni demostrar abiertamente sus opiniones sin ponerse en peligro. Siguiendo el ejemplo del príncipe *Ji*, la mejor manera de evitar complicaciones es ocultar su entendimiento y simular que usted es un necio o un inocentón.

Tenga cuidado y evite entrar en conflicto con otras personas, es mejor que piensen que usted es inofensivo y no tiene idea alguna de lo que pasa. Evite involucrarse con las malas acciones de sus superiores.

Trabajo: Siga fiel a sus principios y evite tome parte de actos ilegales o impropios. Es preferible que usted no intervenga en nada y mantenga su neutralidad.

Vida privada: Su vida familiar será problemática. Sería mejor que usted finja ignorancia y mire para otro lado. No se involucre con los problemas ajenos, pero tampoco abandone sus principios.

Salud, sentimientos y relaciones sociales: Aunque usted no puede expresarse libremente, mantendrá su mente clara y fuerte. Este es un mal momento para las relaciones sociales.

Al tope un seis

No luz, sino oscuridad.
Primero ascendió al cielo.
Después se hundió en la tierra.

Esta línea describe como una persona mala que ha logrado una posición alta, usando su poder indebidamente para suprimir la verdad, finalmente cae a causa de sus errores y desmesura.

Debido a que las malas prácticas arruinaron la situación por completo, ahora toda la estructura de poder levantada con fines malignos y egoístas comienza a derrumbarse.

La caída de las fuerzas oscuras abrirá el camino para el progreso.

Trabajo: La situación es inestable. Aquellos en el poder caerán y su negocio puede colapsar.

Vida privada: La situación ha ido demasiado lejos y ahora se va a caer por su propio peso. Es posible que sufra algunas pérdidas.

Salud, sentimientos y relaciones sociales: Trastornos de la salud. Posible muerte.

Notas

1. Según las creencias tradicionales chinas, *hún*, el espíritu luminoso, normalmente ocupa la zona situada por encima y entre los ojos. Durante el reposo se va al hígado que está dentro del vientre.

jiā rén
La Familia

Los dos caracteres chinos que le dan título a este hexagrama son: *jiā*: "familia, casa" y *rén*: "hombre, personas". Su significado literal es "gente de la casa", tradicionalmente se refería a todos los miembros de la casa del jefe de la familia como mujeres, niños y sirvientes.

Significados asociados

Familia, gente de la familia, hogar, casa, mantener una casa; clan, grupo íntimo.

El Dictamen

La Familia.
La determinación es favorable para una mujer.

> En la antigua China tanto las mujeres como todos los otros miembros de la familia se subordinaban al jefe de la familia, por lo tanto este hexagrama describe una estructura jerárquica donde todos los miembros cooperan entre ellos y obedecen al líder del grupo. Puede describir cualquier grupo organizado o una asociación jerárquica.
>
> La determinación de la mujer se refiere al comportamiento correcto que debería seguir un subordinado dentro de un grupo humano, en el caso de la familia eso implica tareas de soporte, como cuidar, criar, preservar y nutrir a los miembros de la familia. Los deberes de un subordinado se orientan hacia el interior del grupo porque el jefe

de la familia o grupo es el que se hace cargo de la interacción con el mundo exterior.

Aunque en la actualidad la vida familiar es muy diferente a la de la China antigua, este hexagrama sigue dándonos una excelente descripción de como son las interacciones humanas dentro de un grupo jerárquico.

La Imagen

El Viento se origina del Fuego: la imagen de La Familia.
Así las palabras del noble tienen sustancia y sus actos constancia.

Siguiendo el pensamiento confuciano tradicional, las relaciones dentro de la familia reflejan las conexiones humanas que vemos en grupos más grandes, como un clan o un país. También son análogas al funcionamiento de la psique, en donde la conciencia es el amo y nuestras pasiones son las personas del hogar.

Que las palabras tengan sustancia quiere decir que son verdaderas, que los actos tengan constancia indica un comportamiento consistente y no errático. El líder de cualquier grupo humano necesita proveer estabilidad para que sus subordinados confíen en sus palabras, de otra forma la estructura del grupo no podrá sostenerse por mucho tiempo.

Para poder liderar un grupo es necesario mantener una buena disciplina en el mismo. Si usted no es consistente o si es demasiado permisivo, no será capaz de liderar un grupo humano con eficacia.

Al comienzo un nueve

Con firme disciplina en La Familia
el arrepentimiento se desvanece.

La primera línea de un hexagrama siempre describe el desarrollo incipiente de una situación.

En este caso es importante establecer responsabilidades y límites claros para cada participante del grupo desde el principio. Eso evitará conflictos y discusiones en el futuro. También es mejor prevenir problemas en lugar de corregirlos después que están arraigados.

Trabajo: Es muy importante asignar funciones claras y áreas de influencia específicas a todos los participantes de su equipo, para evitar luchas internas y un mal uso de los recursos.

Vida privada: Los niños deben aprender que hay límites y reglas y que cada miembro de la familia debe hacerse cargo de sus responsabilidades, respetando a los demás miembros.

Salud, sentimientos y relaciones sociales: La auto-disciplina y la moderación son necesarias para mantenerse con buena salud.

Seis en el segundo puesto

Sin pretensiones.
Permanece adentro preparando la comida.
La determinación es favorable.

Mantenerse adentro preparando alimentos indica que usted cumple una función de apoyo y que no es independiente.

No trate de alterar las normas para seguir sus caprichos. Aprenda a seguir las reglas y cumpla con su deber ante todo.

Permanezca en un segundo plano, no trate de llamar la atención sobre usted mismo.

Trabajo: Usted tiene una función muy importante, aunque subordinada. Manténgase enfocado en sus responsabilidades, si descuida sus tareas puede dañar a todo el grupo. Si cumple fielmente con su deber prosperará.

Vida privada: Sus tareas pueden parecer aburridas, pero toda la familia depende de usted. No busque otro lugar mejor, su familia lo necesita, su servicio dentro de la casa es muy apreciado y beneficiará a toda la familia con el mismo.

Salud, sentimientos y relaciones sociales: No es tiempo para innovar. Aténgase al rol que le han asignado y no deje que lo tiente la atracción de lo desconocido. No descuide su nutrición.

Nueve en el tercer puesto

Tras severas reprimendas en la familia
el arrepentimiento aleja el peligro.
Ventura.
Si la mujer y los niños se divierten bulliciosamente
al final habrá humillación.

A veces es difícil alcanzar el equilibrio adecuado entre la disciplina y la irresponsabilidad. Si usted es demasiado estricto con los demás, ellos se quejarán, pero si la familia o el grupo que usted lidera se vuelve desorganizado y caótico esto causará consecuencias mucho peores a largo plazo.

Trate de evitar los extremos, no sea demasiado duro ni demasiado indulgente. En caso de duda aténgase a las reglas, es preferible excederse en la disciplina en lugar de ser muy indulgente.

Aquí las mujeres y los niños simbolizan la falta de disciplina, los excesos y el comportamiento desordenado.

Trabajo: Si usted es demasiado indulgente será criticado, pero si es demasiado severo, también puede ser censurado. La mejor forma para mantener todo funcionando correctamente es aplicar las normas al pie de la letra, no importa lo que los demás puedan decir.

Vida privada: Usted disfrutará de algunos placeres, pero también tendrá muchos problemas. Contrólese a usted mismo, pero también asegúrese de que las personas que están bajo su responsabilidad se comporten adecuadamente.

Salud, sentimientos y relaciones sociales: Alternar entre un exceso de indulgencia y la mortificación extrema le ocasionará mucho estrés y no pocos problemas. Trate de encontrar un estilo de vida más equilibrado.

Seis en el cuarto puesto

Una próspera familia.
Gran ventura.

La cuarta línea es el lugar del ministro, una persona con responsabilidades importantes que dirige de manera efectiva el lado interno de una organización.

En una familia tradicional éste es el lugar de la mujer, la cual hace prosperar a su hogar, manteniendo las cosas en orden y apoyando a todos los miembros de su familia.

Su servicio es de vital importancia. Usted será muy apreciado y contribuirá en gran medida al éxito de su familia o grupo.

Trabajo: Con su trabajo usted enriquecerá a la empresa para la cual usted trabaja. No tendrá conflictos porque usted goza de la confianza y el aprecio de sus jefes y compañeros.

Vida privada: Su familia será feliz y próspera.

Salud, sentimientos y relaciones sociales: Gozará de excelente salud y tendrá muy buenas relaciones sociales.

Nueve en el quinto puesto

El rey se acerca a su familia.
No temas.
Ventura.

El rey simboliza a alguien respetado y prudente, que beneficia a la familia o el grupo a quien dirige con su buen liderazgo.

A su vez, los miembros de la familia aprecian a su líder y le dan la bienvenida.

La buena fortuna es el resultado de un buen liderazgo apoyado por personas dispuestas a cooperar entre sí.

Trabajo: Usted será recibido muy bien en su nuevo puesto y podrá trabajar en forma integrada junto con las personas bajo su mando.

Vida privada: Usted será apoyado y apreciado por los miembros de su familia.

Salud, sentimientos y relaciones sociales: Disfrutará de una excelente salud. Sus relaciones sociales serán muy buenas porque usted es muy respetado.

Nueve en el sexto puesto

El inspira confianza y respeto reverencial.
Al final habrá ventura.

Un líder inspirador dirige a la gente en forma natural y sin esfuerzo porque sus seguidores quieren emularlo para superarse a sí mismos.

Trabajo: Tanto sus cualidades como la excelencia de su trabajo son reconocidos ampliamente. Sus subordinados van a seguir su ejemplo porque confían en usted.

Vida privada: Su familia prosperará porque tiene un buen jefe de familia. Esta línea puede representar un miembro respetado de la familia, posiblemente una persona de bastante edad.

Salud, sentimientos y relaciones sociales: Usted está aplicando en su vida los valores más elevados y por eso crecerá espiritualmente.

38

kuí Antagonismo / Oposición

Los dos ideogramas que forman el carácter chino que le da título a este hexagrama son: *mù*: "ojo" y *guǐ*: "el último de los 10 Tallos Celestiales"[1]: extraordinario, dos ojos que miran en distintas direcciones.

Significados asociados

Divergente, extraordinario, oposición, polarización, distanciamiento, alienación, falta de armonía; mirar torcido, como desaprobando algo.

El Dictamen

Antagonismo.
Ventura [solo] en pequeñas cosas.

> El antagonismo significa que la gente tiene malos entendidos y objetivos divergentes y como resultado están distanciados, las opiniones se polarizan y es difícil de encontrar un terreno común.
>
> Cuando las personas no pueden trabajar juntas en armonía sólo se pueden hacer pequeñas cosas, si se puede encontrar un terreno común en cuestiones menores, pero es imposible arreglar los problemas de fondo.
>
> El antagonismo sólo puede ser superado si se dejan atrás los malos entendidos y se encuentra una forma de restaurar la cooperación. Sea tolerante, evite la confrontación y haga un esfuerzo para entender el punto de vista de su antagonista.

Este hexagrama menciona encuentros casuales y también extrañas ganancias y pérdidas en varias líneas. Sea adaptable y mantenga su mente abierta para poder encarar sucesos imprevistos.

Desde un punto de vista psicológico el antagonismo describe a alguien que no puede decidir qué hacer y tiene una doble personalidad.

La Imagen

El Fuego está arriba y el Lago abajo: la imagen del Antagonismo.
Así el noble se asocia a la comunidad pero mantiene su singularidad.

Dejando de lado la posición e ideología personal de cada cual, en todo grupo hay factores comunes que sirven como elemento unificador. Es importante que usted tenga en claro cuales son las cosas que comparte con la comunidad, pero también las diferencias, las características únicas de su personalidad que lo diferencian de los demás. No es necesario, ni conveniente renunciar a los valores propios para formar parte de una comunidad humana.

Con empatía y tolerancia puede entender y aceptar la posición de las otras personas y compartir algunas cosas con ellos, aunque usted pueda tener una opinión distinta.

Al comienzo un nueve

El arrepentimiento se desvanece.
No persigas al caballo que se escapó,[2] él retornara por sí mismo.
Encontrarás mala gente, pero no cometerás errores.

No trate de obligar a regresar a quienes se alejan de usted. Los malentendidos pueden hacer que algunas personas se aparten de usted, pero con el tiempo regresarán a su lado.

Las personas adversas deben tratarse con diplomacia. Lo importante es evitar errores que podrían aumentar su hostilidad.

Trabajo: Algunas personas no cooperarán y otros pueden ser francamente hostiles. No deje que lo desvíen de sus objetivos, en lo posible ignórelos. Los indecisos pueden llegar a reconsiderar su posición y acercarse a usted y a los que tengan malas intenciones es mejor descartarlos. Si usted se concentra en sus objetivos y evita cometer errores, los demás no podrán perjudicarlo.

Vida privada: No trate de forzar a otros a hacer las cosas a su manera. Si algunos no están de acuerdo o no son amistosos, no les preste atención ni los presione.

Salud, sentimientos y relaciones sociales: Si mantiene su equilibrio espiritual, los conflictos con otras personas no lo afectarán. Puede dejarlos ir y venir a su antojo sin que su comportamiento lo perturbe.

Nueve en el segundo puesto

Se encuentra con su amo [líder, señor, jefe] en un callejón.
Sin defecto.

Un encuentro fortuito le permitirá reunirse con alguien con quien tendrá una afinidad natural, en el lugar menos esperado.

Buenas perspectivas, puede esperar recibir orientación y apoyo.

Trabajo: Un encuentro casual le permitirá obtener la ayuda de una persona de alta posición, quien puede llegar a ser su jefe u ofrecerle un empleo.

Vida privada: Usted conocerá a alguien que lo ayudará o lo guiará.

Salud, sentimientos y relaciones sociales: Puede hacer nuevas amistades o encontrar a un maestro o guía en el momento y el lugar menos esperado.

Seis en el tercer puesto

Ve su carro arrastrado para atrás.
Sus bueyes detenidos y sus hombres marcados y mutilados.[3]
No hay un [buen] comienzo pero sí un [buen] final.

En la antigua China los criminales eran tatuados en la frente o mutilados, en función del delito que hubieran cometido.

Esta línea indica la pérdida de su posición. Será castigado y humillado y detendrán sus proyectos por la fuerza.

Su avance quedará bloqueado hasta que reciba ayuda de una fuerza superior.

Trabajo: Usted puede ser reducido de nivel, quizás pase vergüenza o sufra pérdidas, pero al final y con ayuda externa, usted prevalecerá.

Vida privada: Va sufrir muchos problemas. La gente va a maltratarlo e insultarlo y su reputación quedará por el suelo. Si no pierde la fe en usted mismo, con un poco de ayuda podrá recuperar todo lo perdido.

Salud, sentimientos y relaciones sociales: Su salud puede complicarse, quizás necesite una intervención quirúrgica, pero finalmente todo saldrá bien.

Nueve en el cuarto puesto

Aislado por la oposición
Uno encuentra un gran hombre con el que se puede asociar de buena fe.
Peligro.
Sin defecto.

La desconfianza y la alienación mantienen a la gente separada; actitudes paranoicas dificultan asociarse con los demás.

Mediante el establecimiento de una alianza con una muy buena persona, usted va a superar el antagonismo.

Romper la desconfianza no será fácil ya que cualquier alianza implica riesgos, pero el objetivo vale la pena y la unión no será ningún error.

Trabajo: A pesar de que se encuentra aislado en la actualidad, recibirá la ayuda y el apoyo de personas importantes.

Vida privada: Usted conseguirá un nuevo amigo o compañero. Tenga cuidado al comenzar una nueva relación, las perspectivas son prometedoras, pero debe manejarse con cuidado. Si usted le preguntó al oráculo sobre matrimonio encontrará una buena pareja.

Salud, sentimientos y relaciones sociales: Su salud mejorará con la ayuda de una persona bien informada.

Seis en el quinto puesto

El arrepentimiento se desvanece.
En el templo del clan ellos comen carne.
¿Cómo podría ser un error ir allí?

Reunirse en el templo del clan significa llegar a ser parte de un grupo muy unido. Comer carne indica abundancia.

Los problemas desaparecerán cuando usted se una a un grupo de pertenencia de buen nivel.

Trabajo: Usted va a avanzar en su carrera o negocio después que encuentre socios de confianza.

Vida privada: El aislamiento y los malentendidos serán superados. Su vida familiar será armoniosa y podrá disfrutar de un buen momento con sus seres queridos. Prosperidad.

Salud, sentimientos y relaciones sociales: Gozará de excelente salud y tendrá muy buenas relaciones sociales.

Nueve en el sexto puesto

Aislado por el antagonismo.
El ve al otro como un cerdo cubierto de barro, un carro lleno de demonios.
Primero tensa su arco, pero después lo pone a un lado.
No es un bandido sino un pretendiente matrimonial.
Al avanzar uno encuentra lluvia y entonces llega la ventura.

Puede prevenir conflictos peligrosos si supera los desacuerdos y odios irracionales. No actúe precipitadamente, analice las cosas a fondo y encontrará que su aparente enemigo puede llegar a ser un buen socio.

La lluvia simboliza la relajación y muestra como la incomprensión y el odio se disuelven. Sin embargo, usted tiene que dar el primer paso para poder resolver los problemas y disfrutar de un final feliz.

Trabajo: La única manera de resolver los conflictos es a través de un acuerdo entre las facciones opuestas. Si ambas partes cooperan, todos saldrán beneficiados.

Vida privada: Este es un buen momento para dejar atrás los conflictos y divisiones y establecer buenas relaciones. Si usted le preguntó al oráculo sobre matrimonio encontrará una buena pareja.

Salud, sentimientos y relaciones sociales: Usted no está viendo las cosas con claridad. Después que supere sus prejuicios tendrá una vida más plena y feliz.

Notas

1. Los 10 Tallos Celestiales (*tian gan*) son un sistema chino de números cíclicos de la dinastía *Shang*.

Cada día en la antigua semana china de diez días tiene el nombre de uno de los Diez Tallos Celestiales: *jia, yi, bing, ding, wu, ji, geng, xin, ren* y *gu*.

2. El caballo perdido es un símbolo de angustia y pérdida de fuerza.

3. El carácter chino traducido como "mutilado" literalmente significa "cortar la nariz". El carácter traducido como "marcado" indica recibir una marca en la frente o el corte del pelo o la coleta de la cabeza. La coleta era un símbolo de estatus, que fuera cortada humillaría al sujeto e indicaría que su nivel social y su orgullo fueron gravemente afectados.

4. La palabra traducida como "demonios" también significa "fantasmas, espíritus de los muertos, algo siniestro" o "tribu *Gui*", quienes eran enemigos de los *Zhou*, la dinastía fundada por el rey *Wen*, a quien se le atribuye la autoría de la primera parte del *Yijing*.

jiǎn
El Impedimento

Los ideogramas que forman el carácter chino que le da título a este hexagrama son: *sāi*, "taponar, emparedar" y *zú*, "pie": algo evita que se pueda seguir caminando hacia adelante.

Significados asociados

Cojear, tropezar; dificultades, problemas, infortunio, desgracia, obstrucción, impedimento; arrogante, orgulloso.

El Dictamen

Impedimento.
Es favorable el suroeste, pero no lo es el noreste.
Es favorable ver al gran hombre. La determinación es venturosa.

> En el *Yijing* el suroeste indica la retirada y el noreste el avance, por lo que el mensaje es claro, el camino hacia adelante está bloqueado.
>
> El norte indica el aislamiento y el sur de la comunidad. No siga solo, usted va a necesitar ayuda de alguien que tiene más autoridad y conocimiento que usted, manténgase en contacto con otras personas, no se aísle, trate de cooperar con los demás.
>
> Retirarse significa reconsiderar su posición y buscar formas alternativas para manejar la situación. También significa deshacerse de sus problemas actuales. Dejar de luchar, relajarse y buscar otro camino.
>
> Ver al gran hombre significa que usted tiene que crecer y madurar antes de estar listo para avanzar, aunque también indica que usted necesita recibir la ayuda de alguien experimentado.

La Imagen

Arriba de la Montaña hay agua: la imagen del Impedimento.
Así el noble se vuelve hacia sí mismo para cultivar su naturaleza.

La frase "cultivar su naturaleza" significa adaptarse y evolucionar, crecer internamente y aprender nuevas formas de enfrentar el mundo. El carácter traducido como "cultivar" también significa "poner en orden, arreglar".

Cuando usted se enfrenta con un obstáculo insuperable, tiene que cambiar su enfoque. Para ello debe ajustar su percepción y expectativas para adaptarse a la nueva realidad.

Los obstáculos externos proporcionan los estímulos que necesitamos para fomentar nuestro crecimiento personal, el cual a su vez, nos ayudará a superarlos.

Al comienzo un seis

Ir lleva al impedimento, volver atrás trae alabanzas.

Si intenta avanzar quedará bloqueado y tendrá problemas, es mejor que se quede donde está o se retire. Sea paciente y tenga prudencia.

Trabajo: Este no es el momento adecuado para desafiar el *status quo* o para tratar de progresar. Pero si usted permanece en su lugar, sus superiores lo apoyarán.

Vida privada: Continúe con su rutina normal. No trate de cambiar o mejorar lo que funciona bien.

Salud, sentimientos y relaciones sociales: Si está bajo tratamiento médico no lo cambie. No es momento para innovar.

Seis en el segundo puesto

El ministro del rey encuentra impedimento sobre impedimento.
Pero no son causados por él mismo.

Tiene el deber de seguir adelante sin que importen los obstáculos que enfrente. Retirarse no es una opción, por eso tendrá que hacer frente a muchas dificultades.

Trabajo: Tiene que hacer frente a un problema que no puede soslayar, ya sea porque está siguiendo las órdenes de sus superiores o porque simplemente está cumpliendo con su deber.

Vida privada: Se verá obligado a avanzar y enfrentar directamente los obstáculos por delante. Esto le ocasionará muchos problemas, que no pueden ser evitados.

Salud, sentimientos y relaciones sociales: Experimentará adversidad en su vida social. Posibles problemas de salud.

Nueve en el tercer puesto
Ir lleva al impedimento.
El vuelve atrás

Volver atrás significa reconsiderar su decisión anterior y aceptar que cometió un error.

Retírese, porque no tiene los recursos para seguir adelante. Dando un paso atrás usted se librará del peligro y regresará a la normalidad.

Trabajo: Esté preparado para cambiar sus planes y retirarse cuando se encuentre en peligro. Puede que tenga que renunciar a algo, pero el cambio será para mejor porque lo librará de problemas mayores.

Vida privada: La única forma de escapar de sus problemas actuales, es retrocediendo. Es mejor renunciar a algo que perderlo todo.

Salud, sentimientos y relaciones sociales: Está siguiendo un camino que no lo lleva a ninguna parte. Si se vuelve para atrás se evitará muchos inconvenientes.

Seis en el cuarto puesto
Ir lleva al impedimento,
volver lleva a la unión.

No puede seguir adelante por su cuenta porque su camino está bloqueado. Si sigue avanzando solo quedará aislado y no recibirá ayuda de nadie.

Regrese y coopere con otras personas para poder reunir suficientes recursos y fuerzas que le permitan vencer los obstáculos que hay por delante.

Trabajo: Tendrá que conseguir más experiencia y recursos para solucionar los obstáculos que dificultan su progreso. No continúe solo, consiga algunos aliados y ayudantes, de lo contrario sus planes fracasarán.

Vida privada: Ha ido demasiado lejos, se está alejando de los demás. Vuelva atrás, reconsidere lo que ha hecho.

Salud, sentimientos y relaciones sociales: Es necesario que restablezca su conexión con sus semejantes para poder sentirse mejor. Preste más atención a su vida social.

Nueve en el quinto puesto

Cuando el impedimento es mayor los amigos vienen.

La quinta línea es el gobernante del hexagrama, eso indica que usted es la persona que está tratando de corregir los problemas.

Consiga colaboradores y amigos para superar la adversidad con su ayuda.

Trabajo: Recibirá el apoyo de la gente adecuada y con su colaboración solucionará sus problemas. Su influencia crecerá.

Vida privada: Superará los impedimentos que lo detienen con la ayuda de buenos amigos.

Salud, sentimientos y relaciones sociales: Si tuviera alguna dolencia esta mejorará. Sus amigos lo apoyarán.

Al tope un seis

Ir lleva al impedimento, volver trae gran ventura.
Es favorable ver al gran hombre.

Aunque los problemas actuales no lo afectan personalmente, usted siente que su deber es ayudar a sus compañeros en este momento de dificultades, por eso no va a desentenderse de la situación, sino que está dispuesto a hacer todo los posible para ayudar a su prójimo.

Ver al gran hombre quiere decir que conseguir un guía o mentor sería muy útil en este momento, pero también indica que usted debería crecer espiritualmente y en entendimiento para poder afrontar la situación.

Trabajo: Sea generoso, otras personas necesitan de su ayuda y consejo. No se aísle, esté dispuesto a cooperar con los demás.

Vida privada: Esté preparado para ayudar a las personas necesitadas. No descuide las necesidades ajenas.

Salud, sentimientos y relaciones sociales: Use su sabiduría para ayudar a otros. No permanezca al margen.

40

jiě

La Liberación

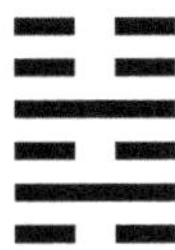

Los ideogramas que conforman el carácter chino que le da título a este hexagrama son: *jiǎo*, "cuerno", *dāo*, "cuchillo" y *niú*, "vaca, buey": el cuchillo que separa al bovino de sus cuernos.

Significados asociados

Liberar, liberación; desatar, soltar, cortar (un buey), dividir, disolver; explicar, analizar; desatar un nudo, destrabar un embrollo.

El Dictamen

Liberación.
Es favorable el suroeste.
Si no hay a donde ir [cosas que hacer] es venturoso retornar.
Si hay algo por hacer, apurarse trae ventura.

> La liberación es la secuela del hexagrama anterior: 39 - *El Impedimento*. Significa liberación de la esclavitud y de las dificultades.
>
> En el *Yijing*, el suroeste es la dirección de la retirada y de la comunidad, por eso, para liberarse de los problemas usted debe tomar distancia de la situación y evitar quedarse aislado.
>
> Una situación estresante y complicada puede descomprimirse, simplemente dando un paso atrás y buscando un nuevo enfoque, encarando los problemas de otra forma.
>
> Tenga cuidado de no dejar cabos sueltos detrás después de que la situación comience a mejorar. Si hay algo que requiera su atención antes de dar su tarea por terminada, usted debe ocuparse de eso sin demora.

La Imagen

Trueno y Lluvia en acción: la imagen de la Liberación.
Así el noble perdona excesos y ofensas.

El trueno y la lluvia limpian la atmósfera, representan la liberación de la tensión y la ansiedad.

Para poder liberarse completamente de los conflictos y problemas que lo aquejan, debe dejar atrás los odios, recelos y rencores, cultivando en cambio la tolerancia y la amplitud mental.

Un nuevo ciclo comienza y debe afrontarlo sin llevar sobre sus espaldas las preocupaciones y resentimientos del pasado. Sólo de esa manera podrá evitar futuras complicaciones.

Al comienzo un seis

Sin defecto.

Relájese y restaure sus energías.

Todo va bien, usted no cometerá errores porque sabe lo que hace.

Trabajo: Progresará sin problemas.

Vida privada: Por ahora no tiene de qué preocuparse, todo es auspicioso.

Salud, sentimientos y relaciones sociales: Tendrá buen equilibrio espiritual y físico.

Nueve en el segundo puesto

Captura tres zorros en la cacería y recibe una flecha dorada.
La determinación es venturosa.

La caza es la voluntad de purgar la situación de los elementos indeseables, ya sean internos o externos: los tres zorros.

Los tres zorros simbolizan la codicia, la ignorancia y el miedo. Son elementos de corrupción que crean dificultades y perjudican a los demás.

La flecha dorada era otorgada a las personas que realizaban grandes cosas (el hexagrama 21.4 menciona también conseguir flechas, pero no son doradas, sino metálicas), esto significa que después de eliminar los malos factores (los zorros) usted obtendrá beneficios y reconocimiento. Perseverar en la cacería y capturar los zorros traerá buena fortuna.

Trabajo: Va a prosperar o puede obtener una promoción solo después que se deshaga de las personas que están arruinando la situación.

Vida privada: Algunas malas influencias lo están perjudicando. Sólo después que las erradique podrá progresar y disfrutar de su vida.

Salud, sentimientos y relaciones sociales: La codicia, la ignorancia y el miedo son defectos que pueden detener su desarrollo espiritual, no los tolere.

Seis en el tercer puesto

El que carga algo en la espalda pero viaja en un carruaje atrae a los bandidos. La determinación es humillante.

En la antigua China, los carruajes eran utilizados solamente por personas de alto rango, por lo tanto un portador de equipaje no tenía cabida en ellos.

Esta línea describe a alguien de bajo nivel, que se coló en una posición elevada pero que no está preparado para ejercer debidamente sus nuevas responsabilidades.

Debido a que no está a la altura de su cargo, no va a recibir ninguna ayuda, sino que atraerá a bandidos y transgresores a su alrededor.

Esta línea también indica una degradación del comportamiento correcto, tal como fingir honradez o actuar con hipocresía.

Si persiste en su charada será expuesto como lo que es y será avergonzado públicamente.

Trabajo: Puede llegar a ser degradado y humillado. Sea consciente de sus limitaciones y no trate de hacer más de lo que puede manejar con facilidad ni trate de aparentar lo que no es.

Vida privada: Si insiste en vivir por encima de sus medios se va a complicar la vida y va a pasar vergüenza. Peligro de robo.

Salud, sentimientos y relaciones sociales: Su salud se comprometerá si fuerza su cuerpo más allá de sus capacidades. No finja más y reconozca sus limitaciones.

Nueve en el cuarto puesto

Libérate del dedo gordo del pie
y tu camarada vendrá con confianza mutua.

El dedo gordo del pie ayuda a caminar, pero en esta línea indica una dependencia malsana de un elemento inferior poco fiable.

Puede ser un hábito, una persona, o cualquier cosa que usted utiliza como un apoyo para facilitar su vida, sea lo que fuere, ese elemento inferior es una rémora que no lo deja avanzar.

Este es el momento adecuado para buscar otras alternativas y desechar las dependencias malsanas que no lo dejan desarrollarse. Después de deshacerse de aquello que lo perjudica, nuevas posibilidades se abrirán y obtendrá la ayuda de gente buena.

Trabajo: Libérese de las malas relaciones, no deje que gente de bajo nivel se introduzca en su círculo. No podrá progresar hasta que deje a esa gente atrás.

Vida privada: Usted está obstaculizado por una relación parasitaria con alguien que no vale la pena. Deshágase de él y podrá conseguir mejores amigos.

Salud, sentimientos y relaciones sociales: El abuso de sustancias, dependencias malsanas y vicios, detendrán su progreso espiritual y dañará su salud.

Seis en el quinto puesto

Sólo el noble puede liberarse y tener ventura.
El inspira confianza a los vulgares.

Sólo usted puede liberarse a sí mismo de los vínculos que lo atan a gente inferior y/o hábitos degradantes.

Si es lo suficientemente fuerte como para liberarse a usted mismo, tendrá éxito. Las personas de las que usted se está desvinculando entenderán que usted está actuando seriamente y no podrán impedirlo.

Trabajo: Usted será promovido o avanzará en su negocio, dejando atrás a sus socios actuales.

Vida privada: Después de romper sus vínculos con las personas que lo están perjudicando, gozará de buena fortuna.

Salud, sentimientos y relaciones sociales: Concéntrese en su bienestar y en aquellas cosas que lo benefician, de esa manera podrá superar sus malos hábitos y debilidades.

Al tope un seis

El príncipe dispara sobre un halcón que está sobre una elevada muralla
y lo abate [da en el blanco].
Nada que no sea favorable.

El halcón simboliza un elemento maligno ocupando una posición alta, representa el último obstáculo en el camino de su liberación.

Disparar y acertar con una flecha simboliza el uso de los medios adecuados para acabar con lo que obstaculiza su progreso.

Luego que haga caer al halcón ya no habrá más problemas.

Trabajo: Para poder liberarse tiene que neutralizar a un enemigo poderoso y debe hacerlo con velocidad y precisión.

Vida privada: El halcón sobre el muro simboliza aquello que le impide la liberación, lo que lo mantiene restringido y esclavizado. Tendrá que actuar con firmeza para superar ese obstáculo; después que lo logre, todo será favorable.

Salud, sentimientos y relaciones sociales: Un nuevo ciclo comenzará en su vida tan pronto como pueda superar los obstáculos que lo tienen bloqueado.

sŭn
La Merma

La imagen original del carácter chino que le da nombre a este hexagrama mostraba una concha con dos tiras y un círculo por arriba, porque las conchas se insertaban en un cordel para usarlas como monedas y se llamaban cauris. *Sŭn* significa tomar las monedas con la mano, disminuyendo el número de conchas ensartadas en la tira, decrementándolas, mermándolas.

Significados asociados

Disminuir, mermar, sacar de; lastimar, herir; sacrificio, sublimación.

El Dictamen

Merma con veracidad.
Sublime ventura. Sin defecto.
La determinación es satisfactoria. Es favorable tener una meta dónde ir.
¿Cómo debería hacerse?
Dos vasijas [de bambú] pueden ser usadas para la ofrenda.

> Con el paso del tiempo todas las cosas aumentan y disminuyen, hay períodos de progreso y momentos de escasez, salud y enfermedad. Si ajusta su comportamiento a las necesidades de la época actual eso le ayudará a tener éxito a largo plazo.
>
> En tiempos de escasez como el presente, lo que más importa es su actitud. No ignore la realidad y esté dispuesto a aceptar algunas pérdidas, a renunciar a algunas comodidades. Ser veraz significa aceptar su estado actual, no vivir en el pasado y saber hacer un buen uso de las pequeñas cosas de las que todavía disfruta.

La merma también indica que es preciso equilibrar sus recursos. Disminuya sus excedentes y trate de incrementar lo que le falta.

Las vasijas de bambú que menciona el Dictamen, eran vasijas rituales utilizadas para ofrecer el grano cocinado como un sacrificio a los espíritus. El sacrificio indica la necesidad de renunciar a algo, de hacer más con menos recursos porque las vasijas de bambú se usaban para las ofrendas más modestas.

La Imagen

Abajo de la Montaña está el Lago: la imagen de la Merma.
Así el noble controla su ira y restringe sus pasiones.

Las aguas del lago se evaporan y la humedad fertiliza la montaña. El autocontrol se debe aplicar de la misma forma, sublimando las pasiones y la ira. Sublimación significa que la fuerza de las pasiones restringidas puede utilizarse para estimular su crecimiento espiritual, tal como el vapor de agua fertiliza la tierra. Lo que es inferior se disminuye para aumentar una causa superior.

Este no es un buen momento para complacerse en gratificaciones sensuales ni para ser indulgente con usted mismo. Esté dispuesto a ayudar a sus semejantes y contenga sus pasiones.

Al comienzo un nueve

No hay defecto en concluir con los negocios y acudir rápidamente [para ayudar].
Pero reflexiona hasta qué punto puedes sacrificarte.

Ayudar a otras personas después de cumplir con sus tareas es loable y bueno, mientras usted no se perjudique. En este caso la primera línea (una persona que está en una posición baja), está ayudando a la cuarta línea (alguien en una posición más elevada).

Cuando ayude a sus superiores debe trazar la línea en algún momento. No deje que otros abusen de usted ni sea servil.

Trabajo: Privilegiar su trabajo sobre sus propias necesidades personales le traerá elogios de sus superiores, pero también perjudicará a su vida privada.

Vida privada: Trabajar sin recibir nada para ayudar otros es encomiable, pero no se olvide de las necesidades de su familia.

Salud, sentimientos y relaciones sociales: Usted tiene mucha energía, pero no conoce hasta dónde puede llegar. Tenga cuidado de no esforzarse en exceso o su salud se verá afectada.

Nueve en el segundo puesto

La determinación es favorable.
Marchar [iniciar una campaña] trae desventura.
Sin merma [de uno mismo]
puede aumentar [a los otros].

Es favorable que se dedique a sus tareas normales, pero no asuma riesgos ni actúe con agresividad.

Este no es el tiempo propicio para iniciar nada nuevo, dedíquese a cumplir con su deber, con su trabajo puede ayudar a otros.

Trabajo: Concéntrese en sus responsabilidades y limítese a su área de responsabilidad. Por el momento no podrá progresar.

Vida privada: Continúe con sus tareas rutinarias y cumpla con sus obligaciones para con los demás. No se inmiscuya en los asuntos ajenos.

Salud, sentimientos y relaciones sociales: Su salud será buena si usted mantiene su temperamento bajo control.

Seis en el tercer puesto

Cuando tres personas marchan juntas,
se disminuyen en una persona.
Cuando un hombre marcha solo
encuentra un compañero.

Lo que es excesivo se reducirá, pero lo que es insuficiente aumentará. Si usted está solo, encontrará compañía; pero un grupo de varias personas se reducirá.

Esta línea nos indica como mantener un equilibrio adecuado en las relaciones sociales. Usted debe ser lo suficientemente perceptivo para saber cuando es el momento apropiado para comenzar a formar parte de un grupo y cuando le conviene irse.

Trabajo: Usted sabe bien como interactuar y trabajar con otras personas. Sea flexible y de mente abierta. La situación no es estable.

Vida privada: Pérdidas y ganancias. Una familia o un grupo de amigos puede perder algún miembro.

Salud, sentimientos y relaciones sociales: Los solteros pueden llegar a conseguir pareja, o al menos compañía. Puede tener reyertas con sus viejos amigos, pero también puede conocer nuevas personas.

Seis en el cuarto puesto

Al reducir su ansiedad, rápidamente tendrá motivos de alegría
y no tendrá defecto.

La palabra traducida como "ansiedad" también significa "estrés, angustia, enfermedad". Esto significa que si usted se relaja un poco y es más accesible, su vida mejorará.

Una traducción alternativa de "motivos de alegría" sería "vienen nuevos amigos", lo que indica que después de relajarse podrá socializarse mejor y conocerá nueva gente.

Trabajo: Si modera sus ambiciones y su desconfianza, estará más relajado en su lugar de trabajo y podrá relacionarse mejor con sus compañeros.

Vida privada: Usted obtendrá alivio de sus preocupaciones y responsabilidades después que aprenda a tomar las cosas con más tranquilidad.

Salud, sentimientos y relaciones sociales: Usted se sentirá mejor después de disminuir su estrés y malos hábitos. No sea paranoico.

Seis en el quinto puesto

Alguien lo incrementa.
Con una concha de tortuga que vale diez tiras de cauris.
Nadie puede oponerse.
Sublime ventura.

Las caparazones de tortuga eran utilizadas tanto como dinero como para la adivinación (vea la explicación sobre las cauris al principio de este hexagrama). La caparazón de tortuga es un excelente augurio y significa que usted recibirá una cantidad importante de recursos o de dinero. También indica que el destino está de su lado, tendrá mucha suerte.

Nada puede interponerse en su camino a la felicidad y el éxito.

Trabajo: Usted prosperará y/o será ascendido. Sus perspectivas son brillantes.

Vida privada: Usted disfrutará de un período muy afortunado. Tendrá mucha prosperidad y felicidad.

Salud, sentimientos y relaciones sociales: Gozará de excelente salud y muy buenas relaciones sociales.

Nueve en el sexto puesto

No hay disminución sino incremento.
Sin defecto.
La determinación es venturosa.
Es favorable tener una meta adónde ir.
Obtiene sirvientes pero no una familia.

El tiempo de La Merma está finalizando. Su accionar beneficiará a todo el mundo, sin disminuirlo a usted mismo. Si usted va en pos de un objetivo elevado será muy exitoso.

Conseguir sirvientes, pero carecer de una familia significa que usted trabajará por el bien público, sin egoísmo.

Trabajo: Usted es una persona influyente haciendo un trabajo altruista que atraerá a muchos ayudantes.

Vida privada: Su vida se centra en ayudar a los demás. Será muy exitoso y con la ayuda de ayudantes capaces logrará muchas cosas buenas. Para lograr sus elevados objetivos tendrá que sacrificar su vida personal, por eso no tendrá una familia.

Salud, sentimientos y relaciones sociales: Disfrutará de buena salud. Su desinterés y honestidad le ganarán el respeto de todos.

42

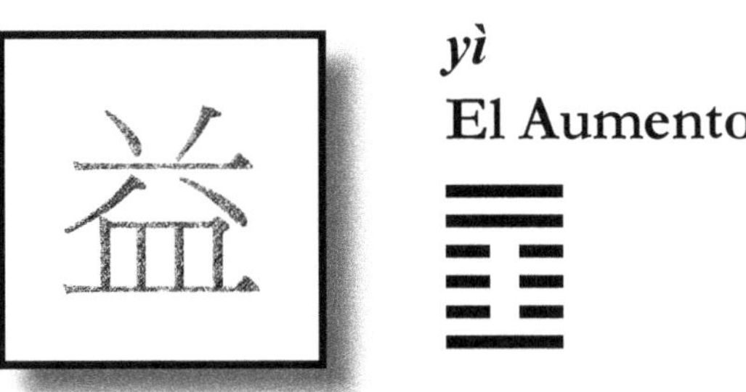

yì
El Aumento

Los ideogramas que forman el carácter chino que le da título a este hexagrama son: *shuĭ*, "agua", mostrado de costado sobre *mĭn*, "plato": un vaso tan lleno de agua que ésta se derrama.

Significados asociados

Aumento, incremento; más y más; beneficio, ganancia, ventaja.

El Dictamen

Aumento.
Es favorable tener una meta adónde ir.
Es propicio cruzar las grandes aguas.

> En el tiempo del Aumento la gente en posición alta ayuda a las personas más humildes y todos cooperan libremente.
>
> Hay un espíritu altruista y todos se preocupan por el bien común porque ven que los objetivos de los líderes son beneficiosos para la comunidad.
>
> Pero este buen momento no durará por mucho tiempo, el aumento indica una oportunidad favorable que se debe aprovechar antes que desaparezca.
>
> Para aprovechar los beneficios de este tiempo usted debería tener una meta definida dónde concentrar sus esfuerzos, de otra forma desperdiciará las condiciones propicias.

El Aumento también está relacionado con la provisión de servicios a los demás y el trabajo por el bien común.

En la China antigua, cruzar un río, ya fuera vadeándolo o pasando por encima del mismo cuando este se congelaba, no era una tarea sencilla porque no había puentes. Cruzar un río era peligroso y no era nada confortable; de ahí que la frase "es propicio cruzar el río" es una metáfora que indica que este es un buen momento para llevar adelante un emprendimiento de importancia pero no debe ser tomado a la ligera.

La Imagen

Viento y Trueno: la imagen del Aumento.
Así el noble cuando ve el bien lo imita
y si tiene defectos los corrige.

El viento y el trueno simbolizan fuerzas complementarias que cooperan entre ellas para realizar algo.

El noble siempre busca cosas positivas y mejoras por hacer pero también está listo para corregir los errores y las transgresiones.

Esté dispuesto a hacer ajustes y mejoras continuas, evite cometer abusos y no sea demasiado complaciente con usted mismo.

Al comienzo un nueve

Es favorable llevar a cabo grandes empresas.
Sublime ventura.
Sin defecto.

Usted tiene mucho recursos y recibirá sustancial ayuda para poder llevar a cabo grandes empresas.

El Aumento es un tiempo propicio para concentrarse en el cumplimiento del deber y el servicio a los demás, no hay margen para actitudes egoístas.

El resultado de sus esfuerzos será brillante y muy exitoso.

Trabajo: Será promovido y le asignarán importantes responsabilidades. Si tiene su propio negocio, tendrá una oportunidad extraordinaria para desarrollarlo.

Vida privada: Progresará mucho y disfrutará de un momento muy feliz al compartir con los demás su prosperidad.

Salud, sentimientos y relaciones sociales: Si está enfermo su salud mejorará. Tendrá una superabundancia de energía.

Seis en el segundo puesto

Alguien lo incrementa con una caparazón de tortuga que vale diez tiras de cauris.
Nadie puede oponerse.
Una constante determinación trae ventura.
El rey lo emplea en una ofrenda al Señor Supremo.[1]
Ventura.

Las caparazones de tortuga eran utilizadas tanto como moneda como para la adivinación. Las cauris eran conchas usadas como monedas que se insertaban en tiras. La caparazón de tortuga es un excelente augurio y significa que usted recibirá una cantidad importante de recursos o dinero. También indica que el destino está de su lado, usted tendrá mucha suerte.

Nada puede interponerse en su camino a la felicidad y al éxito.

Constante determinación quiere decir que debe hacer planes a largo plazo y ser perseverante.

Participar en una ofrenda al Señor Supremo significa que su reputación se incrementará en gran medida y sus hechos serán reconocidos por las autoridades superiores.

Trabajo: Recibirá una promoción importante y sus méritos serán reconocidos. Nada será capaz de detener su progreso. Es importante que tenga objetivos estratégicos bien definidos.

Vida privada: Disfrutará de mucha prosperidad y será admirado por otras personas.

Salud, sentimientos y relaciones sociales: Gozará de un muy buen estado de salud. Tendrá excelentes relaciones sociales.

Seis en el tercer puesto

El es aumentado por sucesos desafortunados.
Si tu servicio es sincero no habrá defecto.
Camina por el medio y reporta al príncipe con un bastón de jade.

Aunque la situación no es buena usted se beneficiará de las circunstancias adversas pero otros pueden tener pérdidas.

Es importante que evite usar la desgracia de los demás para su engrandecimiento egoísta, concéntrese en cumplir con su deber.

Si usted se comporta con moderación recibirá el reconocimiento y el apoyo de sus superiores, eso es lo que significa el bastón de jade, que era un símbolo de alto rango otorgado por el emperador.

Trabajo: La situación no es normal y las circunstancias extraordinarias imperantes le ayudarán a obtener el apoyo de personas situadas en una posición elevada por encima de sus jefes actuales. Si usted tiene cuidado y es sincero, tendrá éxito y obtendrá una promoción importante.

Vida privada: Puede experimentar algunas pérdidas y sufrir un poco pero el resultado final será sumamente positivo, siempre y cuando ejercite su buen juicio. Puede llegar a recibir una herencia.

Salud, sentimientos y relaciones sociales: La adversidad lo ayudará a crecer espiritualmente.

Seis en el cuarto puesto

Si caminas por el medio y reportas al príncipe, él te seguirá.
Es favorable ser asignado para cambiar de lugar la capital.

Esta línea simboliza a un oficial que trabaja como asesor o mediador, proporcionando orientación a la dirección de su organización.

Caminar por el medio significa tener un enfoque equilibrado. Un mediador tiene que entender cómo diferentes personas ven la situación y evitar tomar partido, pero su principal deber es servir con lealtad al príncipe –sus superiores–, dándole información imparcial sobre la situación.

Su propuesta será bien aceptada y será asignado para llevar a cabo proyectos importantes.

Trabajo: Tendrá una posición consultiva importante y colaborará con proyectos de reestructuración.

Vida privada: Puede llegar a mudarse a una nueva casa o quizás renueve su vivienda actual.

Salud, sentimientos y relaciones sociales: Esté preparado para ajustar sus puntos de vista y aceptar nuevas ideas.

Nueve en el quinto puesto

Si tienes sinceridad y un corazón benevolente no necesitas preguntar.
Sublime ventura.
La sinceridad amable es su poder espiritual.

Si usted movido por un deseo sincero de ayudar a los demás no tendrá dudas y por eso no necesitará consultar al oráculo sobre sus planes.

La gente va a confiar en usted porque saben que tiene buena voluntad y eso hará que su influencia crezca, ese será su poder espiritual.

Sus deseos se convertirán en realidad para el beneficio de todas las personas que lo rodean porque su voluntad se orienta hacia el bien común.

Trabajo: Sus planes prosperarán con la ayuda de otras personas, porque ellos confían y colaboran sinceramente con usted.

Vida privada: Usted sabe cómo hacer lo que es correcto intuitivamente; no tiene dudas y conseguirá excelentes resultados.

Salud, sentimientos y relaciones sociales: Su integridad moral y altruismo enriquecerán su vida espiritual. Será querido y respetado.

Nueve en el sexto puesto

El no aumenta a ninguno.
Quizás alguno lo ataque.
El no mantiene su corazón constante.
Desventura.

Si es demasiado codicioso, quedará aislado y será odiado por los demás. Las personas a quienes perjudique pueden llegar a vengarse y usted recibirá un castigo merecido.

Aprenda a compartir sus bendiciones con los demás y a respetar la palabra dada. Si es avaricioso e inconstante tendrá muchos enemigos.

Trabajo: Su conducta avariciosa y voraz le creará muchos enemigos. Finalmente perderá sus ganancias mal habidas.

Vida privada: La codicia extrema y un comportamiento desconsiderado harán que los demás se aparten de usted. No tendrá ninguna ayuda cuando caiga en desgracia. Puede que lo ataquen o lo golpeen.

Salud, sentimientos y relaciones sociales: La codicia y el egoísmo lo aislarán y le amargarán al vida.

Notas

1. El carácter chino traducido como "Señor Supremo", *di*, se refiere al dios supremo de la dinastía *Shang*, el cual también era reverenciado por los *Zhou*.

43

guài Decisión tajante / Pasando a través

La antigua forma del carácter chino que le da título a este hexagrama muestra un anillo o dedal de arquero, que se llamaba *jué*. Por eso el título de este hexagrama indica el momento en que se suelta la cuerda del arco y se lanza la flecha.

Significados asociados

Pasar a través, avance resuelto, partir, separar, decisión tajante, tajar, dividir, atravesar rompiendo; escape, huída.

El Dictamen

Decisión Tajante.
Declaralo en la corte del rey.
Proclámalo con sinceridad.
Hay peligro.
Informa a tu propia ciudad.
No es favorable resolver a las armas.
Es favorable tener una meta adónde ir.

> Decisión tajante significa que la situación está más que madura para un cambio.
>
> La tensión se viene acumulando desde hace mucho tiempo, ya no es posible posponer la erradicación de las malas influencias (simbolizadas por la sexta línea), sino que deben de ser eliminadas resueltamente y sin demora. No es posible llegar a compromisos de ningún

tipo con las fuerzas del mal, sino que deben ser erradicadas pero con finura y diplomacia, sin recurrir a la violencia.

Este es un momento decisivo, usted no puede permanecer al margen por más tiempo. Tiene que tomar partido y hacer conocer sus puntos de vista públicamente.

Proclamar el asunto en la corte del rey significa que la crisis debe ser manejada de común acuerdo y en público. Informar a la propia ciudad destaca la importancia de conseguir el apoyo de los que lo rodean antes de tomar cartas en el asunto. También es importante contar con objetivos definidos.

Desde un punto de vista psicológico, Decisión Tajante significa que los vicios y las debilidades no deben ser tolerados.

La Imagen

El Lago se eleva por encima del Cielo: la imagen de la Decisión Tajante.
Así el noble confiere sus bendiciones [favores, riquezas] hacia abajo,
y evita presumir de su virtud.

Las aguas del lago se evaporan y generan nubes en el cielo, las cuales a su vez pueden provocar una tempestad torrencial. Esas nubes simbolizan la tensión que se ha ido acumulado y de no ser liberada suavemente puede causar problemas y brotes de violencia.

Para prevenir los problemas, el noble no acumula riquezas para sí mismo, sino que las comparte con los demás, actuando con sencillez, sin presumir y evitando las actitudes egoístas.

Al comienzo un nueve

Poderoso en los dedos que avanzan.
Si acude sin ser capaz cometerá un error.

Ser poderoso en los dedos de los pies significa que está demasiado ansioso por avanzar pero las condiciones aún no están dadas para un avance exitoso. Usted necesita más preparación, su posición todavía no se ha consolidado lo suficiente.

Si actúa antes de tiempo cometerá un error, si no es capaz de detenerse va a fracasar.

Haga un esfuerzo para controlar sus emociones y compórtese con más calma.

Trabajo: Si es demasiado impetuoso actúa antes estar preparado, cometerá errores y tendrá problemas.

Vida privada: Trate de ejercer autocontrol sobre usted mismo, si es demasiado atrevido o jactancioso va a fracasar y será criticado.

Salud, sentimientos y relaciones sociales: Puede tener inconvenientes con sus pies o problemas con su movilidad.

Nueve en el segundo puesto

Gritos de alarma.
Ataques al atardecer y la noche.
No temas.

La situación no es segura ni estable. No baje la guardia y esté atento a cualquier posible problema.

Para poder enfrentar las posibles emergencias, planifique de antemano y tome medidas de seguridad.

La palabra traducida como "ataques" también significa "armas", lo que intensifica la necesidad de tomar precauciones.

Trabajo: No permita que lo sorprendan desprevenido. No se confíe.

Vida privada: Puede tener algunas pérdidas, esté listo para afrontar lo inesperado y proteja a su hogar y su familia.

Salud, sentimientos y relaciones sociales: Tome las precauciones necesarias para proteger su salud.

Nueve en el tercer puesto

Poderoso en sus pómulos.
Esto trae desventura.
El noble está firmemente decidido.
Camina solo bajo la lluvia, empapado y contrariado.
No hay defecto.

Ser poderoso en los pómulos indica un temperamento agresivo, dominante o prepotente; tales rasgos de carácter le causarán problemas.

Su falta de flexibilidad e intolerancia le ocasionarán conflictos con algunas personas y debido a eso se verá obligado a sacrificar algunas comodidades, pero usted no cometerá errores.

Trate de ser tolerante con las limitaciones de los demás para minimizar los conflictos. Ellos no van a entenderlo ni lo apoyarán, pero eso no es motivo para ser duro con ellos.

Trabajo: Será criticado y no lo ayudarán. Siga trabajando para lograr sus objetivos y trate de evitar conflictos innecesarios, sea discreto.

Vida privada: Va a encontrar dificultades en su camino pero ese es el precio que tendrá que pagar por adherirse a sus principios. La gente va a abandonarlo y hablarán en su contra pero usted puede minimizar sus problemas si simplemente los ignora, sin reaccionar a las críticas.

Salud, sentimientos y relaciones sociales: No se descontrole, mantenga su temperamento a raya. Estará aislado por un tiempo.

Nueve en el cuarto puesto

No hay piel en sus nalgas.
Vacilante al andar y guiando una oveja.
El arrepentimiento desaparece.
El escucha lo que dicen pero no lo cree.

Usted fue terco e insistió en hacer las cosas a su manera durante mucho tiempo desoyendo todos los buenos consejos.

Ahora ya no tiene la fuerza suficiente como para seguir adelante por su cuenta y tendrá que aceptar las condiciones que los demás le impongan.

En la antigua China, el gobernante de una ciudad que se rendía a un conquistador, entregaba su territorio en una ceremonia donde avanzaba a medio vestir, arrastrando una oveja para pedir misericordia al conquistador.

Renunciar a su independencia y sus aspiraciones es algo muy difícil de hacer pero ya no le quedan otras opciones.

Trabajo: Puede ser criticado y rebajado de categoría debido a quejas en su contra, que usted desoyó hasta que fue demasiado tarde. Acepte lo que le ofrezcan, no siga luchando hasta el amargo final.

Vida privada: Es mejor que escuche los buenos consejos y reconozca que no puede hacer las cosas a su manera todo el tiempo.

Salud, sentimientos y relaciones sociales: Es posible que tenga problemas con sus extremidades inferiores o con su audición.

Nueve en el quinto puesto

Una cabra montañesa pasa a través y avanza por el medio del camino.
Sin defecto.

Finalmente podrá avanzar, la línea débil en la parte superior del hexagrama simboliza el camino abierto por delante.

Avanzar por el medio del camino indica equilibrio y compromiso con principios sólidos. Por esa razón no cometerá ningún fallo.

Trabajo: Podrá seguir adelante con sus planes sin cometer errores.

Vida privada: Sus deseos serán alcanzados; no hay más obstáculos por delante.

Salud, sentimientos y relaciones sociales: Si tiene algún problema con su movilidad, se solucionará. Tendrá buena salud. Se presentarán nuevas oportunidades en su vida social.

Al tope un seis

No hay grito de alarma.
Al final habrá desventura.

Aunque todo parezca ir bien, surgirán problemas inesperados.

La palabra traducida como "grito de alarma" significa gritar para pedir ayuda o para hacer alguna señal. No recibirá ningún tipo de advertencia del peligro que lo acecha, tampoco tendrá apoyo alguno y como resultado va a sufrir una desgracia.

Al ser la única línea *yin* en el hexagrama, la sexta línea simboliza una persona inferior que es rechazada por las otras cinco líneas *yang* y que sufre por ello.

Trabajo: La falta de apoyo de los demás le creará graves problemas.

Vida privada: Es posible que tenga pérdidas o experimente problemas inesperados. No recibirá ayuda nadie.

Salud, sentimientos y relaciones sociales: Puede llegar a tener un accidente. Una persona mayor puede morir.

gòu
Encuentro cercano

Los ideogramas que forman el carácter chino que le da título a este hexagrama son: *nǚ*, "mujer" y *hòu*, componente fonético.

Significados asociados

Encontrarse, ir al encuentro; entrelazarse, trabarse, copulación; encuentro de opuestos, encuentro breve, tentación.

El Dictamen

Encuentro cercano.
La mujer es poderosa.
No la tomes por esposa.

La estructura de este hexagrama es la inversa del anterior, en donde la única línea *yin* está en la parte superior. Aquí la fuerza *yin* está introduciéndose desde abajo, en el 43 se está yendo.

Encuentro cercano describe un momento en que las fuerzas opuestas se encuentran: la primera línea *yin* está entrando en la situación y encontrándose con las otras líneas *yang*.

La primera línea simboliza un elemento inferior, por ser una línea *yin* en posición baja está simbolizada por una mujer fácil. El peligro es llegar a enamorarse de ella ya que parece débil y atractiva, pero es mucho más peligrosa y poderosa de lo que aparenta.

No tomarla como esposa significa que aunque el elemento inferior puede tener un lugar apropiado en su vida, eso será sólo por un breve tiempo y bajo ciertas restricciones. Pero no hay forma de conseguir una relación buena a largo plazo porque ese elemento no sólo lo avergonzaría, sino que también puede llegar a subyugarlo.

Aunque el elemento inferior está simbolizado por una mujer, en la vida real puede referirse a personas de cualquier sexo o a situaciones en las que uno es tentado por algo que no es del todo correcto o hay algún tipo de juego sucio, descontrol o engaño.

Desde un punto de vista psicológico, la primera línea simboliza una fuerza primordial del inconsciente, una pasión. Si las pasiones u obsesiones no se controlan adecuadamente y toman el mando, eso puede ocasionar resultados muy destructivos.

La Imagen

Bajo el Cielo está el Viento: la imagen del Encuentro cercano
Así el soberano dispensa sus órdenes a los cuatro puntos cardinales.

La soberano está situado en el punto más alto del orden social, sus súbditos están por debajo de él. Como el viento que conecta el cielo con todos los seres sobre la superficie de la tierra agitando aquello que toca, el soberano influye en las personas mediante sus mandatos, va al encuentro de sus súbditos por medio de sus leyes.

De la misma manera que un encuentro entre elementos opuestos puede ser malo o bueno, las leyes afectan la vida de las personas de diferentes maneras dependiendo de la calidad de los gobernantes.

En nuestra vida cotidiana, nosotros vamos al encuentro de las otras personas con nuestras palabras, las cuales influyen a los demás. Dependiendo de lo que digamos, el resultado será bueno o malo.

Al comienzo un seis

Átalo a un freno de metal.
La determinación es venturosa.
Si sigue su curso habrá desventura.
Si a un cerdo flaco se le da confianza vacilará para uno y otro lado.

Es mejor restringirse antes que caer en el peligro.

Aquí el elemento inferior se compara con un cerdo flaco. Si no se controla adecuadamente, al final causará estragos.

No se puede confiar en el cerdo, por ahora parece inofensivo y débil pero ganará en fuerza y causará problemas si no se toman medidas preventivas adecuadas.

Trabajo: Algunos elementos inferiores se están infiltrando en su organización. Manténgalos bajo control mientras todavía puede hacerlo con facilidad, de otra forma ellos le causarán problemas en el futuro.

Vida privada: Puede que conozca a una alguien atractivo proveniente de una esfera social inferior a la suya. No permita que esa persona se inmiscuya en su vida, mantenga su distancia o será subyugado.

Salud, sentimientos y relaciones sociales: Trate de controlar sus pasiones e impulsos primarios, si es demasiado indulgente le arruinarán la vida.

Nueve en el segundo puesto

Hay un pescado en el paquete [la cocina].
No hay defecto.
No es favorable para huéspedes.

La segunda línea *yang* mantiene a la primera línea *yin* aislada, como un pescado oculto en un paquete o colocado fuera de la vista, en la cocina. Esto significa que usted debe prevenir que ese elemento extraño se salga de control y sobre todo evitar que otras personas (los huéspedes, o sea las otras líneas *yang*) tomen contacto con él.

Su relación con el elemento *yin* puede echarse a perder muy fácilmente, manténgalo contenido en el lugar que le corresponde. Sea tolerante, pero también firme.

Trabajo: Usted tiene una relación beneficiosa con alguien que no sería bien visto en su círculo de trabajo. Sea discreto y firme, pero actúe con suavidad; no deje que otros se enteren o interactúen con él.

Vida privada: Hay cosas que no se deben mezclar. Usted puede tener un lugar en su vida para alguna relación poco convencional, pero manténgala separada de su familia y amigos por el bien de todos. El pescado en el paquete también puede indicar un embarazo.

Salud, sentimientos y relaciones sociales: Puede ser imposible eliminar las malas ideas, o ciertos deseos inapropiados de su corazón, pero al menos debería tener ese tipo de pasiones bajo control. Una represión violenta sólo empeoraría las cosas, limite con suavidad los excesos de su corazón.

Nueve en el tercer puesto

No hay piel en sus nalgas
y su caminar es vacilante.
Peligro. No habrá gran defecto.

Usted está muy tentado por una atracción peligrosa, pero –afortunadamente– no podrá hacer nada, porque las circunstancias no serán propicias y no tendrá ocasión de dar un mal paso.

Trabajo: No podrá llevar a cabo lo que quiere hacer y eso será bueno porque le ahorrará muchos problemas. Su posición no es segura, tenga cuidado.

Vida privada: Tendrá dificultades y tal vez sufra algunas pérdidas, causadas por sus malas decisiones.

Salud, sentimientos y relaciones sociales: Su mente está perturbada por las pasiones y por ello su voluntad es débil. Puede tener problemas con sus extremidades inferiores.

Nueve en el cuarto puesto

No hay ningún pescado en el paquete [la cocina].
Esto causa desventura

La falta de cooperación y entendimiento entre personas de diferentes ámbitos de la vida va a causar problemas.

Si usted es demasiado exigente y no sabe tolerar a la gente común, no tendrá su apoyo cuando más lo necesite.

Trabajo: Usted puede perder su posición por falta de soporte de parte de sus subordinados.

Vida privada: Si siempre piensa que usted tiene la razón y es demasiado duro y distante con los demás, se quedará solo.

Salud, sentimientos y relaciones sociales: Si reprime sus sentimientos y no acepta su realidad interior, su salud se verá afectada.

Nueve en el quinto puesto

Un melón envuelto con hojas de sauce.
Resplandor oculto.
Caído desde el Cielo.

El melón simboliza algo que necesita un periodo de maduración en un lugar tranquilo y seguro, fuera de la vista.

Un melón, como un pez, es algo que puede descomponerse o echarse a perder fácilmente. Envolver el melón significa preservarlo y ocultarlo.

El melón envuelto también simboliza mantener buenas relaciones con sus subordinados, protegiéndolos.

Sea prudente, cultive sus talentos y planes sin hacer ostentación, sin empujar a otros.

Si es cuidadoso y discreto, después que todas las cosas estén en su lugar logrará sus objetivos con facilidad, como si le cayeran desde el cielo.

Trabajo: Desarrolle cuidadosamente sus planes y mantenga un perfil bajo. Va a lograr sus objetivos sin tener problemas. Puede llegar a conseguir un nuevo trabajo o recibir una promoción.

Vida privada: Sus deseos se harán realidad porque usted es una persona discreta que sabe cómo manejar las cosas con diplomacia.

Salud, sentimientos y relaciones sociales: Un posible embarazo.

Nueve en el sexto puesto

Va al encuentro con sus cuernos.
Humillación.
Sin defecto.

Ir al encuentro con los cuernos significa tomar una postura extrema que provoca más problemas que los que soluciona.

La sexta línea muchas veces simboliza a alguien que cruza el límite, que va más allá de lo debido; también puede simbolizar los cuernos (si es una línea partida, *yin*) o la parte superior de la cabeza.

Esta línea describe a alguien que no soporta a los tontos y que no tolera ningún error, que trata con severidad a quienes cometen fallas.

Tal actitud intrasigente no es la más adecuada, pero tampoco es mala; si usted quiere imponer una estricta disciplina, está en su derecho de hacerlo.

Su actitud va a generar fricciones con algunas personas y a largo plazo, su comportamiento va a generar algunos problemas en su vida.

"Sin defecto" significa que no cometerá errores graves, pero "humillación", indica que usted provoca altercados que bien podrían evitarse.

Trabajo: Tendrá algunos conflictos, causados por su carencia de tacto y diplomacia.

Vida privada: Su fuerte carácter puede provocar enfrentamientos violentos con algunas personas impertinentes. Su vida sería más fácil si usted fuese más tolerante.

Salud, sentimientos y relaciones sociales: Trate de relajarse, exíjase menos a usted mismo y a los demás, eso disminuirá su estrés.

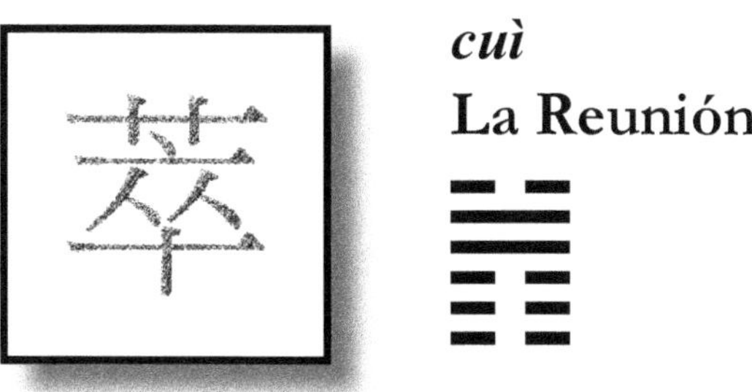

cuì
La Reunión

Los ideogramas que forman el carácter chino que le da título a este hexagrama son: *cǎo*, "hierba" y *zú*, elemento fonético: relacionado con las plantas; un denso crecimiento de hierba.

Significados asociados

Reunión, juntar, reunir; multitud, colección; grupo, agrupado, montón; denso, muchas hierbas.

El Dictamen

La Reunión.
Éxito.
El rey se acerca a su templo.
Ver al gran hombre es favorable y lleva al éxito.
La determinación es propicia.
Ofrecer grandes sacrificios trae ventura.
Es favorable tener una meta dónde ir.

> Las personas se reúnen naturalmente formando familias, organizaciones y estados. El rey es un líder que reúne a otros a su alrededor.
>
> La Reunión muestra a un grupo humano cuyos integrantes comparten el mismo punto de vista y se identifican con un propósito compartido. El templo simboliza el punto central, en el que se centra la atención de todos y que sirve como elemento unificador del grupo.

Ver al gran hombre quiere decir que conseguir un guía o mentor sería muy útil en este momento, pero también indica que usted debería crecer espiritualmente y en entendimiento para poder afrontar la situación y ser exitoso.

Los sacrificios son necesarios porque al formar parte de una comunidad, todos los miembros deben poner freno a sus propios deseos egoístas para poder contribuir al objetivo común que unifica a la comunidad.

Para tener determinación se requiere una meta definida que mantenga a la gente motivada, trabajando juntos por el bien común.

La Imagen

El Lago se eleva sobre la Tierra: la imagen de la Reunión.
Así el noble pone a buen resguardo sus armas
para estar en guardia contra lo inesperado

El lago es una masa de agua agrupada en un lugar.

Tal como el agua puede causar inundaciones peligrosas, en un grupo de personas el peligro viene de los conflictos que puedan surgir entre ellos.

Para evitar peligros inesperados usted debe estar alerta y listo para hacer ajustes y así evitar que los conflictos personales se conviertan en peleas desagradables.

Al comienzo un seis

Si hay confianza pero no hasta el final, habrá a veces confusión,
a veces reunión.
Si llamas, un apretón de manos puede causar sonrisas.
No temas.
Acudir no tiene falla.

Tener confianza, pero no hasta el final, significa que usted está confundido e inseguro, temiendo el rechazo. Aún no sabe a qué grupo perteneces ni a quien debe seguir.

Llamar, significa solicitar la admisión en un grupo, dar el primer paso mostrando su buena voluntad. Eso le traerá felicidad.

Trabajo: No está seguro si debe comprometerse con algún negocio o tratar de conseguir un nuevo trabajo. Puede que no conozca bien las posibilidades y tema ser rechazado y eso lo hace dudar. La única manera de saber si su nuevo trabajo o asociación va a funcionar bien es hacer la prueba. Usted nunca se arrepentirá de haberse comprometido.

Vida privada: Si no está seguro o no sabe que hacer, no dude en pedir ayuda. Después de tomar el primer paso todo saldrá bien.

Salud, sentimientos y relaciones sociales: Es posible que tenga algunos problemas menores de salud. Si pide ayuda la recibirá, no se quede solo.

Seis en el segundo puesto

Es conducido.
Ventura.
Sin defecto.
Si es sincero será favorable presentar una pequeña ofrenda.

Un amigo o algún conocido puede tratar de convencerlo de que se una a un grupo, o quizás le ofrezcan participar con otros en una actividad dentro de alguna organización.

Puede ser que usted no pueda ofrecer mucho, pero su sinceridad y buena voluntad le permitirán ser admitido en el grupo y su participación será ventajosa.

El carácter chino traducido como "pequeña ofrenda", *yue,* se refiere al sacrificio que se hacía a los ancestros en el verano cuando escaseaba la comida. Significa que un pequeño aporte sincero será suficiente.

Trabajo: Con la ayuda de un amigo, situado en una posición alta, obtendrá un nuevo trabajo o será promovido.

Vida privada: Con la ayuda de sus amigos, podrá abandonar sus actividades rutinarias y progresar.

Salud, sentimientos y relaciones sociales: Después que establezca buena relación con un espíritu afín ya no se sentirá solo.

Seis en el tercer puesto

Reunión entre lamentos.
Nada es favorable.
Acudir es sin defecto.
Pequeña humillación.

Entrar al grupo al que usted desea pertenecer es difícil y tendrá algunos problemas para ser aceptado.

Trate de encontrar algún tipo de patrocinador para ayudarle a entrar allí. Siga insistiendo, si lo rechazan no lo tome como una respuesta definitiva. Insistir después de ser rechazado puede avergonzarlo un poco, pero si persevera finalmente logrará lo que ambiciona.

Trabajo: Usted conseguirá una recomendación para entrar a un grupo cerrado. Quizás tenga que hacer algunos sacrificios para que lo acepten y algunos pueden despreciarlo, pero finalmente tendrá éxito.

Vida privada: Puede que haya algunos problemas en su familia. Si se muda, su nuevo hogar quizás no se ajuste a sus expectativas.

Salud, sentimientos y relaciones sociales: Un familiar mayor puede morir.

Nueve en el cuarto puesto

Gran ventura.
Ningún defecto.

Usted tiene una misión importante en su grupo de pertenencia, apoyando y trabajando en estrecha colaboración con el líder, ayudándole a reunir seguidores.

Sus generosos esfuerzos conducirán al éxito.

Trabajo: Usted tiene muchas responsabilidades como administrador. Su prudencia y generosidad le asegurarán el éxito.

Vida privada: Su familia prosperará porque usted se preocupa más por el bien común que por usted mismo.

Salud, sentimientos y relaciones sociales: Gozará de excelente salud. Todos lo aprecian.

Nueve en el quinto puesto

Uno tiene una digna posición en la reunión.
Sin defecto.
No hay confianza.
Sublime determinación a largo plazo.
El arrepentimiento desaparece.

Esta línea simboliza a un líder que reúne a la gente en torno a un objetivo común, pero algunos de ellos pueden haberse unido al grupo sólo para obtener ventajas egoístas y no comparten los objetivos de la comunidad.

Con el tiempo, manteniendo su compromiso y dedicación, el líder va a ganar la confianza de todas las personas participantes. Solo a partir de ese momento el grupo va a funcionar como una fuerza unificada.

Trabajo: Usted tendrá que trabajar duro para ganarse la confianza y el apoyo de ciertas personas, antes de que estén plenamente comprometidas con su trabajo.

Vida privada: Algunos de sus familiares o amigos no confían en usted y no lo apoyarán. Pero si persevera en el camino correcto, al final todo saldrá bien.

Salud, sentimientos y relaciones sociales: Muchas dudas y deseos conflictivos le dificultarán concentrarse en su tarea.

Al tope un seis

Suspirando y lamentándose.
Abundantes lágrimas.
Sin defecto.

Usted se siente frustrado porque sus contribuciones al grupo no son reconocidas y lo han dejado solo.

Puede ser que haya algún conflicto entre usted y los demás, trate de descubrir que es lo que está impidiéndole participar como miembro de pleno derecho del grupo.

Si usted es sincero, hágales saber que usted quiere formar parte de la comunidad y que el rechazo lo lastima. Usted tiene una buena oportunidad de mejorar su situación.

Trabajo: Si usted no puede conseguir el trabajo o el objetivo que usted anhela, dedíquese a mejorarse a usted mismo para poder alcanzar sus metas.

Vida privada: Usted está solo y busca un poco de camaradería. No se desanime, mantenga su determinación hasta que pueda lograr sus anhelos.

Salud, sentimientos y relaciones sociales: Usted no está contento consigo mismo y tampoco está satisfecho con el lugar que ocupa en la comunidad. Trate de encontrar la paz dentro de usted mismo, sólo entonces podrá mejorar su posición en el grupo.

shēng
La Subida

Las representaciones primitivas del carácter chino que le da título a este hexagrama muestran una cuchara, con una mano sosteniéndola. Posteriormente este carácter fue tomado prestado por la palabra "ascender" (*shēng*), que sonaba igual.

Significados asociados

Ascender, escalar paso a paso, empujar para arriba, avance mediante el esfuerzo, mejorar, progreso, acumular.

El Dictamen

La Subida tiene elevado éxito.
Hay que ver al gran hombre.
No temas.
Marchar [iniciar una campaña] al sur es venturoso.

> La Subida describe un progreso estable y continuo, no rápido, pero imparable.
>
> Ver el gran hombre significa no sólo que es conveniente buscar el consejo y la ayuda de aquellos que pueden apoyarlo y guiarlo, pero también que usted tiene que superarse a usted mismo para estar a la altura de la circunstancias para poder cumplir con los retos y aprovechar las oportunidades que se le ofrecerán en este momento propicio.
>
> Este es un buen momento para ascender dentro de su lugar de trabajo o para hacer crecer su negocio. Su progreso será constante y obtendrá apoyo a lo largo del camino.

Usted tiene lo que se necesita para lograr el éxito, lo que debe hacer es desarrollar sus potencialidades con determinación. Marchar hacia el sur significa llevar a cabo las acciones necesarias para alcanzar sus metas, el sur se relaciona con la comunidad y al norte con la soledad.

La Imagen

En el medio de la Tierra crece la Madera: la imagen de la Subida.
Así el noble deja que la virtud sea su guía,
acumula lo pequeño para así conseguir lo elevado y lo grande.

La semilla de un árbol que crece bajo la tierra no se ve, su crecimiento es imperceptible, pero incesante. Empuja hacia arriba abriéndose paso entre los granos de tierra, si encuentra un obstáculo, busca como rodearlo, pero siempre empujando hacia arriba, hacia el sol, que era colocado tradicionalmente en el sur en los antiguos mapas chinos, por eso el Dictamen dice que marchar hacia el sur trae ventura.

La Subida muestra cómo por la suma de muchos pequeños pasos se puede alcanzar una gran elevación, tal como lo logra un árbol a lo largo de los años.

Al comienzo un seis

Subida digna de confianza.
Gran ventura.

La primera línea simboliza la raíz y también el comienzo de la subida. Tendrá éxito y recibirá ayuda de gente en posición elevada.

Trabajo: Puede recibir una promoción, sus esfuerzos serán reconocidos. Haga lo posible para progresar.

Vida privada: Recibirá ayuda para realizar sus sueños pero solo después que se decida a ponerse en acción.

Salud, sentimientos y relaciones sociales: Relaciónese con otras personas, no se quede escondido en su casa, salga a la luz.

Nueve en el segundo puesto

Si uno es sincero es favorable presentar una pequeña ofrenda.
Sin defecto.

La segunda y la tercera línea simbolizan el tronco del árbol.

Incluso una pequeña contribución será favorable porque con eso mostrará su sinceridad y hará patente su capacidad.

No va a cometer errores porque lo que hace es la verdadera expresión de sus potencialidades.

Trabajo: Será promovido después que demuestre lo que es capaz de hacer.

Vida privada: A pesar de que todavía no tiene muchos recursos, su dedicación lo ayudará a progresar y no estará solo sino que lo ayudarán.

Salud, sentimientos y relaciones sociales: En caso de tener algún problema de salud, este mejorará.

Nueve en el tercer puesto

Subiendo a una ciudad vacía [abandonada, en ruinas].

Subir a una ciudad vacía significa avanzar fácilmente, sin encontrar resistencia y tomar posesión de un territorio desocupado.

Esta línea no dice si habrá suerte o desgracia, por lo tanto es posible que usted sospeche que la situación es demasiado buena como para ser cierta, sin embargo, aunque tal posibilidad no debe ser descartada, lo mejor es que continúe avanzando, pero con cuidado.

En otro nivel de interpretación, el ascender a una ciudad vacía puede indicar que usted prosperará bajo un gobernante o dentro de una firma que está por caer o que perseguirá una quimera.

Trabajo: Usted se hará cargo de un puesto vacante con responsabilidades importantes pero lo que obtendrá puede llegar a ser menos bueno que lo que usted espera.

Vida privada: Es posible que se mude a una nueva casa pero estará solo por un tiempo.

Salud, sentimientos y relaciones sociales: Adaptarse a su nueva posición en la vida le tomará algún tiempo. Tenga cuidado.

Seis en el cuarto puesto

El rey presenta una ofrenda en el monte *Qi*.
Ventura.
No hay defecto.

La cuarta línea es el lugar del ministro, quien tiene el privilegio de participar en la ceremonia de sacrificios a los antepasados del rey. El monte *Qi* era la residencia de los ancestros de la dinastía *Zhou*.

El rey representa a una persona poderosa, el estar junto a él en una ocasión importante significa que usted ha sido favorecido y honrado.

En un nivel práctico, esto significa que usted cumplirá sus deseos y obtendrá un cargo elevado, pero estará subordinado a otra persona, como si fuera un ministro que obedece al rey o un ejecutivo que tiene por jefe al gerente.

Trabajo: Su vocación de servicio será reconocida y recompensada por sus superiores. Si usted tiene un negocio, va a recibir el apoyo de gente importante.

Vida privada: Su sincera dedicación a su familia y su deber hará que lo respeten mucho y lo ayudará a prosperar en todos los sentidos.

Salud, sentimientos y relaciones sociales: El estar presente durante una ofrenda en un lugar sagrado simboliza elevación espiritual y armonía.

Seis en el quinto puesto

La determinación es venturosa.
Sube sobre escalones.

El ascender con determinación sobre escalones indica que usted tiene claro lo que tiene que hacer. También significa que debe completar todas las etapas del ascenso cuidadosamente sin saltarse un solo paso. No busque atajos, cuide de todos los detalles escrupulosamente.

Su ascensión tendrá éxito si usted aprender a delegar responsabilidades en sus subordinados y procede con suavidad y constancia.

Trabajo: Usted avanzará en su carrera y llegará a una posición eminente. Sea cauteloso y respete las reglas.

Vida privada: Va a prosperar sin problemas si es constante y cuidadoso.

Salud, sentimientos y relaciones sociales: Tendrá buena salud física y espiritual.

Al tope un seis

Subida a oscuras.
Es favorable seguir sin pausa.

Los buenos tiempos están llegando a su fin. Usted no sabe lo que le espera. No deje de subir, pero esté alerta.

En este caso, una determinación incansable significa tomar todas las precauciones posibles para evitar el peligro. Note que el carácter chino traducido como "seguir", literalmente significa "ir hacia", indicando que debe continuar adelante con sus planes.

Trabajo: Usted está entrando en una zona desconocida. No corra riesgos y tenga mucho cuidado.

Vida privada: No sea codicioso. Mantenga su mente enfocada en hacer lo correcto porque cualquier error lo precipitará en el peligro.

Salud, sentimientos y relaciones sociales: Ascender a oscuras puede indicar un estado confusional. Peligro de muerte.

47

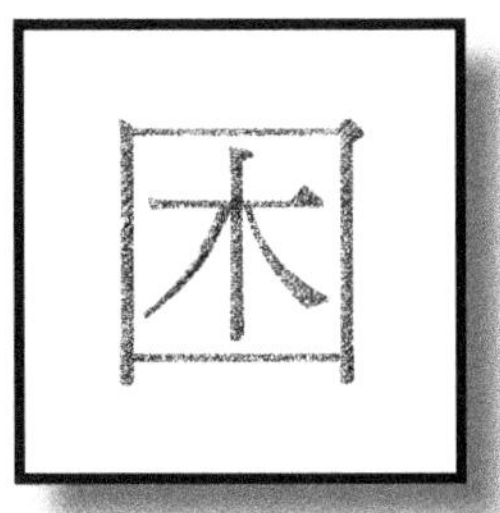

kùn
Asediado

Los ideogramas que forman el carácter chino que le da título a este hexagrama son: *mù*, "árbol" y *wéi*, "cercamiento, rodear": un árbol encerrado en un espacio restringido, donde no puede extender sus ramas ni crecer.

Significados asociados

Opresión, bloqueo, trampa, asedio, acoso, estar rodeado (por enemigos), confinamiento; agotamiento, aflicción, desánimo, fatiga, empobrecimiento; molestado, golpeado, atrapado.

El Dictamen

Asediado.
Éxito.
Con determinación, el gran hombre es venturoso.
Sin defecto.
Lo que uno dice no es creído.

> Usted está siendo hostigado por fuerzas opresivas que están fuera de su control y que no le permiten avanzar ni retirarse.
> Sus palabras no serán tomadas en cuenta, al contrario, pueden empeorar su situación. Aquellos que lo están asediando se quejarán de usted, sin importar lo que usted haga y usted no podrá apaciguar ni detener a sus opresores.
> Debido a que no puede mejorar su situación actual ni escapar de la misma, su única opción es soportar los tiempos difíciles hasta que las circunstancias mejoren.

Usted está muy presionado por sus responsabilidades, acosado por exigencias que no puede cumplir. No recibirá ayuda de nadie sino que será criticado.

Si conserva la fe en usted mismo y no se rinde, finalmente podrá superar el asedio.

La Imagen

El Lago no tiene Agua: la imagen del Asedio.
Así el noble empeña su vida para alcanzar su objetivo.

El lago seco y sin vida, simboliza la falta de sustento y el agotamiento de sus recursos.

El Asedio es un tiempo que va a poner a prueba severamente su carácter y resistencia. Las cosas externas que puede perder no son importantes en el largo plazo, lo fundamental es que no se doblegue ante la presión; que resista y no renuncie a sus objetivos ni a sus principios, aunque tenga que hacer grandes sacrificios para sostener sus ideales.

Al comienzo un seis

Sus nalgas son acosadas por una vara de madera.
Entra en un valle oscuro y por tres años no es visto.

Entrar en un valle oscuro simboliza un período de depresión y actitudes derrotistas. Para combatir este estado mental, trate de mirar hacia adelante a un futuro más brillante y no se aísle. Tres años indican un largo tiempo.

En otro nivel de interpretación esto puede indicar una temporada en la cárcel o estar bajo algún tipo de restricción. El valle oscuro puede indicar un pozo en el suelo, como los que se usaban para encarcelar a los prisioneros en la antigua China. La vara de madera indica un medio de castigo con el que tratan de vencer su voluntad, como cuando los carceleros apalean a un prisionero con un palo.

Trabajo: Su propio temor e incertidumbre están trabajando en su contra. Supere su pesimismo y trate de mirar más allá de sus problemas actuales.

Vida privada: Hasta que pueda superar su estado confusional quedará atrapado en un círculo vicioso, ocasionado por su ansiedad y su tristeza. Puede que esté de luto.

Salud, sentimientos y relaciones sociales: Tendrá que superar un largo período de depresión e incertidumbre.

Nueve en el segundo puesto

Acosado entre vino y comida.
Tan pronto como [el hombre de] la cinta roja llegue será favorable presentar una ofrenda.
Marchar trae desventura.
Sin defecto.

El vino y la comida indican que usted tiene una posición cómoda, pero se siente atrapado por las circunstancias aburridas de su vida. Los hombres que llevaban una cinta roja –unida a un sello– eran portadores de un símbolo de rango y autoridad. Eso quiere decir que usted será abordado por gente de alto nivel que le ofrecerá la oportunidad de llevar a cabo alguna tarea importante.

Ofrecer un sacrificio significa trabajar por el bien de los demás compartiendo generosamente su tiempo y recursos. Espere hasta recibir un signo claro antes de comprometerse. No actúe precipitadamente ni sólo para su propio beneficio.

Una traducción alternativa sería "oprimido por el vino y la comida", lo que indicaría que usted ha sido demasiado indulgente consigo mismo y como resultado está enredado en placeres sensuales inmoderados.

Trabajo: Usted será promovido o recibirá una buena oferta. Esto le abrirá nuevas oportunidades, pero tendrá que trabajar duro bajo la dirección de otras personas.

Vida privada: Personas importantes le harán una propuesta interesante. No haga ningún movimiento hasta que vea una oportunidad clara. Piense en lo que puede hacer por los demás en lugar de preocuparse sólo por sus propios intereses.

Salud, sentimientos y relaciones sociales: Un período de autoindulgencia está llegando a su fin. Trate de moderar su dieta y no beba de más.

Seis en el tercer puesto

Acosado por las piedras.
Se apoya en arbustos espinosos y cardos.
Entra a su casa y no ve a su mujer.
Desventura.

Si sigue inquieto e indeciso, no recibirá el apoyo que busca, porque lo está buscando en el lugar equivocado. Las piedras y los cardos indican que usted está esperando recibir el apoyo de aquellos que no lo ayudarán para nada. Cálmese y reevalúe sus prioridades antes de que sea demasiado tarde.

En otro nivel de interpretación, el apoyarse en las espinas puede indicar un período en la cárcel, ya que las prisiones estaban rodeadas de arbustos espinosos en la China antigua. No podrá encontrar apoyo ni consuelo después que quede libre y vuelva a su hogar.

Trabajo: Puede llegar a perder su trabajo o ir a la quiebra, porque perdió el rumbo.

Vida privada: Tendrá problemas con su familia y amigos. Su pareja puede llegar a abandonarlo.

Salud, sentimientos y relaciones sociales: Estado delirante. Problemas de salud.

Nueve en el cuarto puesto

Viene muy lentamente, acosado en un carruaje dorado.
Humillación, pero lo llevará a cabo.

El carruaje dorado indica una alta posición social y riqueza. Aunque usted tiene buenas intenciones y quiere ayudar a un amigo en necesidad (simbolizado por la primera línea), tiene miedo de las críticas de la gente poderosa y se demora en hacer lo correcto.

Finalmente usted hará aquello que postergó por demasiado tiempo, pero su falta de fortaleza y su indecisión lo avergonzarán.

Trabajo: Tendrá que superar algunas interferencias procedentes de otras personas y también sobreponerse a su propia falta de resolución para poder realizar su trabajo como es debido. No deje que su jefe lo intimide.

Vida privada: Sus propias dudas e inseguridad lo retrasarán. No se preocupe demasiado por la opinión de los demás, siga su propio consejo.

Salud, sentimientos y relaciones sociales: Usted depende demasiado de la aprobación de los otros, debería fortalecer su voluntad.

Nueve en el quinto puesto

Su nariz y sus pies son cercenados.
Es acosado por [el hombre de] la cinta roja [las obligaciones de su cargo].
La alegría viene lentamente.
Es favorable presentar una ofrenda.

Está oprimido desde arriba y desde abajo. La nariz cortada indica la pérdida del olfato, es decir que usted será incapaz de percibir los detalles finos de la situación. Los pies amputados significan que su movimiento será restringido. Los que llevaban bandas rojas en la rodilla eran hombres de alta posición, pueden referirse a burócratas o a personas que ejercen poder sobre usted.

Dado que no puede vencer a los poderes superiores que lo oprimen, su única salida es aceptar su situación en la vida y aprender a vivir con lo que le toca, en circunstancias reducidas.

Concéntrese en su desarrollo espiritual y mantenga su compostura. Con el paso del tiempo las cosas van a mejorar lentamente.

En otro nivel de interpretación, estar oprimido por la cinta roja puede significar que usted está agobiado por las responsabilidades de su trabajo.

Trabajo: Tanto sus jefes como sus subordinados le causarán problemas limitando seriamente sus opciones. No luche, espere pacientemente a tener una buena oportunidad antes de tomar ninguna acción.

Vida privada: Tendrá muchos problemas con la gente que lo rodea y se enfrentará con obstáculos por todas partes. Es posible que tenga que hacer algunos sacrificios, pero con el tiempo las cosas van a mejorar.

Salud, sentimientos y relaciones sociales: Puede llegar a tener algunos problemas de salud que reduzcan su movilidad o disminuyan su percepción.

Al tope un seis

Acosado por plantas trepadoras.
El está ansioso e inseguro.
Se dice a sí mismo: “si me muevo lo lamentaré”; pero se arrepiente.
Marchar [iniciar una campaña] trae ventura.

Las plantas trepadoras simbolizan restricciones que puedan ser superadas fácilmente.

La opresión ha terminado, pero usted todavía está atemorizado y no se atreve a moverse.

La situación cambió para mejor, es tiempo de estar dispuesto a hacer frente a los nuevos retos y ampliar sus horizontes. La palabra “arrepentimiento” indica que es necesario que reevalúe su perspectiva y supere sus temores infundados.

Después que se decida a avanzar con decisión, todos su problemas quedarán en el pasado.

Trabajo: Podrá progresar en su carrera sólo después que logre superar sus temores. Los obstáculos que tiene por delante no son tan grandes como piensa, usted tiene la fuerza suficiente para superarlos y prosperar.

Vida privada: El miedo al cambio lo mantendrá estancado en el mismo lugar para siempre. Si usted es lo suficientemente valiente como ir para adelante, será recompensado.

Salud, sentimientos y relaciones sociales: Aunque se siente seguro dentro de su pequeño mundo, se privará de muchas oportunidades vitales si no se atreve a superar su encierro y abrirse al mundo.

48

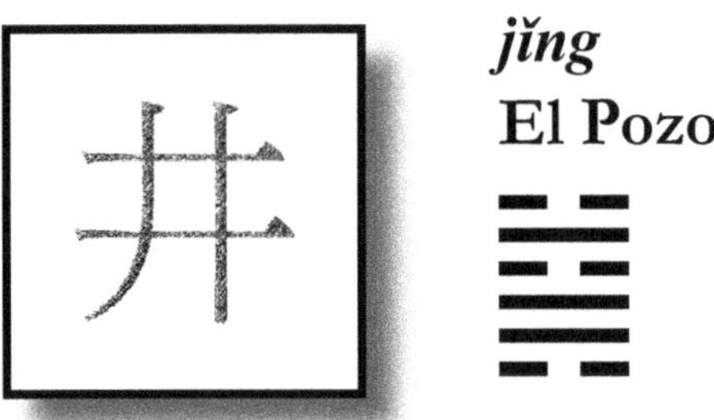

jǐng
El Pozo

En la China antigua los pozos de agua se colocaban en el centro de una rejilla de nueve campos. El campo situado en el medio, que tenía el pozo, era propiedad del señor feudal y las ocho familias que vivían alrededor del mismo, lo cultivaban en común, en beneficio de su señor y todos compartían el uso del pozo.

El carácter chino que le da título a este hexagrama es una representación de la cuadrícula que formaban los campos alrededor del pozo –como se puede ver en la imagen superior–. Antiguamente el carácter tenía un punto en el centro del mismo para indicar el pozo, pero en la versión moderna el punto no se dibuja.

Significados asociados

Pozo de agua, manantial, agua de la vida, la alimentación, la fundación o fuente de la vida, fuente interna de la verdad, el núcleo.

El Dictamen

El Pozo.
La ciudad puede cambiarse, pero no el Pozo.
Sin pérdida ni ganancia.
Yendo a tomar agua del pozo casi seco.
[Si] La cuerda no llega hasta el final o se quiebra la jarra
[habrá] desventura.

> El pozo simboliza la fundación, las raíces de la existencia, un núcleo estable que sigue siendo el mismo a través de toda la vida.

Aunque se cambie de ciudad el pozo sigue siendo el mismo, es decir que aunque efectúe grandes cambios en su vida externa, su esencia seguirá siendo la misma a través de toda su vida.

El llegar al agua significa alcanzar la verdad y recibir alimento real de las fuentes de la vida, ponerse en contacto con las fuentes internas, conocerse y estar en armonía con usted mismo.

Cuando la cuerda no es suficientemente larga o la jarra que sube el agua se rompe, la verdad no se alcanza, eso indica falta de conocimiento o de voluntad para alcanzar la verdad interior.

El pozo también representa a un gobernante o al jefe de una familia, si este no provee la alimentación correcta para aquellos que dependen de él, habrá desventura.

La Imagen

Encima de la Madera hay Agua: la imagen del Pozo.
Así el noble anima a la gente en su trabajo para que cooperen entre ellos.

El Pozo simboliza el centro, tanto de la vida comunal como de la vida del espíritu. Para poder aprovechar el agua del pozo, es preciso mantenerlo en buen estado. Si el Pozo es descuidado, nadie se beneficiará de su agua.

El Pozo debe estar al alcance de todos, si es difícil acceder al agua o si se imponen restricciones egoístas que impiden disfrutar del mismo, el Pozo no cumplirá con su función básica que es la de sustentar a toda la gente que vive a su alrededor.

Desde un punto de vista individual, el Pozo representa la verdad interior, el fundamento del carácter. Si usted no se conoce a usted mismo no podrá disfrutar de la vida plenamente, no podrá beber el agua vital que el Pozo provee.

En otro nivel de interpretación, el Pozo representa a un líder o gobernante o al jefe de una familia. Tal persona debe ser accesible y proveer sustento y apoyo a todos los miembros de su grupo.

Al comienzo un seis

Uno no bebe de un pozo encenagado.
No hay animales [pájaros] en un pozo viejo.

Un pozo fangoso indica un mal uso de los recursos. Si usted no se ocupa de su propio desarrollo, su vida será inútil, tanto para usted mismo como para las personas que dependen de usted.

El pozo fangoso también simboliza a alguien que no está proporcionando alimentación a quienes tiene a su cargo o a una persona con autoridad que es corrupta e inútil y como consecuencia será abandonada.

Trabajo: Si no ayuda a nadie, como consecuencia será ignorado por los demás y no recibirá el apoyo de nadie.

Vida privada: Seguirá en un callejón sin salida hasta que no ponga su vida en orden y limpie su propia casa.

Salud, sentimientos y relaciones sociales: Su salud espiritual y física está estancada porque ha dejado de preocuparse por usted mismo.

Nueve en el segundo puesto

Por el agujero del Pozo uno dispara a los peces.
La jarra está rota y pierde.

Un Pozo no es el lugar adecuado para pescar con arco y flecha (se usaban flechas que arrastraban una cuerda, para así poder recuperar la presa). Está malgastando sus talentos dedicándose a actividades triviales.

La jarra rota y con goteras indica que usted no está utilizando el método correcto para llegar a la fuente de la alimentación.

Si continúa descuidando sus potencialidades no logrará nada que valga la pena y malgastará su vida.

Debería proponerse a sí mismo objetivos más elevados.

Trabajo: Sus talentos y sus recursos no se están utilizando bien. Puede ser que usted esté en el lugar equivocado o que esté manejando mal la situación.

Vida privada: Hasta que usted refine un poco más sus talentos naturales, no podrá hacer nada útil ni ayudar a nadie.

Salud, sentimientos y relaciones sociales: No se aísle ni se consuele con fantasías. No podrá mejorar sus relaciones sociales hasta que no se mejore a usted mismo.

Nueve en el tercer puesto

El Pozo es limpiado pero no beben de él.
Esto hace penar a mi corazón; [porque] se podría tomar agua [del pozo].
Si el rey tuviera claridad todos recibirían la bendición.

Un pozo que se limpia indica que sus potencialidades y recursos han sido restaurados, pero lamentablemente su persona y sus habilidades aún siguen siendo ignoradas por las autoridades (simbolizadas por el rey).

No pase por alto las oportunidades de progreso que encuentre en su camino. Utilice productivamente sus recursos, aplíquelos a actividades útiles y no se aísle.

Trabajo: Sus superiores no lo valoran como deberían. Usted podría encontrar más oportunidades de trabajo en otro lugar.

Vida privada: Las personas que lo rodean no aprecian lo que usted vale. Está desperdiciando su potencial.

Salud, sentimientos y relaciones sociales: Gozará de buena salud física y espiritual. Estará un poco aislado. Puede que usted no sea plenamente conscientes de sus capacidades.

Seis en el cuarto puesto

El Pozo es revestido.
Sin defecto.

El Pozo está en proceso de restauración, lo cual es bueno. Es hora de poner su vida en orden, reforme lo que está mal y desarrolle sus capacidades. Se encuentra en el camino correcto y no cometerá errores.

No se precipite, espere hasta que su vida se organice un poco mejor antes de intentar ningún emprendimiento.

Trabajo: No empiece nada nuevo, pero dedíquese a mejorar su situación actual y a corregir cualquier fallo que pueda encontrar.

Vida privada: Este es un buen momento para renovar todo lo que haya quedado desactualizado en su vida. Puede llegar a construir o renovar su casa.

Salud, sentimientos y relaciones sociales: Su salud mejorará si usted toma las medidas pertinentes.

Nueve en el quinto puesto

En el Pozo hay un manantial puro y fresco del que se puede beber.

Esta línea ocupa el lugar del regente. Usted tiene la capacidad potencial de ser un líder y puede ayudar a otros. Tanto su trabajo como sus palabras pueden beneficiar a los demás, como el agua potable pura.

Sin embargo, no se menciona si habrá o no buena fortuna, porque sus capacidades todavía no se han aplicado al mundo real.

Trabajo: Dispone del talento y los recursos para lograr grandes resultados. Aplíquelos bien.

Vida privada: Usted puede ser de gran ayuda para las personas que lo rodean.

Salud, sentimientos y relaciones sociales: Tendrá excelente salud. Su mente es clara y usted sabe lo que quiere.

Al tope un seis

Toman agua del pozo; no debe ser cubierto.
Inspira confianza.
Sublime ventura.

Tenga en cuenta que esta es la única línea en la que realmente se alcanza y utiliza de manera productiva el agua del pozo. Eso significa que el pozo es accesible a todo el mundo sin obstáculos.

De la misma forma que un Pozo que está disponible para todos, un buen gobernante inspira confianza y es generoso y tolerante con todos.

Debido a que hay una fuente pura y nutritiva disponible para todo el mundo y un espíritu de cooperación prevalece, habrá sublime ventura.

Trabajo: Alcanzará una buena posición y utilizará sus capacidades para ayudar a las personas que lo rodean.

Vida privada: Tendrá muchas cosas buenas, que compartirá con su familia y amigos.

Salud, sentimientos y relaciones sociales: Su sabiduría guiará a los demás.

49

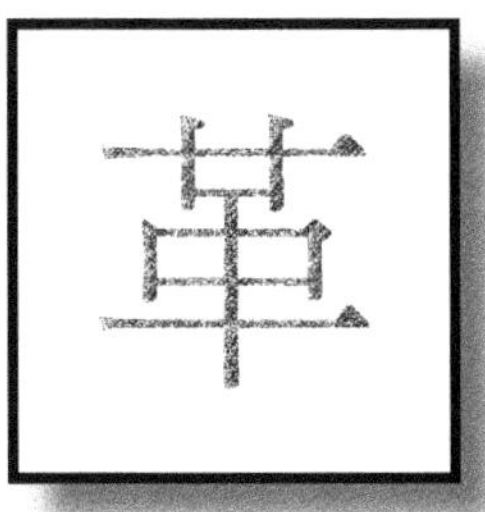

gé
La Revolución

El carácter chino que le da título a este hexagrama muestra el cuero desplegado de un animal, con la piel de las patas estirada a los lados –esto es aún más claro en las versiones más antiguas de este carácter–. La "revolución", significado tradicional de este carácter, indica cómo el líder depuesto es privado de su liderazgo tal y como una oveja es desollada.

Significados asociados

Cambio, cambio estacional, revolución; cuero, piel, desollar, quitar, privar.

El Dictamen

Revolución.
En tu propio día inspirarás confianza.
Sublime ventura.
La determinación es favorable.
El arrepentimiento se desvanece.

> La revolución indica un gran cambio personal, el cambio de alguna estructura social externa o adaptarse a importantes cambios en las circunstancias.
>
> La gente va a apoyar el nuevo orden sólo después de que éste esté bien establecido y se necesitará tiempo para ganar su confianza. Por lo tanto, aunque se necesita efectuar un cambio radical, éste debe hacerse en el momento oportuno, de otra forma no obtendrá suficiente apoyo y fracasará.

Después de que el cambio se lleve a cabo exitosamente, el arrepentimiento se desvanecerá, es decir, ya no habrá dudas ni miedos, la revolución estará plenamente justificada.

Este es uno de los pocos hexagramas que mencionan "las cuatro virtudes cardinales": *yuan, heng, li, zhen*, que significan "sublime", "éxito", "propicio" y "determinación o perseverancia".

Una o más de las cuatro virtudes aparecen en 50 de los 64 hexagramas, pero sólo los hexagramas 1, 2 (con una modificación), 3, 17, 19, 25 y 49 incorporan las cuatro virtudes en su dictamen.

Desde la dinastía *Han* en adelante, las cuatro virtudes se convirtieron en palabras claves del pensamiento confuciano, identificando cuatro cualidades o virtudes aplicables tanto al Cielo como al noble.

Todo oráculo que incluya estas cuatro virtudes indica que el éxito está garantizado, pero solo si el consultante se comporta correctamente; por esta razón la perseverancia en el camino correcto es la clave del éxito.

La Imagen

Dentro del Lago hay Fuego: la imagen de la Revolución.
Así el noble regula el calendario y clarifica las estaciones.

El trigrama de abajo es el del fuego y por encima se encuentra el trigrama del lago. Fuego y agua son antagónicos, al poner el fuego debajo del agua pueden suceder dos cosas, el agua entra en ebullición o bien extingue el fuego. Fuego en el lago indica conflicto y cambio.

En el mundo natural, las estaciones ordenan la pauta del cambio en cada año. Cada temporada se inicia un nuevo ciclo de renovación, que implica vida y muerte.

El carácter traducido como "estaciones" también significa "tiempo, época, momento oportuno". De la misma forma que los cultivos deben plantarse en la época del año adecuada, al implementar cambios importantes necesario actuar en el momento preciso.

La mayoría de las personas se resisten al cambio hasta que este está firmemente establecido. Para facilitarles el ajuste hay que ofrecerles una transición ordenada y en el momento apropiado.

Al comienzo un nueve

Atado con el cuero de un bovino amarillo.

El momento para implementar la Revolución todavía no ha llegado. El amarillo simboliza equilibrio y moderación. El estar atado con un cuero de color amarillo significa que no debe avanzar, sino moderarse a usted mismo y esperar un momento más propicio.

Trabajo: Este no es el momento adecuado para introducir cambios. Siga usando las formas probadas y tradicionales, no empiece nada nuevo.

Vida privada: Acepte lo que tiene y no pida más. Una vaca es un animal dócil, de la misma manera, conténtese con su situación y no trate de cambiarla.

Salud, sentimientos y relaciones sociales: Su situación es estable, no trate de empezar nada nuevo. Usted puede tener algunos problemas de movilidad.

Seis en el segundo puesto

Alcanzado el propio día se puede revolucionar.
Es favorable marchar [iniciar una campaña].
Sin defecto.

Dependiendo de la traducción, la primera línea se puede leer como "al fin del día" o "el propio día".

En ambos casos, el significado es que se acerca el momento de efectuar los cambios que usted planea.

Se requiere una renovación completa. Usted tiene los medios para avanzar con audacia, sin cometer errores. Si usted actúa en el momento justo tendrá éxito.

Trabajo: Usted puede mejorar su posición o asumir el control de su esfera de influencia.

Vida privada: Renueve su vida, cambiando para bien. Vale la pena que se arriesgue para reformar su vida.

Salud, sentimientos y relaciones sociales: Su salud o su vida social puede mejorar si usted se decide a efectuar una renovación importante.

Nueve en el tercer puesto

Marchar [iniciar una campaña] trae desventura.
Sólo después que se haya hablado sobre la revolución tres veces
habrá un acercamiento con confianza.

Si actúa antes de que se den las condiciones propicias y sin tener suficiente apoyo, fracasará.

Hablar tres veces significa que usted debe revisar sus planes y llegar a un acuerdo firme con todas las personas involucradas antes de actuar. Tiene que estar seguro que tiene el apoyo suficiente, que todos están de acuerdo y que sus colaboradores son de confianza antes de iniciar cualquier avance audaz.

Trabajo: Actuar sin suficiente preparación será peligroso. Tome todo el tiempo necesario para verificar que su plan es factible y asegúrese que tiene confianza y el apoyo de sus colaboradores.

Vida privada: Cuando se van a implementar cambios importantes en una familia, es importante hablar con cada miembro de la misma, para que todos ellos participen, den su opinión y se sientan involucrados en los cambios que usted propone.

Salud, sentimientos y relaciones sociales: Si tiene problemas de salud, evite cualquier cambio brusco. Es importante que se asesore bien antes iniciar un tratamiento o tomar una decisión importante.

Nueve en el cuarto puesto

El arrepentimiento se desvanece.
Hay confianza.
Cambiar la forma de gobierno trae ventura.

Finalmente llegó el momento de hacer grandes cambios.

El carácter chino traducido como "forma de gobierno" también significa "destino, voluntad del cielo, la ley más alta". Significa que tiene que implementar un cambio radical para modificar la orientación de su vida o aplicar un cambio profundo en la estructura de una organización o grupo humano.

La gente va a tener confianza en el nuevo orden y le brindarán su apoyo, por eso tendrá éxito y no tendrá motivo para preocuparse: el arrepentimiento se desvanecerá.

Trabajo: Asumirá nuevas responsabilidades y podrá implementar reformas integrales de gran alcance.

Vida privada: Este es un buen momento para renovar su vida y para iniciar nuevos proyectos. Los cambios lo beneficiarán.

Salud, sentimientos y relaciones sociales: Los tiempos están cambiando y usted debe mantenerse a la par con ellos. Modernícese, adáptese al presente.

Nueve en el quinto puesto

El gran hombre cambia como un tigre.
Aún antes de preguntarle al oráculo tiene confianza.

El gran hombre simboliza a una persona de elevados principios. Cambiar como un tigre significa innovar, adaptarse a las nuevas circunstancias, estar dispuesto a afrontar nuevos retos. El tigre simboliza el poder puro, valentía, ferocidad y fuerza.

Tener confianza antes de preguntar al oráculo significa que usted no sólo está libre de dudas, sino que también está en sintonía con los tiempos y sabe perfectamente lo que debe hacer para tener éxito.

Sus firmes convicciones y altos ideales le ayudarán a obtener el apoyo de quienes lo rodean.

Trabajo: Podrá progresar de manera brillante en su carrera o negocio, porque tiene el conocimiento, la habilidad y la confianza que se necesitan para triunfar.

Vida privada: Usted podrá implementar exitosamente los cambios que está planeando porque sabe muy bien lo que tiene que hacer y no vacilará.

Salud, sentimientos y relaciones sociales: Confíe en su intuición. Gozará de buena salud.

Al tope un seis

El noble cambia como un leopardo.
El vulgar cambia su semblante.
Atacar trae desventura.
Mantener la determinación es venturoso.

La revolución ya fue realizada exitosamente. Ahora la gente debe adaptarse al nuevo orden.

El leopardo simboliza versatilidad, belleza e independencia. Cambiar como un leopardo significa innovar, adaptarse a las nuevas circunstancias con elegancia. Además, cambiar como un leopardo, tradicionalmente significa pasar de la pobreza a la riqueza.

Dado que atacar trae desventura, debería actuar con diplomacia, sin violencia ni brusquedad. La principal transformación ya fue realizada, seguir adelante con más cambios radicales sería peligroso, limítese a efectuar pequeños ajustes.

El cambio traerá buena fortuna sólo si el mismo se realiza en profundidad, con determinación, como un leopardo; la aceptación pasiva o hipócrita a las nuevas circunstancias, como los vulgares que sonríen falsamente, no sirve de nada. La gente inferior que sólo finge ofrecer soporte, sin comprometerse, no es digna de confianza.

Trabajo: Las reglas del juego han cambiado. Este el momento de cooperar con la nueva dirigencia, si sigue las nuevas normas con sinceridad prosperará.

Vida privada: Aquellos que se adapten a las nuevas circunstancias serán felices y prosperarán. Algunos fingirán conformidad pero no aprecian los cambios.

Salud, sentimientos y relaciones sociales: Un nuevo horizonte espiritual se presenta ante usted. Aprenda a vivir de acuerdo con el nuevo paradigma.

50

dǐng
El Caldero

El carácter chino que le da título a este hexagrama (especialmente antiguas representaciones) muestra un caldero de bronce con varias patas y dos asas.

Significados asociados

Caldero, caldero de bronce con tres patas y dos asas. Recipientes de bronce de este tipo eran usados durante las dinastías *Shang* y *Zhou* como objetos sagrados en los rituales ancestrales. Había varios tipos de recipientes, pero el usado para los sacrificios a los ancestros era conocido como *dǐng*.

El Dictamen

El Caldero.
Sublime ventura.
Éxito.

> En la antigua China, cuando comenzaba una nueva dinastía, lo primero que hacían era forjar un nuevo caldero con las leyes fundamentales inscritas sobre el mismo como símbolo de la nueva época que comenzaba bajo el nuevo rey. De la misma forma, cuando se inicia un nuevo ciclo de vida (después de la Revolución, el hexagrama anterior) uno debe transformarse a sí mismo para ser capaz de hacer frente a las nuevas condiciones y así poder establecerce firmemente.
>
> El caldero simboliza purificación, que era lo que se buscaba al hacer ofrendas sacrificiales a los antepasados; también significa iniciación y transformación. El caldero indica algo que templa el carácter, algo que transforma y armoniza.

En otro nivel de interpretación el caldero –el recipiente sacrificial– es usted, por eso el caldero indica la transformación necesaria para realizar su potencial, para desarrollar sus talentos y posibilidades.

La Imagen

El Fuego arriba de la Madera: la imagen del Caldero.
Así el noble corrige su posición consolidando así su destino.

El fuego sobre madera sugiere la idea de cocinar. Después de cocinar en el caldero los sacrificios que iba a ofrecer a los espíritus de sus antepasados, el jefe de la familia servía el alimento en los cuencos de sus invitados.

Alimentar a la gente con alimentos consagrados indica desarrollo espiritual, la maduración y el aprendizaje necesarios para hacer realidad el potencial innato: el destino.

El hexagrama **48**: *El Pozo*, indica la alimentación de las personas en general pero el Caldero se refiere al alimento espiritual de las personas nobles.

La madera mantiene al fuego ardiendo, de la misma forma, el noble cultiva su destino con sus actos, asegurándose de permanecer en el camino correcto.

El fuego sobre la madera también indica la importancia de la colocación correcta de las cosas. Por eso el noble pone cada cosa en su lugar, para poder realizar plenamente su potencial.

Al comienzo un seis

El Caldero está tumbado patas para arriba.
Es favorable remover los desechos.
Uno toma una concubina para tener un hijo.
Sin defecto.

Un caldero tumbado boca abajo simboliza un cambio radical de actitud al iniciar un nuevo ciclo vital. Al tumbar el caldero los valores se invierten. Lo que antes era visto como bueno (el contenido del caldero), es desechado, porque ya no es útil y que lo que normalmente se consideraría como algo de bajo nivel (la concubina) ahora tiene buenas posibilidades de desarrollo (el hijo).

En tiempos de renovación hay que estar dispuesto a aplicar métodos poco convencionales porque los métodos tradicionales ya no sirven de nada. Lo que era despreciado (la concubina o la criada en otras traducciones) ahora ofrece nuevas oportunidades y lo que era de gran valor es descartado porque perdió su utilidad.

Trabajo: Deshágase de todo lo que ya no cumple ninguna función útil e introduzca nuevas personas y nuevos métodos para hacer frente a las circunstancias actuales. Se requiere una planificación a largo plazo, la nueva estrategia necesitará algún tiempo para producir buenos resultados.

Vida privada: Su vida llegó a un callejón sin salida, como una familia que ha producido ningún descendiente. Con la ayuda de gente humilde, usted iniciará una nueva vida. Usted puede contratar una niñera para que cuide a sus hijos.

Salud, sentimientos y relaciones sociales: Si su estado de salud era malo, ahora va a mejorar. Los métodos no convencionales pueden ayudarle. Puede iniciar una relación sentimental con alguien humilde que no pertenece a su círculo social.

Nueve en el segundo puesto

El Caldero está lleno.
Mis compañeros sufren, pero no pueden acercarse.
Ventura.

Sus logros pueden causar resentimiento en algunas personas. La frase traducida como "Mis compañeros sufren", alternativamente podría traducirse como "mi compañero me odia, mi camarada (o enemigo) me tiene envidia". En todo caso el significado es que alguien no se siente bien viendo su prosperidad y es posible que intenten apropiarse del contenido del caldero sin tener ningún derecho al mismo.

La gente envidiosa no podrá perjudicarlo ni sacarle lo que le pertenece. Siga adelante con dedicación y será exitoso.

Trabajo: Algunas personas envidian sus logros pero si continúa realizando su trabajo correctamente no podrán dañarlo. Aunque no tenga el apoyo de ellos se va a arreglar muy bien por su cuenta.

Vida privada: Va a prosperar pero puede llegar a tener desacuerdos y peleas con algunas personas cercanas.

Salud, sentimientos y relaciones sociales: Alguien en su familia puede enfermar.

Nueve en el tercer puesto

Las asas del Caldero son removidas.
El avance está impedido.
La carne gorda del faisán no se come.
Cuando se precipite la lluvia desaparecerá el arrepentimiento.
Finalmente habrá ventura.

Las asas que son removidas indican que sus talentos no son apreciados y sus habilidades no pueden ser utilizadas para progresar.

La carne que no se come indica la pérdida de oportunidades y el desperdicio de recursos.

La lluvia simboliza la liberación de la tensión después que los malentendidos y conflictos sean superados.

Finalmente, su verdadero valor será reconocido y usted será capaz de hacer un buen uso de sus talentos y habilidades.

Trabajo: Su avance está bloqueado por alguien situado por encima suyo, pero con el tiempo, cuando las cosas se aclaren, tendrá éxito.

Vida privada: Las críticas de otros y algunos impedimentos, le impiden disfrutar de la vida y limitan su prosperidad. Finalmente todos sus conflictos quedarán en el pasado y usted será feliz y próspero.

Salud, sentimientos y relaciones sociales: Está estresado y su propia ansiedad lo está obstaculizando. Trate de relajarse, después de superar sus disturbios internos se sentirá mejor.

Nueve en el cuarto puesto

Las patas del Caldero están rotas.
El cocido del príncipe se derrama y se mancha su figura.
Desventura.

Las patas quebradas significan falta de apoyo que hace que sus planes fracasen, falta de juicio, mal comienzo, planes demasiado ambiciosos que no fructifican.

Mancharse la ropa (o ser marcado con un hierro al rojo vivo, en otras traducciones) significa que, como resultado de su fracaso perderá su reputación e incluso puede llegar a ser castigado.

Trabajo: Debido a que no podrá cumplir con sus responsabilidades será humillado. Como resultado, puede ser despedido o degradado.

Vida privada: Un grave error o falta de juicio de su parte va a dañar su reputación.

Salud, sentimientos y relaciones sociales: Es posible que tenga problemas con sus extremidades inferiores. Puede pasar vergüenza frente a los demás.

Seis en el quinto puesto

El Caldero tiene asas amarillas y varillas de bronce.
La determinación es favorable.

Las varillas pasan a través de las asas del caldero para poder llevarlo de un lado al otro.

Esta línea es el lugar del regente, que es representado por las varillas de bronce y sus ayudantes son las asas. El amarillo simboliza el equilibrio y la modestia.

Un regente sabio y de mente abierta sabe como conseguir colaboradores capaces y confiables que lo ayudan con su tarea.

Trabajo: Su equilibrio, moderación y capacidad serán reconocidos y eso le permitirá obtener toda la ayuda que necesite para llevar a cabo su tarea.

Vida privada: Una actitud sensata y accesible le permitirá alcanzar la prosperidad con la colaboración de sus amigos y familia.

Salud, sentimientos y relaciones sociales: Tendrá buena salud y equilibrio espiritual.

Nueve en el sexto puesto

El Caldero tiene varillas de jade.
Gran ventura.
Nada que no sea favorable.

El jade es una piedra preciosa que era muy apreciada en la China antigua. Las varillas de jade, que son duraderas, suaves y lustrosas, simbolizan a un asesor que puede manejar con eficiencia y diplomacia tareas más delicadas. Él está libre de parcialidad y puede hacer su trabajo con el máximo de perfección.

La sexta línea de un hexagrama simboliza con frecuencia un sabio que está fuera de la situación y ayuda al regente (la quinta línea) con su sabiduría, como sucede en este caso.

Trabajo: Trabajará como consultor, ofreciendo su valioso consejo a sus clientes, obteniendo un gran éxito.

Vida privada: Su firme pero receptiva actitud le va a ganar la confianza de los que lo conocen. Usted es una muy buena influencia en la vida de su familia. Será próspero y feliz.

Salud, sentimientos y relaciones sociales: Todo le irá bien porque usted es receptivo a las influencias espirituales y es amable y considerado con quienes lo rodean.

51

zhèn
La Conmoción

Este es uno de los ocho hexagramas que están compuestos por un mismo trigrama, repetido dos veces, en este caso es ☳, *Lo Suscitativo.*

Sírvase ver **Los ocho trigramas**, en la pág. 395 para saber más acerca del trigrama ☳.

Significados asociados

Conmoción, sacudida, lo suscitativo, trueno, terremoto, agitar mover, poder, vibración, aterrorizar, inspirador de temor y reverencia; acelerar; socorrer, dotar.

El Dictamen

La Conmoción.
Éxito.
La llegada de la Conmoción causa temor.
Pero luego hablan con buen humor y ríen.
La Conmoción aterra a cien *li* [50 km].
No deja caer la libación ni el cucharón sacrificial.

> Un nuevo factor va a irrumpir violenta e inesperadamente en su vida.
>
> Incertidumbre, sorpresa y temor sacudirán la estructura de su vida. La risa indica la excitación extrema causada por la conmoción cuando usted no sepa si reír o llorar porque no está seguro de lo que está pasando ni de como responder a ello.

Tenga en cuenta que la conmoción puede venir en oleadas, en tal caso, usted experimentará varios períodos de extremo estrés seguidos por momentos de distensión.

No dejar caer el cucharón ni la libación significa mantener el equilibrio, no perder el control de uno mismo y estar preparado para hacer frente a los nuevos tiempos.

Estos son tiempos llenos de oportunidades y desafíos, si usted es capaz de adaptarse a las nuevas circunstancias, crecerá como persona.

La Imagen

El Trueno repetido: la imagen de la Conmoción.
Así el noble con aprensión y temor pone en orden su vida y se evalúa a sí mismo.

El trigrama del trueno que forma este hexagrama, repetido dos veces, excita, atemoriza y sacude.

El Trueno repetido significa que su rutina diaria será sacudida por acontecimientos inesperados. Estos eventos quizás sean el resultado de factores totalmente imprevisibles o pueden suceder porque usted se descuidó, eligió ignorar algunas cosas y por lo tanto no está preparado para manejar sus consecuencias.

El Trueno se puede manifestar como situaciones inesperadas, eventos fortuitos, o como una persona que entra en su vida alterando todos sus puntos de referencia.

Ya no puede ignorar por más tiempo lo que está sucediendo. Usted tiene que estar a la altura de las circunstancias y aprender a lidiar con el desafío.

Poner su vida en orden quiere decir que usted debería de estar listo para ajustar su actitud y sus creencias y dejar atrás lo que ya no es útil e incorporar nuevos elementos en su vida.

Al comienzo un nueve

La llegada de la Conmoción causa temor.
Pero luego hablan con buen humor y ríen.
Ventura.

Las palabras en esta línea son similares al texto del Dictamen.

En un primer momento, el choque lo aterrorizará pero después que pase el primer efecto usted se adaptará y se relajará.

Las nuevas cosas terribles que han irrumpido en su vida son una bendición, aunque al principio no lo parezcan.

Trabajo: Una experiencia perturbadora o una interferencia no deseada lo ayudará a progresar, superarse y aprender más.

Vida privada: Se enfrentará a situaciones inesperadas y aterradoras, pero al final todo va a terminar bien si usted sabe adaptarse.

Salud, sentimientos y relaciones sociales: Su compostura será sacudida por una noticia o por la intromisión de alguien pero la conmoción le ayudará a crecer como persona.

Seis en el segundo puesto

La Conmoción llega con peligro.
Uno pierde cien mil cauris y trepa las nueve colinas
No vayas en persecución.
En siete días las obtendrás.

Se verá muy afectado por la conmoción y sufrirá grandes pérdidas emocionales o materiales representadas por las cien mil cauris, que eran conchas que se usaban como monedas.

Si acepta sus pérdidas y en lugar de tratar de recuperarlas, se retira a un lugar seguro hasta que el peligro haya desaparecido, todo terminará bien.

En otro nivel, subir a las colinas indica la necesidad de crecer y madurar para ser capaz de manejar la nueva situación.

Los siete días representan un periodo que debe transcurrir antes de que usted recupere lo que perdió, que volverá por sí solo.

Además de en este hexagrama, el carácter chino para siete sólo aparece en el hexagrama 24, en el Dictamen y en la segunda línea del hexagrama 63. Aquí indica la devolución de dinero, en el hexagrama 24 se relaciona con un retorno y en el hexagrama 63 con el regreso de la cortina de un carruaje.

Trabajo: Puede llegar a ser despojado de su influencia o puesto a un lado por un tiempo. Quizás tenga que renunciar a ciertas cosas y aceptar algunas pérdidas. Sea paciente y evite confrontaciones. Finalmente recuperará lo que ha perdido.

Vida privada: Problemas y peleas perturbarán su vida y tendrá que renunciar a algunas cosas o puede que alguien querido se aleje de usted. Evite entrar en conflicto y no trate de retener lo que está perdiendo. Sus pérdidas serán temporales, si alguien lo abandonó, con el tiempo volverá.

Salud, sentimientos y relaciones sociales: Un rompimiento de relaciones lo afectará hondamente. Sea paciente y todo terminará bien.

Seis en el tercer puesto

La Conmoción causa gran excitación [sobresalto].
La perturbación hace que uno se movilice.
Sin defecto.

La conmoción es peligrosa, pero si toma consciencia de que tiene que cambiar y adaptarse a los nuevos tiempos y pone manos a la obra, podrá salir adelante.

Es posible que al principio se sienta un poco confundido, pero después de recuperar su equilibrio podrá encontrar una manera de controlar los eventos perturbadores.

Si no toma ninguna acción, ignorando la necesidad de un cambio, pasará vergüenza.

En otro nivel de interpretación, tomar acción también puede significar tomar distancia del peligro, retirarse a un lugar seguro.

Trabajo: Es necesario que se adapte a las nuevas circunstancias, que cambie su punto de vista y trate de seguir adelante de una forma creativa. Si no reacciona pronto, quedará desacreditado.

Vida privada: Sea flexible y esté dispuesto a hacer ajustes en su vida, pero hágalos con mucha cautela. Puede avanzar o retirarse, quedarse quieto no es una opción válida.

Salud, sentimientos y relaciones sociales: Despierte. Usted necesita nuevas ideas. Una actitud conservadora no le servirá de nada.

Nueve en el cuarto puesto

La Conmoción lo empuja al lodo.

Está sumido en la incertidumbre y no puede avanzar porque perdió su oportunidad para escapar. Ahora se encuentra confundido y no ve ninguna salida.

Trate de recuperar su equilibrio y su serenidad. Debe de encontrar nuevas soluciones para sus problemas para evitar estancarse.

Trabajo: Su carrera o negocio llegó a un aparente callejón sin salida. Falta de claridad y una actitud inflexible lo están deteniendo.

Vida privada: No puede ver opciones viables ni ninguna esperanza, porque está confundido. La falta de soporte y discernimiento le impide moverse y salir de sus problemas.

Salud, sentimientos y relaciones sociales: Es posible que tenga problemas de movilidad. Sus deseos y miedos lo mantendrán atrapado en la confusión hasta que logre aquietarlos.

Seis en el quinto puesto

La Conmoción va y viene.
Peligro.
Sin embargo nada se pierde.
Hay cosas que hacer.

Las situación no es estable y usted corre cierto peligro, pero si permanece centrado en sus objetivos y se mantiene equilibrado en medio del tumulto, va a manejar bien la situación y se mantendrá a salvo.

Trabajo: A pesar de que las circunstancias son inestables, usted va a mantener su posición y podrá realizar sus tareas con éxito.

Vida privada: Si puede mantener la calma en medio de las actuales condiciones de inestabilidad, podrá eludir el peligro y será capaz de seguir adelante.

Salud, sentimientos y relaciones sociales: Si puede mantener su paz interior y actúa con cautela, no cometerá errores ni tendrá nada de lo que reprocharse. Si tiene problemas de salud, debe de ser muy cuidadoso para evitar que se compliquen.

Al tope un seis

La Conmoción causa susto y agitación.
Uno mira alrededor aterrorizado.
Marchar [iniciar una campaña] trae desventura.
La Conmoción no alcanza a uno pero sí a su vecino.
Sin defecto.
Se habla de matrimonio.

Aquí la conmoción alcanzó su punto más alto y el malestar y la confusión son extensos. La gente tiene miedo y no sabe qué hacer, por eso muchos pueden actuar irreflexivamente, lo que empeorará su situación.

Usted puede mantenerse al margen de la psicosis colectiva. No siga a las masas, quédese tranquilo y no se deje involucrar en los problemas de los demás.

Hablar de matrimonio indica que tendrá oportunidad para establecer una alianza que le permita superar la conmoción.

Trabajo: El derrotismo y el miedo afectan a muchos. Podrá mantenerse al margen de los problemas si se mantiene tranquilo a pesar del caos reinante y no permite que otros lo alteren. Es posible que reciba una oferta de trabajo.

Vida privada: Sea cuidadoso y prudente. Este no es el momento adecuado para empezar algo nuevo ni hacer cambios. Aprenda de los errores ajenos. Usted puede llegar a encontrar un buen socio.

Salud, sentimientos y relaciones sociales: Haga un esfuerzo para controlar sus emociones y comportarse con más calma. Puede establecer una relación amorosa que con el paso del tiempo lo llevará al matrimonio.

52

gèn
El Aquietamiento

Este es uno de los ocho hexagramas que están compuestos por un mismo trigrama, repetido dos veces, en este caso es ☶, *El Aquietamiento.*

Sírvase ver **Los ocho trigramas**, en la pág. 395 para saber más acerca del trigrama ☶.

Significados asociados

Aquietar, detener, sujetar firmemente, resistir; quedarse quieto, no acción, detenerse; aquietar la mente, meditación.

El Dictamen

Aquieta su espalda [espinazo].
No siente su cuerpo.
Va a su patio y no ve su gente.
Sin defecto.

> La espalda está sostenida por la columna vertebral o espinazo que es el eje del neuroesqueleto, por donde pasan los impulsos nerviosos que controlan todo el cuerpo.
>
> Aquietar la espalda significa regular el sistema nervioso, atemperar el incesante flujo de sensaciones e impulsos emocionales y así tener el cuerpo bajo control.
>
> No sentir su cuerpo ni ver a su gente significa dejar que las cosas sucedan sin reaccionar a ellas, no seguir los instintos ni la llamada del rebaño ciegamente, no dejarse controlar por las sensaciones físicas ni por la sensualidad.

El aquietamiento puede aplicarse en dos niveles: desde un punto de vista psicológico significa mantener la mente en paz y aplicado al exterior se refiere a mantenerse enfocado en lo que está haciendo.

Al dominar el aquietamiento usted se librará de la ansiedad de dos maneras:

- Su mente no vagará, ni se preocupará de todos por todo lo que puede salir mal.
- No le dará importancia a las opiniones ajenas porque estará enfocado en lo que está haciendo sin preocuparse por lo que otros puedan decir sobre de usted. No darle importancia a las opiniones ajenas también indica que usted está libre de vanidad y no se siente inseguro.

La Imagen

Montañas colindantes: la imagen del Aquietamiento.
Así el noble no deja que sus pensamientos vayan más allá de su posición.

Una cadena de montañas permanece en su lugar como una barrera infranqueable. Las montañas simbolizan el aquietamiento que nos enseña cómo detener nuestros pensamientos errantes.

No permitir que los pensamientos vaguen significa poner fin a las especulaciones ociosas, evitar que la mente divague vanamente, mantener la concentración en los asuntos de los que usted se ocupa y permanecer enfocado en el aquí y ahora.

También significa ser realista, no perder tiempo persiguiendo fantasías.

Al comienzo un seis

Mantiene los dedos [de los pies] aquietados.
Sin defecto.
Es favorable una constante determinación.

Se sentirá tentado a moverse antes de tiempo pero aún no llegó el momento adecuado para avanzar.

Si se mantiene firme en su posición no cometerá ningún error.

Trabajo: Quédese donde está, no busque mejorar su posición ni trate de cambiar su situación. Manténgase al día con sus responsabilidades y no haga nada más.

Vida privada: Esté satisfecho con las cosas tal como son. Sea constante con sus tareas diarias.

Salud, sentimientos y relaciones sociales: Es posible que tenga algunos problemas con sus pies.

Seis en el segundo puesto

Aquietamiento de sus pantorrillas.
No puede salvar a quién el sigue.
Su corazón no está contento.

La segunda línea sigue a la tercera línea, aunque le gustaría ayudar a quien sigue es incapaz de hacerlo.

Usted es arrastrado en la estela de una poderosa voluntad. Las pantorrillas no pueden moverse en forma independiente de las piernas de la misma forma usted es arrastrado por aquél a quien sigue. No puede detener el movimiento. Aunque vea que el rumbo tomado es erróneo y que le causará graves problemas, no podrá convencer a quien está al mando de que está errado ni salvarlo de la consecuencia de sus errores

Trabajo: No podrá tomar sus propias decisiones con autonomía. Sus superiores limitarán su libertad y usted no tendrá voz ni voto.

Vida privada: Encontrará obstáculos que evitarán que sus planes fructifiquen porque otras personas en su familia no le permitirán actuar como usted desea.

Salud, sentimientos y relaciones sociales: Es posible que tenga problemas con sus piernas.

Nueve en el tercer puesto

Aquietamiento de sus caderas.
Desgarra la carne de la espina.
Peligro.
El corazón se ahoga [reseca, está en llamas].

Aquí la restricción se aplica al punto equivocado y con exceso.

En el mundo exterior, esto indica una actitud inflexible y falta de adaptación a la realidad. Si usted no sabe cómo doblarse se romperá.

Internamente, significa una represión excesiva de sus sentimientos. Esta actitud malsana genera demasiado estrés y asfixiará su espíritu.

Trabajo: Trate de adaptarse a la situación y sea más flexible, de lo contrario, se arruinará la vida.

Vida privada: Un autocontrol excesivo y esfuerzo incesante lo convertirá en una persona amargada.

Salud, sentimientos y relaciones sociales: Si no aprende a relajarse y a disfrutar de la vida va a sufrir mucho estrés y se amargará la vida. Peligro de infarto.

Seis en el cuarto puesto

Aquieta su torso.
Sin defecto.

Mantener el torso quieto significa controlar todo su ser de una manera equilibrada sin ser influenciado indebidamente por factores externos. El carácter chino traducido como "torso" también significa "uno mismo, carácter, vida, el individuo total, la psique".

Usted sabe cómo relajarse y descansar adecuadamente. Su vida es armónica y bien ordenada.

Trabajo: Todo está bajo control. No haga ninguna innovación, continúe con su rutina habitual tal como siempre y así no tendrá ningún problema.

Vida privada: Si se queda tranquilo en su lugar se evitará muchos problemas.

Salud, sentimientos y relaciones sociales: Descanse adecuadamente para preservar su salud.

Seis en el quinto puesto

Aquieta sus mandíbulas.
Lo que dice es coherente.
El arrepentimiento se desvanece.

Aquietar las mandíbulas quiere decir que debe evitar hablar por hablar y tiene que pensar antes de decir algo.

Hablar coherentemente significa decir las palabras adecuadas y también evitar decir aquellas cosas que pueden causar malestar entre las personas.

Trabajo: Su discurso debe ser coherente con la política de su empresa. No chismee ni se queje constantemente.

Vida privada: Si usted tiene cuidado con sus palabras, evitando decir cosas indebidas, podrá prevenir muchos conflictos y problemas en el futuro.

Salud, sentimientos y relaciones sociales: Aprenda a controlarse a usted mismo. Para aquietar sus mandíbulas usted tiene que ser dueño de usted mismo, lo que no es una tarea sencilla.

Nueve en el sexto puesto

Sincero aquietamiento.
Ventura.

Su profunda calma interior le permite contemplar con tranquilidad y con una perspectiva imparcial todas las cosas que le pasan a usted mismo y a la gente en general.

Tal actitud equilibrada le traerá buena suerte a usted y a las personas que lo rodean.

Trabajo: Su auto-control y buen balance le ayudarán a tener gran éxito.

Vida privada: Su vida es estable y placentera y su generosidad hará que usted y su familia sean felices.

Salud, sentimientos y relaciones sociales: Está en paz con usted mismo y con el mundo. Gozará de un elevado desarrollo espiritual.

jiàn
Avance gradual

Los ideogramas que forman al carácter chino que le da título a este hexagrama son: *shuǐ*, “agua” y un elemento fonético: agua infiltrándose gradualmente.

Cuatro hexagramas están relacionados con el matrimonio y las medidas preliminares que conducen a él: **31-**Influencia mutua, representa la atracción inicial y el cortejo de una pareja; **32-**Duración, indica la institución del matrimonio; en **53-**Avance gradual, se muestran los pasos y las ceremonias que llevan al matrimonio y en **54-**La muchacha que se casa, se describe a una joven entrando en la casa de un hombre mayor como esposa secundaria.

Significados asociados

Desarrollo o avance gradual, avance, infiltración, embeber, humedecer, empapar, avance lento pero constante, avanzar como el agua infiltrándose gradualmente; alcanzar.

El Dictamen

Avance gradual.
El casamiento de la doncella trae ventura.
La determinación es favorable.

> En la sociedad china tradicional, después que una doncella se comprometía, se realizaban una serie de ceremonias antes de su matrimonio.
>
> De la misma manera, el desarrollo gradual requiere avanzar paso a paso. No puede ignorar las etapas preliminares si quiere asentar so-

bre bases sólidas sus proyectos. Con el tiempo su determinación le permitirá alcanzar el punto de concreción simbolizado por el matrimonio de la doncella.

La Imagen

Sobre la Montaña está un árbol: la imagen del Avance Gradual.
Así el noble manteniendo su virtud y amabilidad mejora las costumbres [del pueblo].

Avance gradual indica un ascenso lento pero impresionante partiendo de la ribera del río hasta alcanzar las tierras altas. De la misma manera que un árbol en crecimiento se desarrolla lenta e incesantemente, usted debe madurar gradualmente para poder desarrollarse plenamente.

El lento crecimiento de un árbol indica cómo un sabio, poco a poco, a lo largo de su propio desarrollo, influye en otras personas y mejora sus vidas con su ejemplo. Con el tiempo, su ascenso lo impondrá como un modelo a seguir, tal como un árbol que crece en un lugar alto afecta el paisaje, porque todos pueden verlo claramente.

Al comienzo un seis

El ganso avanza gradualmente hasta orilla del río.
El niño está en peligro y se hablará en su contra.
Sin defecto.

El ganso aparece en todas las líneas de este hexagrama, simbolizando las etapas del avance gradual, desde las bajas riberas del río hasta las alturas.

El ganso es un animal que puede nadar en el agua, caminar en la tierra o volar en el cielo. El ganso está más seguro en el agua o en pleno vuelo, que cuando camina torpemente sobre el terreno, donde se encuentra en peligro de ser atacado por otros animales. En la primera línea se acerca a un límite peligroso, la orilla del río, que simboliza una frontera que tiene que atravesar.

Este es el principio del avance gradual, usted está solo y está entrando en un nuevo territorio, atractivo, pero lleno de peligros desconocidos.

Va a ser criticado porque está cruzando un límite y se atreve a probar algo nuevo. Debido a su falta de experiencia, la gente no va a confiar en usted. Por supuesto se enfrentará a algunos problemas, pero si persigue sus metas con determinación, con el tiempo acumulará experiencia y hará las cosa bien, sin cometer errores.

Trabajo: Tendrá que aprender los fundamentos de un nuevo trabajo o asignación. Tenga cuidado y no se desanime si algunos lo critican.

Vida privada: Tendrá dificultades y algunos hablarán en su contra, ese es el precio a pagar por innovar y tratar de hacer algo nuevo.

Salud, sentimientos y relaciones sociales: Manténgase dispuesto a probar nuevas experiencias y adquirir más conocimientos. No tenga miedo de perseguir sus sueños.

Seis en el segundo puesto

El ganso avanza gradualmente hacia la roca.
Comer y beber con júbilo.
Ventura.

En este punto, usted alcanzó cierto grado de seguridad y puede mirar al futuro con esperanza. La roca representa una base estable y segura, un lugar donde sus necesidades básicas están cubiertas.

El carácter chino traducido como "júbilo", *kàn*, también significa banquete, lo que da la idea de una reunión social.

Kàn, que se repite dos veces seguidas, asimismo es una onomatopeya del graznido de los gansos. Se ha dicho que los gansos llaman a otros de su misma especie cuando encuentran alimentos, para compartirlo, por lo tanto esta línea sugiere compartir felizmente las cosas buenas de la vida con otras personas.

Trabajo: Prosperará y consolidará su posición. Los frutos de su esfuerzo le alegrarán la vida y le permitirán disfrutar de una buena vida social.

Vida privada: Finalmente encontró un refugio seguro. Ahora puede relajarse y disfrutar de su bien ganada prosperidad con sus amigos y familiares.

Salud, sentimientos y relaciones sociales: Gozará de buena salud y felicidad. Tendrá excelentes relaciones sociales.

Nueve en el tercer puesto

El ganso avanza gradualmente hasta las tierras altas.
El hombre marcha pero no regresa, la mujer está embarazada
pero no da a luz.
Desventura.
Es favorable defenderse de los bandidos.

Las tierras altas no son un lugar apropiado para un ganso, porque será muy difícil para él encontrar comida y refugio. El carácter chino traducido como "marcha" también significa "ir a la guerra", eso indica que esta línea se refiere al inicio de un avance audaz y arriesgado, efectuado sin la preparación adecuada. Por supuesto el significado bien puede ser literal, como cuando un hombre se va a la guerra y no vuelve.

El sentido de esta línea es que si usted inicia un conflicto o intenta hacer algo peligroso, más allá de sus posibilidades reales, cometerá un grave error. Que el hombre no regrese indica pérdida de recusos y de apoyo, que la mujer no de a luz significa un plan que no fructificará.

Al tratar de forzar un avance que no es posible, perderá lo que tenía anteriormente.

Defenderse de los bandidos significa que en lugar de intentar metas imposibles debe proteger lo que ya tiene.

Trabajo: Si actúa con osadía antes de tener el apoyo suficiente fracasará y pondrá en peligro su empleo o su negocio. Sea conservador y concéntrese en mantener su negocio funcionando, en lugar de arriesgarse.

Vida privada: Si trata de hacer las cosas por la fuerza o por sí solo, pondrá a su familia en peligro. Está en peligro sufrir un robo o un asalto violento. Puede haber una separación en la familia.

Salud, sentimientos y relaciones sociales: El comportamiento imprudente pondrá en peligro su vida. Malas perspectivas para los embarazos.

Seis en el cuarto puesto

El ganso avanza gradualmente hacia el bosque.
Si consigue una rama chata [para posarse] no habrá defecto.

La rama de un árbol no es el mejor lugar para un ganso, pero en tiempos de dificultad y peligro usted debe ser flexible y aceptar lo que pueda conseguir. La rama chata indica soluciones temporales, arreglos que le permitirán un mínimo de confort y seguridad.

Lo importante es encontrar refugio, tal vez no sea el lugar perfecto, pero si lo pone fuera de peligro es una buena opción.

Trabajo: Puede que tenga que aceptar un trabajo que está por debajo de sus expectativas o fuera de su especialidad. Si usted es una persona de negocios puede que tenga que hacer algunas concesiones para mantener su negocio en marcha.

Vida privada: Puede encontrar soporte en los lugares más insospechados si está listo para adaptarse a las necesidades del momento. Posiblemente amplíe su casa o compre una propiedad.

Salud, sentimientos y relaciones sociales: Adáptese a las circunstancias, sea tolerante y amplio de criterio. Es importante que repose lo necesario.

Nueve en el quinto puesto

El ganso avanza gradualmente hacia la colina.
La mujer no concibe por tres años.
Finalmente nada puede detenerla.
Ventura.

Concebir un niño indica el cumplimiento de los deseos de su corazón pero hay algunos obstáculos que impedirán que eso suceda por un tiempo.

La línea *yin* en el segundo lugar simboliza una mujer que está separada de su pareja, la quinta línea *yang*, por las líneas intermedias. Aplicado a las relaciones humanas esto significa que malas personas o malentendidos crearán barreras que postergarán la obtención de lo que usted anhela.

El quinto puesto es el lugar del regente y la colina indica una posición alta. Al tener un puesto elevado, usted puede quedar aislado y quizás tenga que soportar abusos y calumnias causadas por la envidia.

Finalmente todos los obstáculos serán superados y tendrá buena fortuna.

Trabajo: Algunas personas pueden envidiar su posición y hablarán en su contra, ocasionando algunos problemas y malentendidos entre usted y sus subordinados. Esto retrasará sus objetivos, pero no los impedirá. Asegúrese de conocer la situación real antes de tomar decisiones importantes.

Vida privada: Rumores maliciosos van a causarle problemas con sus relaciones y estorbarán sus planes. Con el tiempo todos los obstáculos desaparecerán y se cumplirán sus deseos.

Salud, sentimientos y relaciones sociales: Puede haber problemas en un embarazo o un parto demorado, pero al final todo saldrá bien.

Nueve en el sexto puesto

El ganso avanza gradualmente hacia las tierras altas.
Sus plumas pueden usarse para practicar los ritos.
Ventura.

El avance gradual culmina en las tierras altas indicando como usted alcanzará una posición prominente.

El utilizar las plumas del ganso para los ritos significa que su progreso lo convertirá en un ejemplo y una inspiración para los demás, en un nivel más mundano puede indicar un matrimonio consumado.

Trabajo: Ha llegado a la cima del éxito. Puede llegar a retirarse y servir como un consultor.

Vida privada: Si realiza algún tipo de trabajo creativo, tendrá un gran éxito. Sus deseos se convertirán en realidad.

Salud, sentimientos y relaciones sociales: Debido a su elevación espiritual, usted es visto como un modelo a seguir por las personas que lo rodean, quienes lo ayudarán de muy buena gana. Tendrá excelente salud.

54

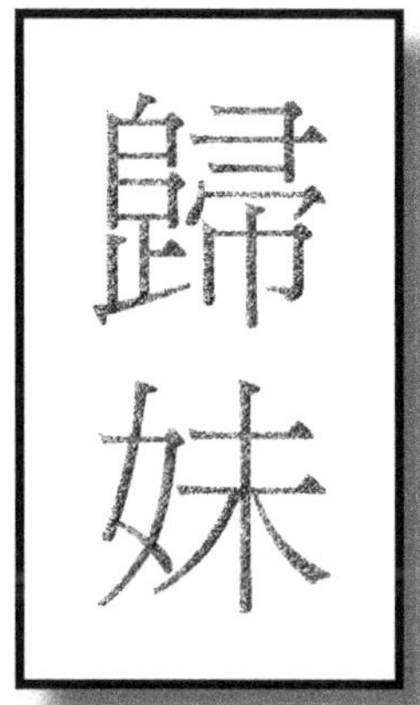

guī mèi
La Muchacha que se Casa

Los dos caracteres chinos que le dan título a este hexagrama son: *guī*: "entregar en matrimonio" y *mèi*: "doncella, hija, hermana menor".

Cuatro hexagramas están relacionados con el matrimonio y las medidas preliminares que conducen a él: **31-**Influencia mutua, representa la atracción inicial y el cortejo de una pareja; **32-**Duración, indica la institución del matrimonio; en **53-**Avance gradual, se muestran los pasos y las ceremonias que llevan al matrimonio y en **54-**La muchacha que se casa, se describe a una joven entrando en la casa de un hombre mayor como esposa secundaria.

En la China antigua un noble podía tener varias esposas y un gobernante debía tener no menos de tres, todas de la misma familia. Las esposas secundarias se llamaban las hermanas más jóvenes, ya que por lo general eran hermanas, normalmente hermanas menores, hermanastras o primas de la novia principal.

Las esposas secundarias estaban subordinadas a la esposa principal, cuyos hijos tenían prioridad sobre los otros niños.

Significados asociados

El matrimonio de la hermana menor, la segunda esposa, asumir un rol secundario, concubina.

El Dictamen

La Muchacha que se Casa.
Marchar [iniciar una campaña] trae desventura.
Nada que sea favorable.

Una muchacha que entra en una familia como esposa secundaria simboliza a alguien que ocupa una posición subordinada, informal o transitoria dentro de un grupo

Cuando le toque actuar como un subordinado, en una posición baja, lo mejor que puede hacer es proceder con humildad y hacer lo que se espera de usted.

No asuma prerrogativas inapropiadas ni intente influir al líder del grupo del cual usted forma parte para ponerlo en contra de otras personas.

Su situación no es buena, por eso el Dictamen dice que nada es favorable, pero si usted se adapta a lo que le toca vivir y no exige demasiado, podrá tener sobrellevar bien la situación, que posiblemente no dure mucho tiempo.

La Imagen

Sobre el Lago está el Trueno: la imagen de la Muchacha que se Casa.
Así el noble siempre está consciente de lo perecedero.

El lago simboliza a una mujer joven que entra en la casa de un hombre mayor –simbolizado por el trueno– como esposa secundaria o concubina.

Aplicado a los tiempos actuales, esto indica una relación asimétrica, donde el lado más débil está a merced del lado más fuerte. Al entrar en una relación de este tipo como el lado más débil, debe tener mucho cuidado para evitar ser perjudicado y tiene que ser tolerante.

Tenga en cuenta que ni la buena suerte ni la culpa son mencionadas. Este tipo de relaciones está plagado de inconvenientes, pero tal como sucede en la mayoría de las situaciones de la vida, teniendo la actitud adecuada y con un poco de diplomacia, podrá obtener el máximo provecho de la situación.

La imagen también da la idea de una unión transitoria que no puede durar para siempre porque sus defectos iniciales son la semilla de su destrucción.

Al comienzo un nueve

La muchacha se casa como una concubina [o esposa secundaria].
Un cojo puede caminar.
Marchar [iniciar una campaña] es venturoso.

La primera línea muestra a una persona de nivel social humilde, tal como las concubinas de la antigüedad que tenían una posición baja en el hogar. Esta persona pasará a formar parte de un grupo humano pero tiene poca influencia y está situada muy abajo en la jerarquía.

A pesar de los inconvenientes, podrá avanzar con éxito, al igual que a un cojo que no puede moverse muy bien, pero aún así puede caminar.

Este es un buen momento para comenzar algo nuevo, si usted es humilde avanzará sin obstáculos y tendrá buena fortuna.

Trabajo: Si se queda en un segundo plano y apoya con lealtad a sus superiores, podrá progresar.

Vida privada: Aunque no tiene mucha influencia ni poder, si avanza gradualmente y con suavidad va a poder salir para adelante. No trate de imponer sus puntos de vista, de esa manera tendrá una buena acogida e incluso puede recibir alguna ayuda.

Salud, sentimientos y relaciones sociales: Puede experimentar algunos problemas de movilidad. No se esfuerce demasiado.

Nueve en el segundo puesto

Un tuerto puede ver.
Es favorable la determinación de un hombre solitario.

El hombre de un solo ojo que puede ver significa que se quedará solo después de perder a su compañero, que estará en una situación desventajosa o que sufrirá alguna pérdida o decepción. También indica que sólo tiene una visión parcial de la situación, que no ve todo con claridad.

La determinación de un hombre solitario indica que tendrá que seguir adelante por su cuenta, sin recibir ayuda alguna.

En otro nivel de interpretación, esta línea puede indicar que si no tiene buenas perspectivas es mejor quedarse solo: mejor solo que mal acompañado.

Trabajo: Aunque no recibirá ayuda de los demás, podrá defenderse bien por usted mismo.

Vida privada: A pesar de sus desventajas, podrá mantener su posición. Este augurio es bueno para alguien que es un recluso o está solo.

Salud, sentimientos y relaciones sociales: Soledad. Puede tener algunos problemas con su visión.

Seis en el tercer puesto

La muchacha que se casa está en servidumbre.
Ella vuelve como una concubina.

Estar en servidumbre indica una unión o proyecto fallido; volver como concubina que alguien se vuelve para atrás y acepta un papel secundario, como el de una concubina o una esposa secundaria.

El sentido de esta línea es que después que se frustró su ambición original es posible que renuncie a la misma y acepte un compromiso, por no tener mejores alternativas.

Trabajo: Puede perder un trabajo o fracasar en algún proyecto. Posteriormente tendrá que darse por satisfecho con aquello que pueda conseguir.

Vida privada: Sufrirá algunas pérdidas y su situación se verá afectada para peor. Puede terminar con alguna relación y luego empezar otra nueva, que no será muy estable ni muy buena.

Salud, sentimientos y relaciones sociales: La falta de autocontrol le puede crear problemas. Aunque la línea no lo dice, posiblemente sería mejor quedarse solo que involucrarse en una mala relación. Compare esta línea con la línea siguiente.

Nueve en el cuarto puesto

El matrimonio de la muchacha es pospuesto.
Habrá un matrimonio tardío.

Es mejor esperar hasta que haya una buena oportunidad en lugar de comprometerse con algo que está por debajo de usted.

Con el paso del tiempo podrá alcanzar sus deseos, pero debe esperar a que se den las condiciones adecuadas.

Trabajo: Se encontrará con algunos obstáculos en su carrera, pero finalmente alcanzará su meta, después de que pase un tiempo.

Vida privada: Después de posponer sus deseos durante mucho tiempo conseguirá lo que usted anhela. Si está buscando casarse tendrá que esperar un tiempo hasta encontrar la pareja adecuada.

Salud, sentimientos y relaciones sociales: Si tiene problemas de salud, éstos van a mejorar después de un largo intervalo.

Seis en el quinto puesto

El emperador *Yi* entrega a su hermana menor en matrimonio.[1]
Las mangas de su vestido no eran tan finas como las de la esposa secundaria.
La luna está casi llena.
Ventura.

Note que la cosa más importante (la hermana del emperador) parece menos atractiva o tiene un aspecto más humilde que un factor menos importante (la esposa secundaria, o concubina).

Aquí la apariencia no es lo más importante sino la modestia y el tener una vocación de servicio, eso es lo que le permitirá completar sin problemas el ciclo que se cierra –como la referencia a la luna llena indica– y tener éxito (compare con 9.6 y 61.4, donde también se menciona la luna casi llena).

Trabajo: Puede ser asignado a un nuevo puesto; podrá prosperar en su nueva posición pero tendrá que poner su orgullo a un lado y mantener un perfil bajo.

Vida privada: Podrá encontrar la felicidad que busca si está atento a lo esencial y no se deja distraer o seducir por las meras apariencias. Una alianza exitosa enriquecerá su vida.

Salud, sentimientos y relaciones sociales: Buena salud. Concéntrese en las cosas simples y evite el lujo excesivo o las actitudes faltas de moderación

Al tope un seis

La mujer presenta un cesto, pero éste no contiene frutos.
El hombre acuchilla una oveja pero ésta no sangra.
Nada que sea favorable.

El cesto vacío indica falsedad y falta de generosidad, la oveja que no sangra es un sacrificio insincero porque el animal ya estaba muerto.

El cesto vacío también simboliza un vientre estéril y las oveja sin sangre un hombre sin semilla.

La falta de compromiso real y las actitudes hipócritas harán imposible que la unión sea afortunada. Ninguna relación humana puede prosperar ni ser feliz bajo esas circunstancias.

Trabajo: Sus esfuerzos serán en vano porque carecen de sustancia y son sólo para aparentar. Tendrá pocos ingresos y no podrá lograr nada bueno.

Vida privada: Una unión basada en premisas falsas será infructuosa y finalmente fallará. Sus esfuerzos no servirán de nada si no son sinceros.

Salud, sentimientos y relaciones sociales: La hipocresía envenenará su desarrollo espiritual. Su salud puede tomar un giro hacia lo peor; las personas de edad pueden morir. Si hay un embarazo este no llegará a buen término.

Notas

1. *Yi* era el nombre del penúltimo emperador *Shang* quien le dio una novia el señor de *Zhou.* El hexagrama 11, línea 5 tiene un oráculo similar. "*Yi* fue el primero en aprobar una ley que decía que las hijas de la casa real, al casarse con príncipes de los estados, deberían estar sujetas a ellos, como si no fueran superiores a ellos en jerarquía". (Legge)

55

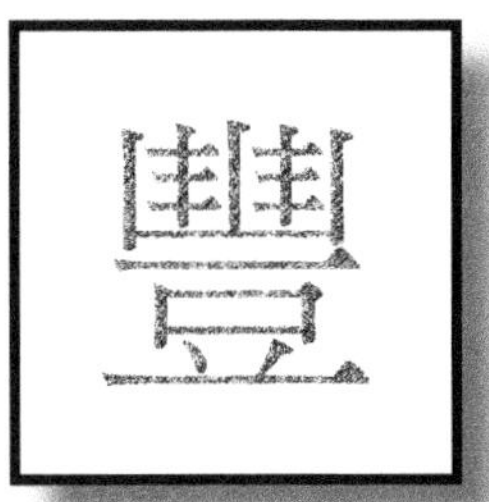

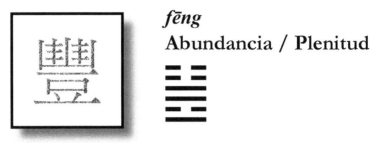

fēng
Abundancia / Plenitud

El carácter chino que le da título a este hexagrama muestra una vasija ritual con algo sobre ella.

Significados asociados

Abundancia, plenitud, lujo, abundante y fructífero, prolífico, maduro, completo, prosperidad, riqueza, alcanzando el cenit. Algunos estudiosos piensan que describe un eclipse solar, el que indica el eclipse de la influencia de los hombres capaces.[1]

El Dictamen

La Abundancia tiene éxito.
El rey se acerca.
No estés triste.
Apropiado para el medio del día.

Tanto el rey como la referencia al sol del mediodía denotan crecimiento personal y elevación.

Usted llegará a un punto alto en su vida, pero tal como el sol comienza a descender tan pronto como llega a su cenit, este será un momento de gloria transitoria. Esta es la razón de la advertencia: no estés triste.

El sol da calor y luz a todas las cosas, comparte su energía con todos los seres humanos. No trate de acaparar la plenitud para usted solo, no es posible y tal comportamiento va en contra de las exigencias del momento. Por el contrario, esté bien dispuesto a ayudar y sostener a otros, comparta sus bendiciones con un corazón abierto.

Este hexagrama relata encuentros y desencuentros, interferencias y confusión porque la abundancia no sólo es transitoria sino que también es difícil de obtener.

La Imagen

Trueno y Rayo llegan a su meta: la imagen de la Abundancia.
Así el noble decide los casos legales y aplica los castigos.

El trueno y el rayo simbolizan el poder ejercido desde una posición superior, con visión clara.

La falta de claridad y las sospechas harán difícil la interacción entre las personas bajo las presentes circunstancias por lo que es necesario aplicar medidas enérgicas y claras para corregir esos inconvenientes.

Los casos legales y los castigos indican que hay que tomar las medidas que sean necesarias para restaurar la confianza de la gente y para evitar que personas de bajo nivel y malas intenciones interfieran y confundan las relaciones entre las personas.

Al comienzo un nueve

Encuentra el jefe [amo, señor, maestro] que le corresponde.
Aunque puede durar diez días sin error, ir [acudir o partir] es honorable.

Conocerá a alguien que comparte sus valores y puntos de vista pero está situado en una posición más alta que la suya. Esa persona lo ayudará a alcanzar sus metas.

En la antigua China la semana duraba diez días,[2] esos diez días indican un período durante el cual usted podrá completar lo que tiene que hacer con su jefe sin caer en el error. Los diez días juntos le permitirá desarrollar un proyecto compartido con la ayuda de su jefe.

Si usted trata de prolongar la duración de esa relación para obtener más beneficios, atraerá a la calamidad sobre usted mismo.

Trabajo: Usted será promovido con la ayuda de amigos en las altas esferas. Utilice su nueva posición de manera constructiva y no abuse de la confianza que se le concede.

Vida privada: Un amigo que tiene una mejor posición que usted lo ayudará a progresar, trabajará junto a él por un tiempo.

Salud, sentimientos y relaciones sociales: Buena salud. Tendrá una relación muy positiva pero transitoria con alguien que lo guiará.

Seis en el segundo puesto

La cortina tiene tal plenitud que al mediodía se puede ver la Osa Mayor.[3]
Si avanza obtendrá desconfianza y odio.
Al demostrar su sincera simpatía tendrá ventura.

El texto de esta línea tiene varias traducciones posibles, pero el sentido general es que su avance será bloqueado porque no confían en usted. La cortina indica el prejuicio y la envidia que evitarán que sus superiores se enteren de sus cualidades.

La acción directa no funcionará bien, pero si usted demuestra su sinceridad y capacidad haciendo méritos, finalmente tendrá éxito y ganará la confianza de sus superiores.

Trabajo: Su consejo no será escuchado y sus méritos serán ignorados pero a la larga tendrá éxito.

Vida privada: Sus planes serán obstaculizados por algunas personas, pero si es paciente y sincero, finalmente prevalecerá.

Salud, sentimientos y relaciones sociales: Si tiene problemas de salud, con el tiempo mejorarán.

Nueve en el tercer puesto

El velo tiene tal plenitud que a mediodía se pueden ver las estrellas menos brillantes.[4]
Él se rompe el brazo derecho.
Sin defecto.

Condiciones desfavorables bloquearán cualquier intento de su parte para superarlas. El brazo roto significa que su influencia y poder serán disminuidos después de un intento fallido para avanzar.

Las estrellas menos brillantes se refieren a personas de bajo nivel que prosperarán mientras tanto usted está obstruido.

Pese a todos los inconvenientes no cometerá ningún error y su conducta será intachable.

Trabajo: Será obstaculizado por los incompetentes que dirigen el espectáculo. Las personas capaces están aisladas y son dejadas a un lado.

Vida privada: Sus planes no prosperarán, se enfrentará a problemas y sus esfuerzos no serán reconocidos.

Salud, sentimientos y relaciones sociales: Es posible que tenga problemas con sus brazos.

Nueve en el cuarto puesto

La cortina tiene tal plenitud que a mediodía se puede ver la Osa Mayor.[5]
Se encuentra con su jefe [amo, señor, maestro] en secreto.
Ventura.

Podrá superar la confusión causada por las malas influencias con la ayuda de un aliado poderoso, simbolizado por la quinta línea que es el regente del hexagrama y que será su jefe.

Usted complementará las cualidades de su jefe y sus esfuerzos concertados asegurarán el éxito.

El encontrarse en secreto subraya la necesidad de tomar precauciones y de ser muy discreto.

Trabajo: Gracias a la ayuda de un superior será promovido.

Vida privada: Empezará a superar la confusión y los obstáculos en su vida con la ayuda de un amigo.

Salud, sentimientos y relaciones sociales: Si tuviera cualquier enfermedad, se recobrará. Su situación social mejorará.

Seis en el quinto puesto

Llega el esplendor.
Tendrá bendiciones y fama.
Ventura.

Superará la confusión imperante, haciendo buen uso de sus propias habilidades y con la ayuda de colaboradores capaces.

Sus méritos serán reconocidos y honrados y alcanzará el éxito.

Trabajo: Será recompensado por sus esfuerzos y podrá progresar trabajando en equipo.

Vida privada: La oscuridad y el aislamiento del pasado han terminado. Recibirá el apoyo de sus amigos y familiares y será feliz y próspero.

Salud, sentimientos y relaciones sociales: Será bendecido con energía y claridad espiritual. Gozará de excelente salud y disfrutará de una muy buena vida social.

Al tope un seis

Un abundante dosel oculta su casa.
El espía desde su puerta, silente y sin nadie a su lado.
No ve a nadie por tres años.
Desventura.

Esta línea describe a alguien que en lugar de enfrentarse a los problemas de la vida diaria se refugia en los recuerdos del pasado retirándose del mundo exterior.

Si pretende monopolizar para usted solo su abundancia y considera inferiores y despreciables a sus semejantes, se quedará solo.

Su actitud rígida le mantendrá al margen de la vida social durante un período completo simbolizado por los tres años de los que habla la línea.

Trabajo: Si no está listo para hacer frente a la realidad, lo descartarán.

Vida privada: La arrogancia y el egoísmo arruinarán su vida familiar. Corre peligro de perder a su familia y amigos, e incluso puede perder su propiedad.

Salud, sentimientos y relaciones sociales: Las sospechas paranoicas paralizarán su vida.

Notas

1. Aunque *Feng* se traduce generalmente como "plenitud " o "abundancia", también fue el nombre de un río y de una ciudad. La ciudad de *Feng* era la capital de los *Zhou* (la dinastía china cuyo fundador es considerado el autor del *Yijing*) antes de la conquista del Imperio *Shang*, pero posteriormente fue abandonada. El hexagrama 55 puede tener una interpretación completamente diferente si tomamos a *Feng* como el nombre de una ciudad y el texto de varias de las líneas como las referencias a un eclipse que fue visto como un presagio de la caída de la dinastía *Shang*.

2. En la antigua China la semana de diez días en uso se basaba exclusivamente en consideraciones numéricas, sin ninguna relación astronómica. Los diez días se asociaban con los *Diez Tallos Celestiales* (*gan tian*), que son un sistema chino de números cíclicos proveniente de la dinastía *Shang*.

3. El carácter chino que designa a La Osa Mayor, *dǒu,* en sus formas más antiguas en bronce y hueso oracular, mostraba la forma de una cuchara debido a que la Osa Mayor es un conjunto de siete estrellas que pueden verse como un cucharón, cuatro estrellas forman el tazón y tres el mango.

4. La palabra china *Mei*, traducida como "estrellas menos brillantes", puede ser el nombre de una estrella, pero también podría ser una referencia a pequeñas estrellas o una luz tenue. En algunas traducciones *Mei* se sustituye por otros caracteres.

5. Vea la nota 3.

56

lǚ
El Andariego

Los ideogramas que forman el carácter chino que le da título a este hexagrama son: *yǎn*, "bandera" y *cóng*, "seguir": hombres errantes que siguen una bandera.

Significados asociados

Andariego, peregrino, huésped, hospedarse, vagabundo, viajero, extraño, forastero, exilio, expatriado, estar lejos de casa, momento de transición, situación temporal, tropas sin lugar fijo.

El Dictamen

El Andariego.
Éxito en pequeñas cosas.
La determinación del andariego trae ventura.

> Usted reside en una tierra extraña. Debido a que no tiene el apoyo de su familia o de una amplia red de amigos sus perspectivas son limitadas, por eso sólo podrá hacer pequeñas cosas.
>
> La determinación del andariego indica que usted debe adaptarse a los límites de su situación actual y actuar de acuerdo a sus posibilidades.
>
> Como andariego está buscando un lugar donde pueda hospedarse y descansar y tal vez también un empleo. Hasta que consiga un buen lugar para asentarse, debería contentarse con pequeñas comodidades sin pedir demasiado de los demás. Usted es un extranjero y debe comportarse con dignidad y modestia.
>
> En otro nivel de interpretación, este hexagrama indica una fase de transición, una situación temporal.

La Imagen

Arriba de la Montaña hay Fuego: la imagen del Andariego.
Así el noble aplica los castigos con claridad y cuidado
y no prolonga las pendencias.

El fuego sólo perdurará mientras tenga algo que quemar, es un fenómeno transitorio, de la misma manera los castigos deben ser aplicados por un corto tiempo y sólo cuando no haya otra opción.

Los conflictos pueden tener resultados impredecibles y peligrosos, como el fuego en una cumbre de la montaña, movido por los vientos, pueden crecer más allá de su control.

Posiblemente tenga que defenderse, pero no tiene los recursos para sostener un conflicto prolongado, por eso debería tratar de solucionar cualquier conflicto en forma rápida. Conviene llegar a un acuerdo, aunque no sea muy ventajoso y debe tratar de minimizar los conflictos.

Al comienzo un seis

El Andariego es demasiado quisquilloso,
de esa forma sólo conseguirá desgracia.

El carácter traducido como "quisquilloso" también significa "trivial, mezquino, molesto, delicado, despreciable". La idea general es que el andariego tiene una opinión exagerada de su propia importancia y se convierte en una molestia para los demás, es un alborotador.

Tenga en cuenta que, siendo esta la primera línea, representa a una persona de escasos recursos y posición social baja. Una persona de tan escasa importancia caerá en desgracia debido a su comportamiento inapropiado porque nadie tolerará sus desaires.

Trabajo: Usted puede perder su trabajo debido a que no está a la altura de sus responsabilidades.

Vida privada: Si es intolerante y de mente estrecha, se meterá en problemas.

Salud, sentimientos y relaciones sociales: Por su propio bien, debería revisar sus prioridades y centrarse en lo que es más importante.

Seis en el segundo puesto

El Andariego llega a una hostería.
Mantiene a buen recaudo sus pertenencias.
Consigue un joven y leal sirviente.

Va a encontrar un buen lugar donde podrá descansar por un tiempo.

El carácter traducido aquí como "pertenencias" también significa "dinero, medios de vida y propiedad", además de su significado literal, simboliza sus recursos, conocimientos y habilidades. El mantener sus pertenencias a buen recaudo también significa que usted está lidiando bien con su viaje, que se comporta con aplomo y modestia.

El joven sirviente significa que recibirá apoyo, lo cual será positivo, aunque es de esperarse que un joven sirviente tendrá algunas limitaciones, porque le faltará experiencia.

Trabajo: Va a asegurar su posición y eso le proporcionará una base para poder expandirse. También puede llegar a obtener un asistente.

Vida privada: Este es un período de transición, está aprendiendo cómo hacer frente a su nuevo entorno. Se está adaptando bien y puede que incremente sus propiedades o al menos consiga un buen lugar donde hospedarse.

Salud, sentimientos y relaciones sociales: Ya no está solo, tiene gente que lo apoya y se siente seguro.

Nueve en el tercer puesto

El Andariego quema su refugio.
Pierde a su joven sirviente.
La determinación es peligrosa.

Quemar el propio refugio es el resultado de una conducta violenta y prepotente que socavará su propia seguridad.

Si usted trata a los demás con arrogancia y insensibilidad, perderá su cooperación.

Si sigue por ese camino errado, quedará aislado y sólo encontrará problemas en el futuro.

Trabajo: Si no modera su comportamiento extremo va a perder tanto su posición como cualquier apoyo que tuviera anteriormente.

Vida privada: Si actúa sin preocuparse por los sentimientos o las opiniones de los demás va a perder su colaboración y destruirá sus logros previos. No sea terco; deténgase antes de que sea demasiado tarde. Puede llegar a perder su propiedad o arruinar su relación con los que lo rodean. Peligro de incendio.

Salud, sentimientos y relaciones sociales: Si está demasiado estresado, su salud se verá afectada. Va a enfrentar una crisis.

Nueve en el cuarto puesto

El Andariego se establece en un lugar.
Consigue posesiones y un hacha.
"Mi corazón no está contento".

Finalmente encontró un lugar para establecerse por un tiempo y disfruta de cierta seguridad.

El hacha puede indicar que debe trabajar duro para establecerse o que tiene que mantenerse en guardia contra lo inesperado. Todavía inquieto, no se siente seguro.

Sus aspiraciones aún no se han cumplido; sabe que su alojamiento actual no es el lugar adecuado para usted.

La idea general es que usted encontrará soluciones temporales que son aceptables pero no muy buenas.

Trabajo: Obtener una propiedad y un hacha significa conseguir cierto reconocimiento y una posición suficientemente buena. Pero usted no está cómodo en su nuevo trabajo y siente la necesidad de asegurar su posición.

Vida privada: Está de paso por un lugar. Aunque haya encontrado un alojamiento más o menos adecuado es una vida dura.

Salud, sentimientos y relaciones sociales: Aunque goza de cierta estabilidad, usted no está satisfecho, se siente inseguro y solo.

Seis en el quinto puesto

Le dispara a un faisán.
Aunque la primera flecha falla finalmente es alabado y le dan empleo.

Dispararle un faisán significa buscar empleo exhibiendo sus habilidades.[1]

Es posible que tenga algunas dificultades demostrando sus habilidades, pero después que hayan reconocido sus méritos, conseguirá lo que busca.

En otro nivel de interpretación tendrá que ofrecer algo de valor antes de ser aceptado.

Trabajo: Sus superiores le ofrecerán una promoción o un nuevo trabajo después de que establezca claramente sus méritos.

Vida privada: Va a prosperar y obtendrá el reconocimiento público.

Salud, sentimientos y relaciones sociales: Disfrutará de buenas relaciones sociales.

Nueve en el sexto puesto

El pájaro quema su nido.
El Andariego primero ríe pero después llora y se lamenta.
Pierde su vaca en *Yi*.
Desventura.

El nido indica una posición elevada pero inestable. La risa y el llanto indican que perderá su posición si es arrogante y descuidado, una cosa que sucede muchas veces en la última línea de los hexagramas cuando se pierde el control o se exceden los límites de la corrección.

La referencia a la vaca perdida en *Yi*, está relacionada con una figura china histórico-mítica llamada *Wang Hai*, quien llevó a sus rebaños a pastar en *Yi* y fue asesinado en ese mismo lugar.[2]

Perder la vaca significa perder los recursos y ser incapaz de adaptarse a las exigencias de la situación.

El carácter chino *niǎo*, que se traduce como "pájaro" en esta línea, solo aparece otras cuatro veces en el *Yijing* y siempre indica que las actitudes extremas causan la desgracia.

Trabajo: Su falta de capacidad de adaptación y su arrogancia destruirán su base de sustentación.

Vida privada: La negligencia y el exceso de confianza pueden causarle pérdidas. Un incendio puede dañar su propiedad.

Salud, sentimientos y relaciones sociales: Sus sentimientos están descontrolados, oscilan de la alegría a la angustia. Puede llegar a contraer una enfermedad de los ojos.

Notas

1. "En la antigüedad, se usaba el tiro de arco para elegir a los feudatarios y funcionarios. Se suponía que la precisión en el tiro representaba la rectitud del corazón y viceversa."(Wieger).

2. La palabra *Yi* se puede traducir como "campo, cambio o fácil", pero lo más probable es que sea una referencia histórica a *Wang Hai*, una figura legendaria que no sólo perdió a su rebaño en *Youyi* (*Yi*), pero también fue asesinado allí, tal vez porque cometió adulterio con la mujer equivocada o como resultado de una disputa sobre los campos de pastoreo. Supuestamente *Wang Hai* fue quien comenzó con la ganadería y por eso él es reverenciado como un héroe cultural en China.

xùn
Suave Influencia

El carácter chino que le da título a este hexagrama muestra a dos personas arrodillándose enfrente de una mesa: sumisión.

Este es uno de los ocho hexagramas que están compuestos por un mismo trigrama, repetido dos veces, en este caso es ☴, *Lo Suave, El Viento.*

Sírvase ver **Los ocho trigramas**, en la pág. 395 para saber más acerca del trigrama ☴.

Significados asociados

Obediente, dócil, sumiso,suave, cumplidor; inclinarse en sumisión, inclinarse para entrar.

El Dictamen

Suave Influencia.
Éxito en pequeñas cosas.
Es favorable tener un lugar adónde ir.
Es propicio ver al gran hombre.

> El éxito en las cosas pequeñas indica que una actitud obediente y humilde, pero persistente y determinada le permitirá alcanzar sus metas, poco a poco, pero de una manera segura.
>
> El tener un lugar adonde ir significa que necesita perseverar y perseguir objetivos claros y bien definidos, de lo contrario su suave influencia se disipará sin producir efectos duraderos.

Ver al gran hombre quiere decir que conseguir un guía o mentor sería muy útil en este momento, pero también indica que usted debería crecer espiritualmente y en entendimiento para poder afrontar la situación.

La Imagen

Vientos que se siguen el uno al otro: la imagen de Suave Influencia.
Así el noble disemina sus comandos
y actúa para llevar adelante sus quehaceres.

Confucio dijo: "La relación entre superiores e inferiores es la misma que se da entre el viento y la hierba: la hierba se dobla cuando el viento sopla a través de ella". Esta cita indica claramente el significado de la imagen.

El viento influye en la hierba de una forma clara, pero imperceptible, porque el viento es invisible. De la misma manera, debe influir sin cesar a la gente que usted lidera, inspirándolos y apoyándolos para realizar sus tareas.

Las palabras "disemina sus comandos" significan que siempre debe estar detrás de sus proyectos, apoyándolos e impulsándolos, pero también indica la necesidad de concentrar su mente en sus objetivos evitando distracciones innecesarias.

Al comienzo un seis

Avanzando y retirándose.
La determinación es favorable para un guerrero.

Avanzar y retirarse indica un estado de indecisión y duda carente de estabilidad.

Lo que necesita es la determinación de un guerrero: asuma su deber con firmeza, sea resuelto y valiente.

Trabajo: La situación no es estable, experimentará altibajos. Manténgase enfocado en su objetivo principal y haga todo lo que pueda para alcanzarlo.

Vida privada: Tendrá pérdidas y ganancias. Necesitará actuar con firmeza y resolución para alcanzar buenos resultados.

Salud, sentimientos y relaciones sociales: Se siente inseguro e indeciso. Su salud tendrá altibajos.

Nueve en el segundo puesto

Penetración bajo la cama.
Usar adivinos y hechiceros en gran número trae ventura.
Sin defecto.

Los adivinos y hechiceros muestran que usted tiene que ir tras factores o influencias ocultas. El carácter chino traducido como "adivinos" puede también traducirse como "escribas o historiadores", lo que sugiere influencias intangibles que provienen del pasado. Los hechiceros o médiums, además de su significado literal, en nuestro mundo moderno podrían ser psicólogos, psiquiatras o investigadores.

El mensaje es que usted debería emplear métodos y especialistas que puedan ayudarle a aclarar la situación y descubrir las fuerzas ocultas nocivas que están operando. Este tipo de trabajo se debe hacer con sutileza y delicadeza, un asalto frontal sería inútil.

Vale la pena que se esfuerce por sacar a la luz lo que se esconde debajo de la superficie porque dicha revelación lo beneficiará mucho.

Trabajo: Algunas de las personas que lo rodean pueden tener malas intenciones y lo ocultan, ciertas influencias negativas que usted no conoce pueden perjudicarlo. Busque la ayuda de personas cualificadas para ayudarle a aclarar la situación.

Vida privada: Hay algo que no es lo que parece en su familia o círculo de amigos. Puede que alguien tenga un rencor oculto contra usted o haya algún designio secreto que puede perjudicarlo. Es importante que usted descubra esas maquinaciones ocultas.

Salud, sentimientos y relaciones sociales: Penetrar debajo de la cama significa arrojar luz sobre factores subyacentes en la mente inconsciente, sacar a la luz sentimientos o prejuicios que son reprimidos. Necesitará ayuda profesional para hacer esto.

Nueve en el tercer puesto

Penetración repetida [urgente, apurada].
Humillación.

Si no puede lograr lo que quiere y trata de forzar su avance a ciegas intentando avanzar sin tener éxito, una y otra vez, pasará vergüenza. Cada cosa tiene su tiempo y no es posible lograr resultados sin la debida preparación.

En otro nivel de interpretación también puede indicar que usted está indeciso y va a rumiar interminablemente sobre algún asunto. Tal indecisión no permitirá que haga nada bueno y lo hará sufrir.

Trabajo: Su falta de decisión o su actitud intransigente lo pondrán en problemas y le causarán angustia.

Vida privada: Si no fortalece su voluntad y suaviza sus métodos, será humillado.

Salud, sentimientos y relaciones sociales: La falta de equilibrio interno puede dañar su salud física y espiritual y también va a perjudicar su vida social.

Seis en el cuarto puesto

El arrepentimiento se desvanece.
Captura tres tipos de presas en la cacería.

Tradicionalmente, los animales atrapados en las cacerías reales eran divididos en tres categorías: *a*) para los sacrificios; *b*) para los huéspedes y *c*) para la cocina del soberano. Una cacería que proporcionaba suficientes presas para cubrir lo que se necesitaba para cada categoría, se consideraba un gran éxito.

Aplicado a la situación actual, esto significa que usted logrará muy buenos resultados en todos los niveles y conseguirá todo lo que necesita.

Sus problemas serán superados.

Trabajo: Será muy exitoso y alcanzará sus objetivos.

Vida privada: Encontrará lo que está buscando, no le faltará nada y tendrá buenas ganancias.

Salud, sentimientos y relaciones sociales: Si está enfermo, recibirá un diagnóstico y tratamiento adecuados y su salud mejorará. Si sentía que algo le faltaba en su vida, posiblemente lo consiga.

Nueve en el quinto puesto

La determinación es venturosa.
El arrepentimiento se desvanece.
Nada que no sea favorable.
No hay principio, pero sí un final.
Antes del séptimo día tres días, después del séptimo día tres días.
Ventura.

Si sus primeros intentos fallan, usted debería cambiar su enfoque. Si actúa con determinación y flexibilidad evitará problemas.

La mención del tercer y el séptimo día se relaciona con la antigua semana de diez días.[1] Esto significa que si realiza ajustes en el medio de la semana, para el final de la misma verá buenos resultados (no tome el número de días literalmente). También significa que cualquier cambio en sus métodos debe aplicarse gradualmente y que tomará algún tiempo hasta que los cambios produzcan resultados visibles.

Trabajo: Tendrá que hacer algunas correcciones y ajustes a sus planes. Si se mantiene firme en su nuevo *modus operandi*, será exitoso.

Vida privada: Este es el momento adecuado para corregir los errores del pasado. Si lo hace, evitará pasar vergüenza y tendrá buena fortuna.

Salud, sentimientos y relaciones sociales: Este es un momento decisivo, llegó la hora de corregir lo que está mal. No se arrepentirá de actuar con decisión.

Nueve en el sexto puesto

Penetración bajo la cama.
Pierde sus pertenencias y un hacha.
La determinación es ominosa.

Penetración debajo de la cama significa estar obsesionado por aclarar todos los detalles de algún tema, hasta la última minucia, antes de tomar acción.

Si gasta toda su energía y tiempo ocupándose de detalles sin importancia, no será capaz de enfrentar sus problemas reales.

En otro nivel de interpretación esto significa que si lleva algún asunto demasiado lejos, causará más problemas que buenos resultados.

Si persiste en su obsesión se quedará sin defensas y no podrá avanzar porque habrá dilapidado todos sus recursos.

Trabajo: Si es demasiado paranoico o inseguro no va a lograr nada bueno e incluso puede perder su trabajo o su negocio.

Vida privada: Tendrá pérdidas. Evite posponer lo que tiene que hacer, termine de ocuparse de lo que tiene entre manos sin dar más vueltas, o tendrá serios problemas.

Salud, sentimientos y relaciones sociales: Compulsión paranoica. Puede llegar sufrir una enfermedad.

Notas

1. En la antigua China la semana de diez días en uso se basaba exclusivamente en consideraciones numéricas sin ninguna relación astronómica. Los diez días se asociaban con los *Diez Tallos Celestiales* (*gan tian*), que son un sistema chino de números cíclicos proveniente de la dinastía *Shang*.

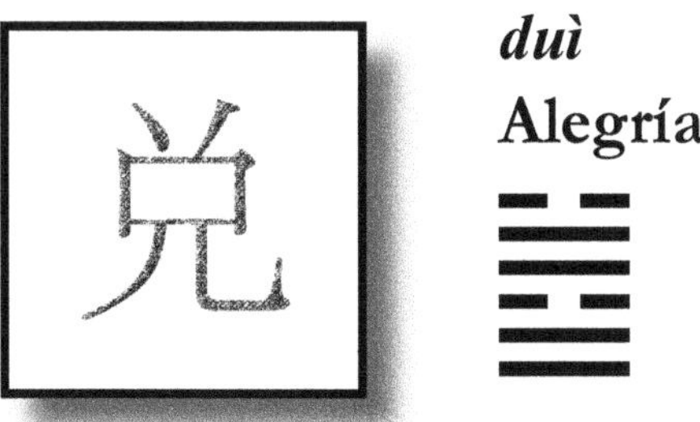

duì
Alegría

El carácter chino que le da título a este hexagrama muestra palabras saliendo de la boca de una persona.

Este es uno de los ocho hexagramas que están compuestos por un mismo trigrama, repetido dos veces, en este caso es ☱, *Lo Alegre, El Lago.*

Sírvase ver **Los ocho trigramas**, en la pág. 395 para saber más acerca del trigrama ☱.

Significados asociados

Felicidad, contento, alegría; franqueza, intercambio, transacciones voluntarias, negociación; charla alegre, comunicación.

"Buenas palabras que disipan la pena y regocijan al oyente, de ahí sus dos significados, hablar y alegrarse." (Wieger).

El Dictamen

Alegría.
Éxito.
La determinación es favorable.

> Una actitud alegre es contagiosa y sirve para fomentar las buenas comunicaciones y relaciones de amistad entre las personas.
>
> La alegría debe fluir desde el interior y no depender de las circunstancias externas. Si usted busca la alegría, no la encontrará. La esen-

cia de la alegría es un carácter abierto que goza de las pequeñas cosas de la vida, no una búsqueda sin sentido de placeres externos.

La alegría desenfrenada puede debilitar la voluntad, por eso el Dictamen dice que la determinación es favorable para evitar los excesos.

La Imagen

Dos Lagos juntos: la imagen de la Alegría.
Así el noble se junta con sus amigos para la discusión y el estudio.

Tal como dos lagos unidos entre sí mezclan sus aguas y evitan el estancamiento, la libre comunicación con otras personas va a enriquecer sus ideas y le dará una perspectiva adecuada a sus pensamientos, manteniendo sus conocimientos actualizados y vitales.

La comunicación abierta con su familia y amigos, no sólo le dará conocimientos, sino que también lo hará feliz.

Al comienzo un nueve

Alegría armoniosa.
Ventura

El carácter chino traducido como "armoniosa" también significa "equilibrio, ritmo, responder a, acuerdo", indicando que usted está en sintonía con la situación actual y con las personas que lo rodean.

Es libre de hacer su voluntad porque tiene paz interior y sabe como actuar sin entrar en conflicto con los que lo rodean.

Trabajo: Va a prosperar y recibirá ayuda porque está en muy buenas relaciones con sus asociados.

Vida privada: La armonía doméstica prevalecerá. No presione a las personas que lo rodean, sea amable con todos ellos.

Salud, sentimientos y relaciones sociales: Muy buen estado de salud y felicidad.

Nueve en el segundo puesto

Alegría sincera.
Ventura.
El arrepentimiento se desvanece.

No deje que otros le compliquen la vida con placeres dudosos. Haga lo que le parezca mejor sin tener en cuenta lo que los demás le digan. De esa manera se evitará problemas y tendrá buena fortuna.

Trabajo: Tenga fe en sus propios planes y decisiones; no se deje seducir ni trate de tomar atajos o riesgos.

Vida privada: Puede que sea tentado a desviarse de su camino o hacer algo inapropiado para satisfacer otras personas. Nunca renuncie a sus principios.

Salud, sentimientos y relaciones sociales: Puede tener vacilación y dudas cuando se enfrente con una tentación. Manténgase firme.

Seis en el tercer puesto

Va tras la alegría.
Desventura.

Si es demasiado indulgente con sus propios apetitos y no sabe como contenerse, eso le ocasionará muchos problemas.

Trabajo: Si busca progresar con un comportamiento obsequioso, fracasará. Concéntrese en cumplir con su deber y no se preocupe tanto por las pérdidas y las ganancias.

Vida privada: Si sólo vive para los placeres, diversiones y el dinero, debilitará su voluntad y terminará mal.

Salud, sentimientos y relaciones sociales: No se deje seducir por sueños vanos ni arrastrar por otros.

Nueve en el cuarto puesto

Regateando la alegría.
Todavía no está en paz.
Después que limite su ansiedad tendrá felicidad.

Está inquieto e indeciso tratando de equilibrar las presiones externas con sus propios deseos.

Actúe con mucho cuidado, elija lo que le dará valor real y duradero y no sólo placer temporal.

La alegría no se puede conseguir con dinero, usted tiene falsas expectativas, hasta que no se calme y encuentre su verdadero camino no tendrá paz.

Trabajo: Es posible que tenga que decidir entre el camino correcto y el camino más fácil. No deje que los aduladores lo desvíen del cumplimiento de su deber.

Vida privada: No viva solo para sus placeres. Relájese y tome las cosas con calma, le va a hacer bien.

Salud, sentimientos y relaciones sociales: Deseos contradictorios le provocarán una excitación morbosa. Enfermedad transitoria.

Nueve en el quinto puesto

Si confía en influencias degradantes correrá peligro.

Las influencias degradantes provienen de personas indignas en las que usted confía, evite involucrarse en una situación dudosa o poco moral.

El carácter chino traducido como "degradantes" también significa "pelar, desollar, desplumar". No sea ingenuo ni se deje estafar.

Esta línea también indica un exceso de confianza en su propia capacidad y fortaleza sin tener en cuenta los posibles peligros.

Trabajo: No ponga su confianza en la gente equivocada ni en los esquemas poco claros. Desconfíe de los halagadores.

Vida privada: Manténgase en guardia, corre peligro de ser engañado, no se asocie con gente de bajo nivel.

Salud, sentimientos y relaciones sociales: Las malas influencias lo pueden perjudicar, no se relacione con mala gente. Cuidado con el abuso de sustancias.

Al tope un seis

Alegría seductora.

La personas vanas y amantes de la diversión sólo se preocupan por sus placeres y locuras atrayendo a otros dentro de su círculo insensato sólo para aumentar su placer egoísta.

Trabajo: Si es una persona de relaciones públicas o se dedica a las ventas puede prosperar materialmente, de lo contrario su falta de resistencia y falta de propósito no auguran nada bueno para su carrera.

Vida privada: No tendrá ganancias ni pérdidas porque para usted todo es un juego.

Salud, sentimientos y relaciones sociales: Tendrá una intensa vida social. Usted sólo vive para las apariencias.

59

huàn
La Disolución

Los ideogramas que constituyen el carácter chino que le da título a este hexagrama son: *shuĭ*, "agua" y *huàn*, elemento fonético: agua chorreando.

Significados asociados

Dispersar, disolver, evaporar, fluir en direcciones dispersas; disipar malentendidos, ilusiones y miedos, relajarse; chorro, salpicaduras.

El Dictamen

Disolución.
Éxito.
El rey se acerca a su templo.
Es favorable cruzar el gran río.
La determinación es favorable.

Este hexagrama tiene un doble significado:

1. Dispersar a los obstáculos o malentendidos que impiden una unión.
2. Evitar que los conflictos, ilusiones y prejuicios separen a las personas.

La gente es separada por los prejuicios y la intolerancia, pero el tiempo de la disolución es como un río que despejará los malentendidos y derretirá el hielo en los corazones de las personas.

El rey es un líder que reúne a la gente a su alrededor. Para unirse a un grupo humano, se necesita compartir un sentido de propósito común e identidad. El templo simboliza el punto central, que permite concentrar la atención de la gente y que permite unir a las personas.

En la China antigua, cruzar un río, ya fuera vadeándolo o pasando por encima del mismo cuando este se congelaba, no era una tarea sencilla porque no había puentes. Cruzar un río era peligroso y no era nada confortable; de ahí que la frase "es propicio cruzar el río" es una metáfora que indica que este es un buen momento para llevar adelante un emprendimiento de importancia pero no debe ser tomado a la ligera.

La Imagen

El Viento se mueve por encima del Agua: la imagen de la Disolución.
Así los antiguos reyes ofrendaban al Señor Supremo y erigían templos.

El viento que sopla sobre el agua derrite el hielo sólido y pone en movimiento el agua. Tal como el viento derrite el hielo, la dedicación al bien común disuelve los obstáculos que separan a la gente.

Los antiguos reyes simbolizan un patrón o modelo de buen gobierno que debemos esforzarnos por seguir.

El hacer ofrendas significa superar el egoísmo, rencores y prejuicios que separan a la gente para hacer una contribución por el bien de la comunidad. El templo simboliza un proyecto compartido o una idea que convoca a las personas a su alrededor.

Al comienzo un seis

Usa la fuerza de un caballo para liberarlo.
Ventura.

Se encuentra en el comienzo de la disolución y debe tratar de evitar que los altercados separen a la gente. Ayudar con la fuerza de un caballo significa ir de forma rápida y enérgica a solucionar los problemas.

La buena fortuna significa que puede evitar que la situación empeore si actúa con prontitud.

Trabajo: Este es un buen momento para progresar, recibirá nuevos recursos que le permitirán avanzar con fuerza.

Vida privada: Si corrige cualquier malentendido apenas se manifieste, podrá evitar que los conflictos separen a la familia.

Salud, sentimientos y relaciones sociales: Disfrutará de un excelente estado de ánimo y tendrá mucha energía.

Nueve en el segundo puesto

Disolución.
Corre hacia su soporte.
El arrepentimiento se desvanece.

Está en peligro de quedar aislado y alejado de los demás, arrastrado por la marea de las circunstancias adversas.

Trate de ajustar su actitud para evitar problemas, póngase en contacto con otras personas y colabore con ellos en lugar de refunfuñar y mostrar mala voluntad.

Correr hacia su soporte también significa utilizar su energía de manera constructiva, haciendo lo que es su verdadera vocación.

Trabajo: Esté preparado para aprovechar las oportunidades que se le ofrezcan en lugar de quejarse de los demás.

Vida privada: Solo después que supere su misantropía podrá alcanzar sus deseos.

Salud, sentimientos y relaciones sociales: Su mal humor se disolverá si enfoca sus pensamientos en metas inspiradoras.

Seis en el tercer puesto

Disuelve su persona.
No hay arrepentimiento.

Necesitará aplicar toda su energía a la empresa que está llevando a cabo, no pierda el tiempo ni desperdicie sus fuerzas ocupándose de sus propios intereses egoístas.

Si pone todos su esfuerzos en pro del bien común, a largo plazo no sólo ayudará a los demás, pero también se beneficiará a usted mismo.

Trabajo: Concéntrese en el ejercicio de su deber. Tiene mucho que hacer, no sea perezoso ni negligente.

Vida privada: Su generosidad y altruismo beneficiarán mucho a su familia.

Salud, sentimientos y relaciones sociales: Su vida social será intensa y estará dedicada a ayudar a los demás. Usted tiene una excelente elevación espiritual.

Seis en el cuarto puesto

Disuelve su grupo.
Sublime ventura.
La disolución lleva a la grandeza.
No es lo que se esperaría normalmente.

El disolver su grupo significa dejar atrás el partidismo de pocos alcances, tener la mente abierta y preparada para beneficiar a otros más allá de sus amigos cercanos. También indica que tiene que superar los prejuicios y las costumbres que ya no sirven para nada.

El disolver su propio grupo significa que usted va a trabajar por el bien común y de esa forma alcanzará resultados mucho mayores que lo normal; por eso se dice: "La disolución lleva a la grandeza".

"No es lo que se esperaría normalmente" significa que tal conducta altruista sólo puede ser esperada de una persona con elevación mental y espiritual, las personas comunes se comportarían con más egoísmo y no alcanzarían la grandeza.

Trabajo: Trate de ver el panorama global y planear a largo plazo, considere todas las opciones. Supere sus prejuicios y amplíe su perspectiva.

Vida privada: Si usted es capaz de pensar más allá de su beneficio inmediato, va a prosperar mucho y enriquecerá a su familia.

Salud, sentimientos y relaciones sociales: Tendrá la oportunidad de elevarse espiritualmente y de ampliar el alcance de su mente, pero eso sólo será posible si usted está abierto al cambio.

Nueve en el quinto puesto

Edicto imperial, proclamado en voz alta.
Dispersa las posesiones del rey.
No hay defecto.

Los edictos del rey –es decir de alguien con autoridad– disolverán los conflictos y rencores existentes entre sus súbditos.

Dispersar las posesiones del rey significa compartir lo que usted tiene con los demás, dar primero y pedir después, dar el primer paso para ayudar a los demás.

Trabajo: Necesita obtener el apoyo de los demás para poder salir adelante. Pero si quiere conseguir la ayuda de personas cualificadas tendrá que ser generoso con ellos.

Vida privada: Es tiempo de hacer algún tipo de ajuste o cambio en su familia, tal vez eso signifique redistribuir algunos bienes y renunciar a algo.

Salud, sentimientos y relaciones sociales: Si está enfermo, su salud mejorará. Evite el estrés, tómese las cosas con calma.

Nueve en el sexto puesto

Dispersa su sangre.
Se va, se mantiene alejado.
No hay defecto.

La sangre simboliza el peligro, el odio y la violencia. Dispersar la sangre significa que debe evitar por todos los medios necesarios entrar en conflicto con los demás.

Todo lo que puede causar serios problemas debe ser repudiado. No asuma ningún riesgo ni provoque a nadie, sea muy precavido.

Si es necesario, para mantener la paz debe estar dispuesto a retirarse o renunciar a alguno de sus proyectos.

Trabajo: Posiblemente sea reasignado a un nuevo puesto de trabajo o quizás tenga que empezar su negocio de nuevo en otro lugar.

Vida privada: Un mal acuerdo es mejor que un buen pleito. Esté listo a aceptar un compromiso para poder resolver una controversia, o un litigio.

Salud, sentimientos y relaciones sociales: Está demasiado estresado. Relájese un poco, acepte que tiene que renunciar a algunas cosas, no trate de controlar todo o de tener siempre la última palabra.

jié

Limitación

Los ideogramas que conforman el carácter chino que le da título a este hexagrama son *zhú*: "bambú" sobre *jí*, componente fonético: "una persona de rodillas en sumisión": controlar a alguien por medio de la fuerza (la caña de bambú).

"El principal significado de *Jié* denota las articulaciones del bambú, pero se utiliza también para las articulaciones del cuerpo humano y para definir las partes del año. Todo lo que esté dividido en partes regulares puede ser llamado un *Jié*; también las ideas de regulación y restricción y el tema de este hexagrama es la regulación del gobierno". (Legge)

Significados asociados

Nudos o junturas de bambú u otras plantas; de ahí los significados adicionales de división regular; juntura, circunstancia; moderar, economizar, restringir, regular, regir, ley; integridad moral, auto-control; bastón, símbolo de autoridad.

El Dictamen

Limitación.
Éxito.
Una limitación severa no se puede aplicar con persistencia.

> Limitación significa poner cada cosa en su lugar correcto y en el momento adecuado.
>
> Las restricciones sirven para poner orden en la vida, como al limitar cuanto se come, o al controlar el temperamento. En otros casos, es

necesario establecer limitaciones temporales para adaptarse a alguna circunstancia, como cuando es preciso limitar los gastos en tiempos de dificultad económica.

Limitación severa se refiere a un control excesivo que puede causar resultados contraproducentes en lugar de ser beneficioso.

La Imagen

Encima del Lago hay Agua: la imagen de la Limitación.
Así el noble instituye el número y la medida
y delibera acerca de la virtud y la [correcta] conducta.

El lago tiene límites precisos, que definen su área y profundidad.

De la misma manera, a través de limitaciones autoimpuestas, damos forma a nuestra vida y canalizamos nuestra energía en el camino elegido.

El establecer el número y la medida significa regular adecuadamente nuestros esfuerzos o nuestros gastos a lo largo del tiempo. También indica que hay descartar algunas cosas y privilegiar otras estableciendo las prioridades adecuadas.

Deliberar sobre la virtud y la conducta significa que es preciso ajustar nuestro comportamiento a la situación actual, es decir adaptar nuestras normas de conducta a las necesidades actuales.

Al comienzo un nueve

No sale afuera de la puerta[1] para ir al patio.
Sin defecto.

En este caso, no salir al patio, significa quedarse en un lugar seguro y familiar.

Permanezca bien dentro de sus límites, no se ponga al descubierto, espere una oportunidad y no haga una salida en falso.

Trabajo: No trate de forzar los cambios que busca ni intente ampliar sus responsabilidades. Adhiérase a los métodos probados y mantenga un perfil bajo.

Vida privada: Limítese a su rutina diaria sin cambios. Evite llamar la atención de los demás y limite su exposición pública. No viaje.

Salud, sentimientos y relaciones sociales: No tendrá ningún problema si permanece tranquilo y descansa. Sea discreto.

Nueve en el segundo puesto

No sale afuera de la puerta[2] de su casa.
Desventura.

Si no actúa con rapidez perderá una buena oportunidad.

Cruzar la puerta significa aventurarse en el mundo, abrirse a nuevas posibilidades, viajar, estar dispuesto a conocer gente nueva y correr algunos riesgos.

No deje que las dudas y temores le impidan actuar cuando llegue el momento propicio.

Trabajo: Esté dispuesto a aprender cosas nuevas e innovar para hacer frente a las nuevas oportunidades que se presentarán.

Vida privada: El cambio le hará bien. Quedarse en casa siguiendo las mismas viejas rutinas no es bueno. No se limite tanto.

Salud, sentimientos y relaciones sociales: Si no expresa lo que está sintiendo se va a arrepentir. Necesita un poco de ejercicio físico y también una vida social más activa.

Seis en el tercer puesto

El que no sabe limitarse lo lamentará [se arrepentirá, se quejará].
Sin defecto.

Si no es capaz de disciplinarse a sí mismo y no tiene moderación, eso puede causarle algunas situaciones embarazosas cuando se relacione con otras personas. Cada esfera de la sociedad tiene sus propias reglas, si usted las ignora ocasionará conflictos innecesarios.

Sin defecto significa que los problemas que pueda experimentar debido a su descontrol no serán graves, pero usted se sentirá avergonzado porque comprenderá que no estuvo a la altura de la situación, porque fue débil y complaciente con usted mismo.

Trabajo: Si trata de ocuparse de asuntos que no le competen o intenta de tomar atajos sin obedecer los reglamentos tendrá problemas.

Vida privada: Mantenga su palabra y evite extravagancias o se va a arrepentir.

Salud, sentimientos y relaciones sociales: Sea moderado y evite abusar de la comida y la bebida. No se estrese demasiado.

Seis en el cuarto puesto

Limitación tranquila.
Éxito.

Si tiene una actitud realista, aceptando de buen grado las restricciones impuestas por la vida, tendrá éxito.

Aprenda a controlar su comportamiento y temperamento, eso le ayudará a lograr un mejor resultado en la lucha por la vida y le evitará muchos problemas. Con el tiempo podrá adaptarse fácilmente a las restricciones impuestas por la realidad sin sufrir estrés.

Trabajo: Su trabajo leal y dedicado será recompensado. Goza de la confianza de sus jefes porque ellos saben que usted es confiable y se atiene a las reglas.

Vida privada: Si sabe adaptarse a la situación actual y reconoce sus límites, va a progresar.

Salud, sentimientos y relaciones sociales: Acepte las restricciones físicas o emocionales que la vida le impone con paciencia.

Nueve en el quinto puesto

Dulce limitación.
Ventura.
Avanzar [provoca] alabanzas.

Para actuar adecuadamente, con equilibrio, aplíquese restricciones a usted mismo antes de pedirle a los demás que se restrinjan.

Usted ocupa una posición de liderazgo, las personas que lo rodean lo tomarán como un ejemplo a emular. Si sabe controlarse, los demás lo seguirán, podrá alcanzar sus objetivos y ganará el aprecio de los demás.

Trabajo: No les exija a sus subordinados nada que usted mismo no sea capaz de hacer. Si es imparcial y realista, obtendrá el apoyo de sus subordinados y será alabado por sus superiores.

Vida privada: Prosperará y tendrá una vida familiar feliz si sabe combinar la disciplina con la benevolencia.

Salud, sentimientos y relaciones sociales: Tendrá buena salud y disfrutará de excelentes relaciones sociales con los que lo rodean.

Al tope un seis

Restricción severa.
La determinación es ominosa.
El arrepentimiento se desvanece.

Si aplica restricciones excesivas provocará consecuencias indeseables y finalmente provocará la desgracia.

Si trata a los demás de una manera dura va a generar resentimiento y resistencia, si es demasiado duro con usted mismo, se amargará la vida.

Una limitación severa puede ser útil sólo por un tiempo limitado y debería aplicarse únicamente en casos extremos y cuando no quede otra opción.

Si corrige sus propios excesos antes de llegar demasiado lejos, no tendrá nada de lo que lamentarse, por eso la línea dice "el arrepentimiento se desvanece".

Trabajo: Si es arrogante y duro con sus subordinados, creará más problemas que los que soluciona.

Vida privada: Una disciplina dura sólo puede sostenerse por un tiempo limitado. Si es demasiado duro solo logrará que los demás lo detesten.

Salud, sentimientos y relaciones sociales: Si pide demasiado de usted mismo, su salud se verá perjudicada. Si espera demasiado de los demás, lo dejarán solo.

Notas

1. La típica casa de la China antigua era ocupada por muchos miembros de la misma familia, constaba de varias edificaciones situadas sobre un patio interno, rodeadas por una pared limítrofe. Cada estructura tenía su propia puerta de entrada y también estaba la puerta que daba entrada al conjunto sobre la pared exterior. El carácter chino traducido como "puerta" en la primera línea es *hù*, que se refiere a una puerta que da al patio interno. La puerta mencionada en la segunda línea es *mén*, que es la puerta sobre la pared que rodea el recinto familiar, que da a la calle y al mundo exterior.

2. Ver la nota 1.

61

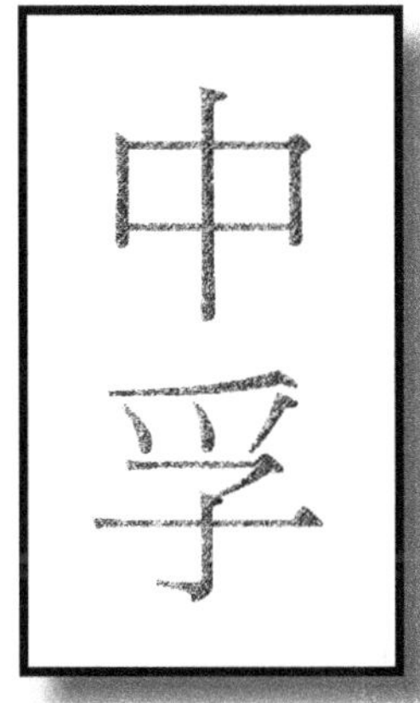

zhōng fú
La Verdad Interior

Los dos caracteres chinos que le dan título a este hexagrama son: *zhōng*: "interior, centro, acertar en el centro, bien balanceado, correcto" y *fú*: "verdad". La escuela modernista traduce *fú* como "captura, prisionero, saqueo", pero nosotros nos atendremos al significado tradicional.

Significados asociados

Sinceridad interior; confiabilidad, inspirar confianza en otros, confianza interior, confianza en uno mismo.

El Dictamen

La Verdad Interior.
Cerdos y peces.
Ventura.
Es favorable cruzar el gran río.
La determinación es favorable.

Este hexagrama muestra cómo el equilibrio interior y la confianza en usted mismo le permitirán ganar la confianza de otras personas y obtener el éxito.

Cerdos y peces eran ofrecidos en sacrificio al Señor de los Cielos por la gente común pero esas contribuciones humildes presentadas con sinceridad interior eran dignas de recibir las bendiciones del cielo. No importa lo pequeña que sea su contribución, si es presentada con sinceridad, será apreciada. Los cerdos y los peces también indican el alcance de la verdad interior. Los cerdos y los peces son animales inferiores, si su verdad interior es tan fuerte que puede influir incluso a los animales inferiores, podrá emprender exitosamente cosas difíciles, tales como cruzar el gran río.

En la China antigua, cruzar un río, ya fuera vadeándolo o pasando por encima del mismo cuando este se congelaba, no era una tarea sencilla porque no había puentes. Cruzar un río era peligroso y no era nada confortable; de ahí que la frase "es propicio cruzar el río" es una metáfora que indica que este es un buen momento para llevar adelante un emprendimiento de importancia pero no debe ser tomado a la ligera.

La Verdad Interior muestra la importancia del equilibrio interior. Si sabe lo que siente y tiene objetivos claros, podrá proyectar una buena imagen e influirá de manera positiva a las personas que lo rodean. Esto no significa que usted los manipulará para su beneficio, sino que podrá mantener relaciones sinceras y fructíferas con ellos.

La Imagen

Encima del Lago está el Viento: la imagen de la Verdad Interior.
Así el noble discute los casos criminales y es indulgente con las ejecuciones.

Las dos líneas en blanco situadas en el medio de este hexagrama (3ra y 4ta) simbolizan el corazón y la mente libres de toda preocupación, que no sufren ninguna inhibición, disfrutando de la verdad interior.

Una persona veraz en una posición de autoridad intenta comprender de manera cabal la conducta de los demás y no se precipita para condenarlos. Esto indica que tiene que tomar todas las precauciones necesarias para comprender las motivaciones y acciones de los demás antes de tomar ninguna acción disciplinaria.

Al comienzo un nueve

Es auspicioso estar preparado.
Hay otros que no están tranquilos.

Tome medidas preventivas, no deje nada librado al azar. Confíe en sus propios recursos, no dependa del apoyo de los demás.

Si usted permanece concentrado en sus objetivos y no vacila, todo saldrá bien.

Trabajo: Podrá prosperar si usted es autosuficiente y está bien preparado. Adhiérase a los métodos probados.

Vida privada: Tiene todo lo que necesita para disfrutar de una vida feliz. Tenga cuidado con los extraños.

Salud, sentimientos y relaciones sociales: Manténgase en guardia. No abandone sus principios.

Nueve en el segundo puesto

Una grulla[1] llamando desde la sombra.
Su polluelo le responde.
"Tengo una buena copa, la compartiré contigo".

Si se acerca a los demás con sinceridad, todos aquellos que compartan su mismo temperamento responderán a su llamada.

Va a prosperar, colaborando con sus compañeros.

Trabajo: Será promovido y contará con el soporte de sus superiores.

Vida privada: Comparta las cosas buenas de la vida con sus amigos y familia. Abundancia. Un niño puede nacer en su familia.

Salud, sentimientos y relaciones sociales: Tendrá buena salud y será feliz, junto a sus seres queridos..

Seis en el tercer puesto

Consigue un camarada.
Ora toca el tambor, ora para,
ora llora, ora canta.

Traducciones alternativas para "camarada" serían "contrincante, antagonista o enemigo".

Si depende de las relaciones con otras personas para alcanzar su felicidad o para tener confianza en usted mismo, su estabilidad emocional será errática, dependiendo de los cambios en el estado de ánimo y la estima de los demás hacia usted mismo.

Trate de ser más independiente.

Trabajo: Usted tendrá altibajos en su trabajo en función de los caprichos de otras personas.

Vida privada: Los buenos momentos se alternarán con problemas. Experimentará ganancias y pérdidas.

Salud, sentimientos y relaciones sociales: Tendrá altibajos causados por su falta de estabilidad emocional y su dependencia de otros.

Seis en el cuarto puesto

La luna está casi llena.
El caballo abandona a su compañero.
Sin defecto.

La luna casi llena indica que un ciclo está por terminar y cambios están llegando (compare con 9.6 y 54.5, donde también se menciona la luna casi llena).

El caballo que se va significa que alguien seguirá su propio rumbo. También puede indicar el final de una relación, sociedad o proyecto.

Este es el momento adecuado para elegir un nuevo camino, puede que tenga que dejar algo atrás para seguir sus propias metas o puede que alguien se aleje de usted.

No vacile en aceptar el asesoramiento de quien tenga más conocimiento o experiencia que usted, pero tome usted mismo la decisión final.

Trabajo: Puede ser reasignado o quizás sea promovido para iniciar un nuevo proyecto.

Vida privada: Es posible que se desprenda de viejos amigos o relaciones en busca de algo nuevo o algún amigo suyo puede abandonarlo.

Salud, sentimientos y relaciones sociales: No cometerá errores si comienza a seguir un nuevo camino.

Nueve en el quinto puesto

Sinceramente unidos.
Sin defecto.

Esta línea es el regente del hexagrama. La confianza que inspira su sinceridad le permite reunir a todos sus seguidores bajo su liderazgo.

Este es el momento adecuado para afianzar relaciones y adjuntar asociados.

Trabajo: Usted gozará de la confianza de la gente que lo rodea y no cometerá errores.

Vida privada: Su sinceridad y confiabilidad le ganarán el respeto y la lealtad de su familia y amigos. Todo se desarrollará correctamente.

Salud, sentimientos y relaciones sociales: Gozará de buena salud. Su honestidad, tanto con los demás, como con usted mismo, y su buen trato, hace que sus relaciones sociales sean excelentes.

Nueve en el sexto puesto

El clamor del faisán sube hasta el cielo.[2]
La determinación es ominosa.

Cuando la reputación es mayor que la capacidad, las promesas no pueden mantenerse. Tarde o temprano, la realidad se hará cargo de la situación y la desgracia llegará.

No prometa más de lo que puede lograr ni finja ser lo que no es, no logrará nada bueno con sólo bellas palabras.

Trabajo: Sea realista y conservador. No trate de embellecer la realidad con mentiras o falsedades, aténgase a los hechos.

Vida privada: Si es demasiado arrogante o tiene expectativas poco realistas, puede meterse en grandes problemas. Deténganse antes de ir demasiado lejos.

Salud, sentimientos y relaciones sociales: No deje que el orgullo y la vanidad lo hagan vivir en un mundo de ilusiones fatuas.

Notas

1. La grulla es un emblema de longevidad, sabiduría y nobleza.

2. El grito del faisán (que alternativamente podría traducirse como "el ruido producido por sus alas") es un mal augurio en esta línea. El texto divinatorio puede tener relación con la historia de un faisán que apareció en un sacrificio real y fue considerado un mal presagio. Compare con la segunda línea, donde la grulla llama y su polluelo le responde; allí el grito de la grulla indica sinceridad y camaradería, pero en la sexta línea el grito del faisán simboliza la mentira y la vanidad y es un mal augurio.

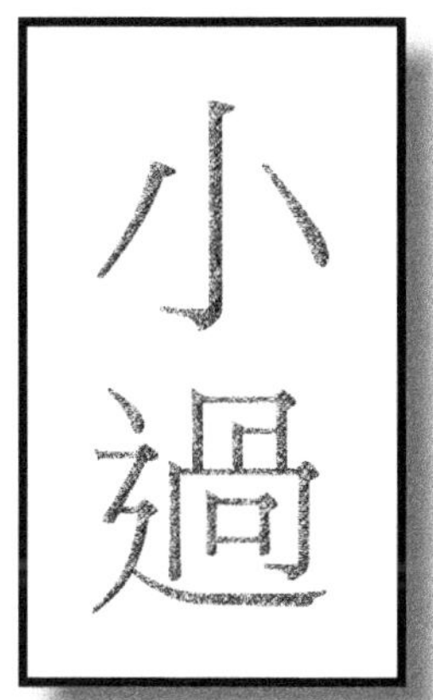

xiăo guò
La Preponderancia de lo Pequeño

Los dos caracteres chinos que le dan título a este hexagrama son: *xiăo*: "pequeño, insignificante, común" y *guò*: "preponderancia, exceso, ir más allá, cruzar un límite".

Significados asociados

Preponderancia de lo pequeño, mantener un perfil bajo, pequeños logros, trabajo escrupuloso y humilde, arreglarse con poco.

El Dictamen

La Preponderancia de lo Pequeño.
Éxito.
La determinación es favorable.
Se pueden hacer cosas pequeñas, no grandes [cosas].
El pájaro volador deja el mensaje:
No es bueno ascender.
Es bueno descender.
Gran ventura.

> La Preponderancia de lo Pequeño indica falta de fuerza y carencia de recursos para hacer grandes cosas. Debido a que las únicas dos líneas *yang* en este hexagrama están situadas el centro, en la parte interior del hexagrama, no hay suficiente fuerza para hacer frente al mundo exterior.

El pájaro volador, *niăo*, simboliza el riesgo de llevar algo demasiado lejos, más allá de lo posible, como un pájaro que vuela demasiado alto y es derribado. Fuera de este hexagrama donde se repite tres veces *niăo* sólo aparece en la línea superior del hexagrama 56, donde indica desgracia producida por la arrogancia. El pájaro volador es un símbolo que advierte contra el peligro de la ambición desmedida y el comportamiento osado en un lugar y en una situación donde tal osadía lleva al desastre.

Alcanzará buena fortuna si se concentra en sus rutinas diarias con atención y modestia otorgando la debida atención a los pequeños detalles. Limítese a sus tareas cotidianas, no intente emprender nada atrevido y mantenga un perfil bajo.

La Imagen

Arriba de la Montaña está el Trueno: la imagen de la Preponderancia de lo Pequeño.
Así el noble en su conducta la da preponderancia a la reverencia.
Cuando está de duelo le da preponderancia al luto.
En sus gastos le da preponderancia a la economía.

Este es un tiempo para aceptar y respetar las normas sociales al máximo grado, un tiempo para expresar humildad, actuar con suma prudencia y trabajar a conciencia.

Sea cortés y respetuoso con todos. La referencia al duelo significa que usted debe controlar su temperamento. Sea moderado en su vida social y en sus gastos.

Acepte sus limitaciones actuales, no trate de forzar la situación ni de destacarse. Mantenga su rutina cotidiana y acepte el papel que desempeña, no es el momento para cambiar ni mejorar su vida. Obedezca las reglas, haga lo que se espera de usted.

Al comienzo un seis

El pájaro que vuela tendrá desventura.

La primera línea indica lo que pasará si trata de llevar a cabo algo que está más allá de su capacidad o conocimiento.

No tome ningún riesgo o va a tener problemas. Quédese donde está. El pájaro que vuela será derribado, el pájaro que se queda oculto se salvará.

Trabajo: Dedíquese a sus tareas normales con atención, si usted trata de progresar o si se entromete en lo que no le compete, se buscará problemas.

Vida privada: Si se queda en su posición actual, sin buscar más, se evitará problemas. No trate de innovar; sea modesto, no llame la atención.

Salud, sentimientos y relaciones sociales: Sus sueños no son realistas; no trate de destacarse, sea moderado y no desafíe las convenciones sociales.

Seis en el segundo puesto

Pasa de largo a su antepasado, pero encuentra a su antepasada.
No llega hasta su príncipe, pero encuentra al ministro.
Sin defecto.

Esta línea indica como debe relacionarse con sus superiores jerárquicos. Encontrar a la antepasada en lugar del antepasado o encontrar al ministro en lugar del príncipe significa que usted debe tomar un cuidado excepcional al acercarse a la autoridad y que no tiene que exigir demasiado. Conténtese con lo que pueda lograr. Esto también indica que debe seguir la línea de menor resistencia para aprovechar al máximo sus recursos, que son limitados.

Trabajo: Utilice sus contactos con inteligencia para apoyar sus planes. No necesitan ser de alto nivel para ser útiles.

Vida privada: Puede llegar a recibir ayuda de un familiar, posiblemente una mujer mayor.

Salud, sentimientos y relaciones sociales: Sea adaptable y realista, puede encontrar amigos en los lugares más inesperados.

Nueve en el tercer puesto

Si uno no es excesivamente cuidadoso,
acaso alguien lo siga y lo asalte con violencia.
Desventura

Si no toma las precauciones adecuadas, una agresión inesperada lo perjudicará. El carácter chino traducido como "asalto" también significa "matar, herir, asalto violento, maltratar".

El ataque vendrá sin aviso, como una puñalada por la espalda y puede provenir de alguien en quien usted confía.

Una traducción alternativa sería "No pasar, alguien...", lo que significa que si usted va demasiado lejos se pondrá en peligro.

Trabajo: Alguien puede tratar de engañarlo o perjudicarlo. Desconfíe y tome todas las precauciones posibles.

Vida privada: No sea ingenuo. Tome todas las precauciones necesarias para evitar el peligro. Pueden intentar robarlo, asaltarlo o estafarlo.

Salud, sentimientos y relaciones sociales: Tenga mucho cuidado con su salud y sea prudente en su trato con la gente.

Nueve en el cuarto puesto

Sin defecto.
Sin ir más allá él lo encuentra.
Avanzar es peligroso.
Uno debe estar en guardia.
Determinación a largo plazo no debe emplearse.

Esta es una advertencia para que se quede tranquilo y se restrinja. Haga lo que tiene que hacer y nada más, no se extralimite. Sea humilde, no le cree problemas a nadie.

Estar en guardia significa que tiene que esperar y ver que pasa. Este no es un buen momento para hacer planes a largo plazo ni para intentar cambiar las cosas.

Trabajo: Cumpla con su deber, pero no tome la iniciativa. Mantenga un perfil bajo. No se adelante a los hechos.

Vida privada: Adáptese a la situación y responda a las circunstancias según sea necesario pero no trate de forzar la situación. Defiéndase, pero no ataque. No es recomendable viajar.

Salud, sentimientos y relaciones sociales: Sea discreto. Quédese tranquilo, descanse y mantenga las cosas como están.

Seis en el quinto puesto

Hay densas nubes pero no lluvia de nuestra frontera occidental.[1]
El príncipe captura[2] al que está en la cueva.

Las nubes indican que consiguió algunos resultados, pero la falta de lluvia indica que todavía no puede alcanzar el objetivo final.

Necesita encontrar algo nuevo que pueda ayudarle, pero eso puede ser difícil de encontrar, como si estuviera escondido en una cueva.

Puede ser una persona o alguna cosa que necesita tener o entender para poder alcanzar el éxito.

Observe que el texto no pronostica ni éxito ni error.

Trabajo: El camino a seguir está bloqueado. Necesitará de la ayuda de personas capaces para poder seguir adelante.

Vida privada: Llegó a un callejón sin salida. Busque nuevas ideas o nuevas personas para ayudarle.

Salud, sentimientos y relaciones sociales: Su situación es estresante y confusa. Trate de aclarar su mente y entender lo que realmente siente.

Al tope un seis

Pasa sin encontrarlo.
El ave voladora es apresada.[3]
Desventura.
Este grave error significa desastre.

Si no sabe cuando debe detenerse y trata de volar demasiado alto se enredará en graves problemas.

Trabajo: Esté satisfecho con ganancias razonables. No sobrepase los límites o estará cortejando al desastre.

Vida privada: Si es demasiado arrogante y confía excesivamente en sus propias fuerzas, tendrá grandes dificultades. No se aparte del camino correcto.

Salud, sentimientos y relaciones sociales: Si usted pide demasiado de su cuerpo su salud se verá perjudicada.

Notas

1. La frontera occidental es una referencia a la ubicación de la tierra del rey *Wen*, en la parte oeste de China. El rey *Wen* fue el fundador de la dinastía *Zhou* y el autor del *Yijing* de acuerdo a la tradición china.

2. Los caracteres chinos traducidos como "captura" (*yì qŭ*) también pueden ser traducidos como "obtener disparando con flecha y cuerda". En la China antigua se cazaban aves y peces con arco y flecha, atando un cordel a la flecha para que el animal herido no pudiera escaparse.

3. Algunas traducciones dicen "el ave voladora lo abandona" en lugar de "el ave voladora es apresada". El significado moderno del carácter chino traducido como "ave", *lí*, es "irse, partir", pero originalmente el elemento fonético de este carácter mostraba un pájaro atrapado en una red y algunos de sus significados originales son "caer en, atar, sujetar".

jì jì

Después de la consumación

Los dos caracteres chinos que le dan título a este hexagrama tienen la misma pronunciación: *jì*; ellos significan: "ya" y "cruzar un curso de agua en un lugar donde está baja, completar una tarea": tarea cumplida, río ya cruzado.

Significados asociados

Después de terminar, después del clímax, después de cruzar el río, después de vadear el río, tarea terminada, misión cumplida.

El Dictamen

Después de la consumación. Éxito.
La determinación es favorable para pequeñas cosas.
Al principio ventura, al final caos.

> La frase "Después de la consumación", literalmente significa, "después de vadear el río".
> En la China antigua, cruzar un río, ya fuera vadeándolo o pasando por encima del mismo cuando el río estaba congelado, no era una tarea sencilla porque no había puentes. Cruzar un río era peligroso y no era nada confortable; de ahí que haber cruzado el río significa que usted pudo llevar a cabo una tarea difícil.
>
> Usted fue exitoso. Ahora debe manejar la transición hacia una nueva etapa. Si se olvida de tomar precauciones las cosas pueden ir cuesta abajo muy velozmente.

No de por sentado que la situación seguirá siendo propicia, ni se confíe pensando que todos harán lo que usted quiere. Las pequeñas cosas que a menudo son pasadas por alto pueden causar serios problemas más adelante, preste atención escrupulosa a todos los detalles, solo así podrá sostener su posición.

La Imagen

El Agua sobre el Fuego: la imagen de Después de vadear el río.
Así el noble medita sobre la calamidad por anticipado para prevenirla.

La interacción entre el fuego y el agua es muy útil, como cuando se cocina algo en un caldero, pero si el fuego es demasiado fuerte, el agua se derramará fuera del caldero al hervir descontrolada y si es demasiado débil el agua no hervirá.

Tal como un caldero hirviendo debe ser atendido con cuidado para obtener los resultados adecuados, todos los factores en la situación actual deben mantenerse armonizados y en sus lugares apropiados para evitar problemas.

No espere hasta que los problemas se salgan de control, evite que los pequeños problemas empeoren ocupándose de ellos apenas se manifiesten, o mejor aún, previniéndolos.

Al comienzo un nueve

Arrastra sus ruedas y moja su cola.
Sin defecto.

Arrastrar las ruedas significa contener el avance, evitar correr ciegamente hacia adelante. Tómese su tiempo y avance con cuidado.

El Dictamen del siguiente hexagrama –que es la imagen especular de éste– habla de un zorro cruzando un arroyo. La cola que se moja en esta línea, es una referencia implícita a la cola del zorro de ese hexagrama. La cola mojada simboliza inconvenientes menores que no pueden evitarse, pero si usted evita descontrolarse, es decir, sabe frenar a tiempo, podrá evitar problemas mayores y minimizará sus pérdidas.

Trabajo: Planee cuidadosamente sus movimientos. No asuma riesgos innecesarios y no tome decisiones apresuradas.

Vida privada: Avance con cautela para evitar complicaciones. No deje que otros lo empujen. Tómese todo el tiempo que necesite para decidir qué va a hacer.

Salud, sentimientos y relaciones sociales: Sea conservador, este no es un buen momento para innovar. No se comprometa ni se deje presionar por nadie.

Seis en el segundo puesto

La mujer pierde la cortina[1] de su carruaje.
No corras a buscarla, en siete días la conseguirás.

Sufrirá un revés temporal, que lo detendrá por un tiempo. Perder la cortina significa quedar en una situación expuesta, vulnerable.

Controle su ansiedad y sea discreto, no atraiga la atención de los demás sobre usted mismo. En lugar de intentar presionar hacia adelante, espere hasta que la situación mejore y pueda avanzar sin ponerse en peligro.

Además de en este hexagrama, el carácter chino para siete, *qī*, sólo aparece en el hexagrama 24, en el Dictamen y en la segunda línea del hexagrama 51. Aquí indica el regreso de la cortina de un carruaje, en el hexagrama 24 se relaciona con un retorno y en el hexagrama 63, con el regreso de dinero.

Trabajo: Puede llegar a perder el apoyo de sus superiores debido a circunstancias comprometedoras, no trate de forzar la situación. Si lleva a cabo sus deberes a la perfección será reintegrado a su posición anterior después de que se complete un ciclo.

Vida privada: Puede pasar un poco de vergüenza y tendrá que enfrentar una situación complicada. Si soporta los problemas con modestia y discreción, todo volverá a la normalidad con el paso del tiempo.

Salud, sentimientos y relaciones sociales: Descanse hasta que vuelva su fuerza. No se exponga, sea discreto y prudente.

Nueve en el tercer puesto

Cuando el Eminente Antepasado[2] atacó la Tierra del demonio,[3]
tardó tres años en conquistarla.
No deben ser utilizados hombres inferiores.

Una campaña de conquista que dura tres años indica la realización de una empresa difícil y peligrosa. Los tres años simbolizan un largo período de amargos conflictos. El triunfo se puede lograr, pero no sin pagar un alto costo.

La tierra del demonio indica lo que está fuera de las leyes, un factor de riesgo y corrupción que debe ser subyugado por la fuerza.

Para consolidar su triunfo, debe utilizar sólo métodos y personas fiables, de lo contrario pondrá en peligro los logros que tanto le costó alcanzar.

Trabajo: Si usted está en el ejército, entrará en combate. En otros casos tendrá muchas dificultades para expandir su negocio o al iniciar algo nuevo.

Vida privada: Podrá alcanzar sus ambiciosas metas, pero le tomará bastante tiempo e insumirá muchos recursos. Tenga cuidado con los pleitos y procedimientos legales.

Salud, sentimientos y relaciones sociales: Haga un esfuerzo para controlarse a usted mismo y comportarse de forma más racional. No va a ser fácil y requerirá una estricta autodisciplina.

Seis en el cuarto puesto

Tiene seda desgarrada y trapos.
Sé precavido hasta el final del día.

La seda y los trapos sirven para taponar las vías de agua en un bote que está cruzando el río, simbolizan las medidas preventivas que deben implementarse cuando se intenta hacer algo peligroso.

Puede encontrar problemas inesperados a lo largo del camino, manténgase alerta y esté listo para enfrentar las posibles contingencias.

Trabajo: Los mejores planes pueden tener fallas. Tome medidas preventivas para hacer frente a posibles dificultades imprevistas. Tenga mucho cuidado.

Vida privada: Si es prudente y toma todas las precauciones posibles, se evitará muchos problemas.

Salud, sentimientos y relaciones sociales: No se descuide, está corriendo peligro. No de por sentado nada ni sea ingenuo.

Nueve en el quinto puesto

El vecino del Este que sacrifica a un buey
no recibe una bendición tan plena
como el vecino del Oeste con su pequeña ofrenda.[4]

La sinceridad será recompensada. Una contribución humilde presentada con verdadero sentimiento será mejor recibida que una exhibición pretenciosa.

No necesita hacer grandes cosas para causar una buena impresión, sea sincero y modesto.

Trabajo: Si es demasiado ambicioso va a fracasar, pero si es sencillo y realista tendrá éxito.

Vida privada: No intente impresionar a los demás con su riqueza ni trate de aparentar lo que no es. Si mantiene las cosas simples y sin pretensiones tendrá buena fortuna.

Salud, sentimientos y relaciones sociales: Una actitud sincera y modesta serán ventajosa. No sea presumido.

Al tope un seis

Se le moja la cabeza.
Peligro.

Ha ido demasiado lejos y demasiado hondo y ahora tendrá que pagar el precio por su falta de cuidado.

Si deja pasar el momento adecuado para volverse atrás o para detenerse, caerá en el peligro. Puede tener un serio revés por haberse descuidado cuando creía que todo estaba bajo control.

Trabajo: Si trata de hacerse cargo de mas cosas que lo usted puede manejar bien, se meterá en grandes problemas y puede llegar a perder todo lo que había logrado hasta ahora.

Vida privada: Usted está involucrado más allá de lo que es conveniente con una persona o una situación que no podrá controlar. Peligro de ahogamiento.

Salud, sentimientos y relaciones sociales: Mojarse la cabeza significa cometer excesos con el vino y los placeres sensuales. También indica peligro de asfixia y una completa pérdida de autocontrol.

Notas

1. La palabra traducida como "cortina" (de un carruaje) es *fú*. No está claro si *fú* significa una cortina o un adorno del pelo, otros significados posibles son "velo, horquilla ornamental, peluca". Una oda del *ShiJing* cuenta una historia sobre la cortina perdida de un carruaje, que se recupera después de siete años. Note que las mujeres llevaban postizos y horquillas en el pelo en la época en que se escribió el *Yijing*.

2. Las dos palabras traducidas como "Eminente Antepasado": *Gao zong*, eran el título del rey de dinastía *Shang* que conquistó la tribu llamada *Gui fang*. Por ello, esta línea incluye una referencia histórica. Ver la siguiente nota.

3. Las palabras traducidas como "Tierra del demonio" son *Gui fang*, pero también podría traducirse como "tribu Gui", posiblemente *Gui fang* se usaba en sentido general para referirse a los enemigos de los *Shang* y los *Zhou*.

4. Las palabras traducidas como "pequeña ofrenda": *Yue ji* son una referencia al sacrificio *Yue* (*ji* significa sacrificio) realizado en el verano –cuando el alimento escasea–, que consiste en ofrendas de granos para los antepasados. En comparación con una ofrenda de bueyes u ovejas, este es un sacrificio magro. Una traducción literal sería "sacrificio *Yue*".

64

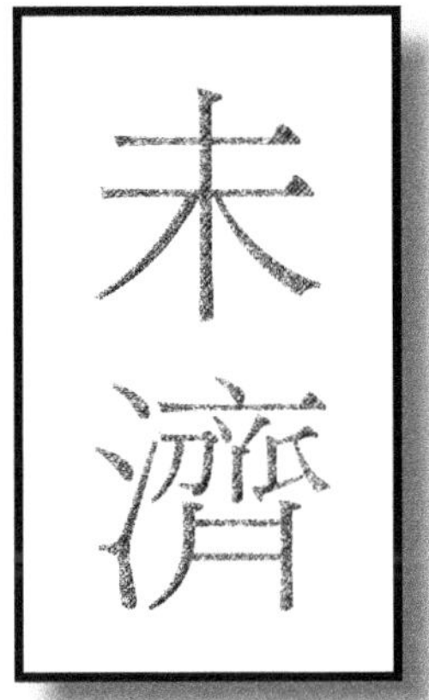

wèi jì
Antes de la Consumación

Los dos caracteres chinos que le dan título a este hexagrama son: *wèi*: "antes, todavía no" y *jì*: "vadear un río en un lugar donde el agua está baja, completar una tarea": la tarea todavía no está cumplida.

Significados asociados

Antes de terminar la tarea, antes de la culminación, antes de cruzar el río.

El Dictamen

Antes de la Consumación.
Éxito.
Si al pequeño zorro se le moja la cola cuando está terminando de
vadear el río nada será favorable.

> En la China antigua, cruzar un río, ya fuera vadeándolo o pasando por encima del mismo cuando este se congelaba, no era una tarea sencilla porque no había puentes. Cruzar un río era peligroso y no era nada confortable; de ahí que la frase "es propicio cruzar el río" es una metáfora que indica que este es un buen momento para llevar adelante un emprendimiento de importancia pero no debe ser tomado a la ligera.
> En esta situación, el cruce del río simboliza una transición difícil entre el caos y el orden.

La advertencia acerca de evitar mojarse la cola indica las dificultades de la empresa. Debe tener un excedente de fuerza y prudencia para hacer frente a la tarea que tiene por delante. Si no puede sostener el esfuerzo hasta el final, todo lo que haya alcanzado se verá en peligro.

La Imagen

El Fuego encima del Agua: la imagen de Antes de la Consumación.
Así el noble es cuidadoso en la discriminación de las cosas,
para que cada una ocupe su lugar.

El fuego sobre el agua no sirve para cocinar los alimentos ni para hacer nada útil porque ambas fuerzas están fuera de lugar y no interaccionan correctamente.

Discriminar las cosas colocándolas en sus posiciones correctas significa reconocer el potencial de cada elemento y saber como ordenarlo y estructurarlo en función del objetivo buscado.

Distribuyendo las cosas en su correcta posición, se puede ordenar una situación caótica.

Al comienzo un seis

Se moja la cola.
Humillación.

El personaje que moja su cola es el pequeño zorro mencionado en el Dictamen. La cola mojada simboliza el fracaso y es el resultado de una acción precipitada, sin planificación y con ignorancia.

La humillación lo hará reconocer sus propios límites y lo decidirá a dar marcha atrás, evitando sufrir peores daños.

Trabajo: Si usted actúa en base a suposiciones erróneas, cometerá un error. Puede llegar a ser degradado o sus planes pueden ser perjudicados.

Vida privada: La falta de experiencia sumada a acciones negligentes lo pondrán en una situación incómoda.

Salud, sentimientos y relaciones sociales: Su falta de moderación le hará pasar vergüenza pública.

Nueve en el segundo puesto

Arrastra sus ruedas.
La determinación es venturosa.

Arrastrar las ruedas significa contener el avance, evitar correr ciegamente hacia adelante y avanzar con cuidado.

Determinación significa mantenerse enfocado en sus metas y en el cumplimiento de sus responsabilidades, sea cuidadoso y evite que la situación se le salga de las manos.

Trabajo: Tiene que superar algunos obstáculos, avance paso a paso y ocúpese concienzudamente de todos los detalles. Con prudencia podrá avanzar lentamente pero lo hará de manera segura.

Vida privada: No se apresure ni corra riesgos. Limítese a los métodos probados, no asuma riesgos.

Salud, sentimientos y relaciones sociales: No deje que otros lo apuren, tome todo el tiempo que necesite para decidir que curso tomará.

Seis en el tercer puesto

Antes de vadear el río.
Marchar trae desventura.
Es favorable vadear el gran río.

Si es inflexible o actúa con osadía y agresividad todos sus planes fallarán.

Asegúrese de obtener el apoyo necesario antes de actuar y no sea intransigente. No va a lograr nada bueno usando la fuerza bruta, ni apresurándose más de lo debido.

Tomando todas las precauciones necesarias podrá cruzar el río, es decir logrará salir adelante exitosamente.

Trabajo: Usted necesitará recibir ayuda y manejarse con mucha diplomacia para tener éxito.

Vida privada: Evite las actitudes confrontativas, es mejor que trate de llegar a un compromiso.

Salud, sentimientos y relaciones sociales: Si está enfermo, sea muy cuidadoso y evite tratamientos agresivos que pueden causar más daño que bien. En el plano social, evite los conflictos.

Nueve en el cuarto puesto

La determinación es venturosa.
El arrepentimiento se desvanece.
Conmoción para conquistar la Tierra del demonio.[1]
Tres años. Tendrás un gran país como premio.

El avance cuidadosamente planeado será exitoso, por eso el arrepentimiento se desvanecerá.

La palabra "conmoción" indica un rápido y fuerte avance (literalmente: "como un rayo") que inspira miedo en los antagonistas que van a ser conquistados. También significa que se enfrentará a una dura y difícil lucha para poder lograr sus objetivos.

La Tierra del demonio indica lo que está fuera de las leyes, un factor de riesgo y de corrupción que debe ser subyugado por la fuerza.

Los tres años y el país obtenido como premio indican que obtendrá muchos beneficios durante un largo tiempo. Note que el pronóstico de esta línea es mucho mejor que el de la tercer línea del hexagrama anterior donde se necesitan tres años para conquistar la Tierra del demonio pero no se menciona recompensa alguna.

Trabajo: Si está en el ejército, iniciará una campaña. En otros casos, se enfrentará a intensos conflictos y luchas con el objetivo de ampliar su negocio, pero al final tendrá éxito.

Vida privada: Recibirá grandes beneficios después concluir exitosamente una tarea difícil, con muchos conflictos.

Salud, sentimientos y relaciones sociales: La Tierra del demonio indica los miedos internos y pasiones que debe vencer con disciplina para lograr el autocontrol sobre usted mismo.

Seis en el quinto puesto

La determinación es venturosa.
No hay arrepentimiento.
La gloria del noble es verdadera.
Ventura.

La lucha fue ganada usando métodos duros, pero para administrar sus nuevos dominios, es mejor actuar con diplomacia y moderación.

La gloria del noble indica sinceridad, cortesía e iluminación. Al situarse en el centro de la trigrama de la luz (el trigrama superior), nada está oculto de su vista, sabe emplear a las personas capaces y dignas como ayudantes sobre la base de sus méritos reales.

Trabajo: Será promovido y sus méritos sean ampliamente reconocidos.

Vida privada: Sus deseos se cumplirán. Será respetado y prosperará.

Salud, sentimientos y relaciones sociales: Disfrutará de buena salud y tendrá claridad mental.

Nueve en el sexto puesto

Se bebe vino en confianza.
Sin defecto.
Pero la confianza se perderá si moja su cabeza.

Un nuevo tiempo está por comenzar pero la situación todavía entraña algunos peligros. Celebrar el final de un ciclo exitoso y el comienzo de una nueva etapa, no es una mala idea. Sin embargo, mojar la cabeza indica una actitud de desequilibrio y pérdida de control.

Esta línea es una advertencia contra dejarse intoxicar por el éxito que parece estar al alcance de la mano. Indica que no hay que bajar la guardia aunque todo parezca perfecto.

Trabajo: Celebrar su éxitos no es malo, pero si usted es demasiado extravagante dañará su reputación.

Vida privada: Si no puede auto-controlarse a sí mismo, será humillado y perderá el respeto de los demás.

Salud, sentimientos y relaciones sociales: Mojarse la cabeza significa excederse en el vino y los placeres sensuales. En cualquier caso, indica una pérdida completa de control sobre usted mismo.

Notas

1. Las palabras traducidas como "Tierra del demonio"son *Gui fang*, su traducción literal sería "tribu *Gui*", un tribu enemiga, cuyo nombre posiblemente era usado como un término para identificar a los enemigos de los *Shang* y los *Zhou*.

APÉNDICES

Los Ocho Trigramas

Cada hexagrama puede ser dividido en dos trigramas, que son grupos de tres líneas consecutivas, ya sea las tres líneas inferiores o las superiores. Sólo existen ocho trigramas –en chino *bagua*, 八卦 (ba significa ocho)– porque sólo hay ocho formas de combinar líneas partidas y enteras en grupos de tres. Aunque la tradición sostiene que los trigramas anteceden a los hexagramas, no hay prueba de ello y puede que hayan sido abstraídos a partir de los hexagramas en un período posterior, situado entre la creación del texto básico del *Yijing* (el *ZhouYi*, que solo comprendia el Dictamen más los textos para cada línea) y la composición de las Diez Alas, las cuales los mencionan.
Los nombres de los ocho trigramas se refieren a los elementos naturales: Qian (Cielo), Kun (Tierra), Zhen (Trueno), Kan (Agua), Gen (Montaña), Xun (Viento o Madera), Li, (Fuego) y Dui (Lago).

Cada hexagrama está compuesto por dos trigramas, el superior o externo y el inferior o interno.
Asimismo las líneas 2, 3 y 4 y las líneas 3, 4 y 5 forman otros dos trigramas, llamados nucleares.

Es importante conocer los significados simbólicos de cada trigrama y saber cómo se relacionan entre sí para entender su relación con el significado de los hexagramas. La mayor parte de los significados expuestos a continuación proviene del Ala 8, *Shuogua*.
La imagen contigua muestra el ordenamiento de los trigramas en el Mundo de los Sentidos (Cielo Posterior), ordenamiento tradicional-

mente atribuido al rey *Wen*. El Sur se encuentra al tope, siguiendo la usanza tradicional china. Los dos caracteres de huesos oraculares que se ven en el centro dicen *ZhouYi*.

LO CREATIVO / EL CIELO

El Cielo simboliza la fuerza y es el principio de todas las cosas.

Trigrama relacionado: ☷, la madre.
Acción: gobierna.
Pronunciación: qián
Símbolo natural: el Cielo.
Miembro de la familia: el padre.
Parte del cuerpo: la cabeza.
Animales: un buen caballo, un caballo viejo, un caballo flaco, un caballo salvaje, un caballo pinto.
Estación: otoño.
Color: rojo profundo.
Puntos cardinales: nor-oeste.
Otras asociaciones: un círculo; un gobernante, un príncipe; fuerza, firmeza; movimiento vigoroso, infatigable labor; un padre; jade; metal; frío; hielo; los frutos de los árboles.
Dios combate en ☰. Significa que lo Oscuro y lo Luminoso se excitan mutuamente.

LO RECEPTIVO / LA TIERRA

La Tierra simboliza la docilidad y nutre a todos los seres.

Trigrama relacionado: ☰, el padre.
Acción: conserva, preserva.
Pronunciación: kūn.
Símbolo natural: la tierra, entre las tierras es la tierra negra.
Miembro de la familia: la madre.
Parte del cuerpo: el vientre.

Animal: vaca y ternero, una vaquilla joven, una yegua.
Estación:.verano.
Color: amarillo.
Puntos cardinales: sur-oeste.
Otras asociaciones: tela; una marmita; parsimonia; un torno que gira; un carro grande; cosas abigarradas; una multitud, cantidad; una manija y un soporte; frugalidad, ahorratividad; ferviente entrega, devoción, protección, abnegación, magnanimidad, docilidad, ductilidad; el número 10.
Dios es servido en ☷.

LO SUSCITATIVO / EL TRUENO

El Trueno simboliza movimiento y velocidad.

Trigrama relacionado: ☴, la hermana mayor, porque el trueno y el viento no se obstaculizan el uno al otro sino que se excitan entre sí.
Acción: surgir, pone las cosas en movimiento.
Pronunciación: zhèn.
Símbolo natural: el trueno, la madera.
Miembro de la familia: el hijo mayor, quien es decidido y vehemente.
Parte del cuerpo: los pies, porque sirven para el movimiento.
Animal: el dragón; entre los caballos, aquellos que saben relinchar bien, los que tienen patas traseras blancas, los galopadores, los que tienen una estrella sobre la frente.
Estación y hora: primavera, madrugada.
Color: amarillo oscuro; azul violáceo y amarillo.
Punto cardinal: este.
Otras asociaciones: desarrollo; una gran carretera; decisión y vehemencia; es bambú verde nuevo, junco y caña (todos estos símbolos indican movimiento y velocidad de crecimiento); entre las hortalizas significa las leguminosas; entre los productos agrícolas sugiere la idea de lo que retorna la vida después de desaparecer (bajo la superficie), de lo que al final se convierte en lo más fuerte y lo que es más lujuriante; florecimiento, expansión, el comienzo de todas las cosas nuevas; adelantarse, adelantar; lo fuerte, lo que prospera en opulencia.
Dios se manifiesta al surgir en ☳ (Dios se revela en el trueno).

LO SUAVE / EL VIENTO

El Viento simboliza penetración.

Trigrama relacionado: ☳, el hermano mayor, porque el trueno y el viento no se obstaculizan el uno al otro sino que se excitan entre sí.
Acción: dispersa (las semillas de) las cosas.
Pronunciación: xùn.
Símbolo natural: el viento, la madera.
Miembro de la familia: la hija mayor.
Parte del cuerpo: los muslos; falta de pelo; frente ancha, mucho blanco en los ojos, ojos torcidos.
Animal: gallo.
Estación: primavera.
Color: blanco.
Puntos cardinales: sur-este.
Otras asociaciones: leña; una plomada; la escuadra de un carpintero; longitud; elevación, grandiosidad, refinamiento; avance y retroceso, flujo y reflujo, falta de decisión; suspiro, dulzura, suavidad; aireado; penetración; olores intensos; entre las tendencias: vehemencia, persecución celosa de la ganancia; mercaderes; trabajo; empresas; feria; exclamar, proclamar; un ciclo de diez días; finalmente, puede convertirse en el trigrama de la decisión.
Dios lleva todo a la plenitud en ☴.

LO ABISMAL / EL AGUA

El Agua simboliza lo que es escarpado y peligroso.

Trigrama relacionado: ☲ la hermana del medio, con quien no compite.
Acción:.humedece.
Pronunciación: kǎn.
Símbolo natural: agua, nubes, río, luna.
Miembro de la familia: el hijo del medio.
Parte del cuerpo: las orejas.

Animales: cerdo; zorro; los caballos con hermosos lomos, los briosos, los que dejan caer su cabeza, los de cascos delgados y los de paso desparejo.
Estación: invierno.
Color: rojo.
Punto cardinal: norte.
Otras asociaciones: canales y acequias; escurrirse; ocultarse; emboscada; misterio; astucia; bandidos, pleito judicial, ladrones; peligro; esfuerzos; doblar para enderezar o para torcer; un arco; una rueda; referido al hombre, sugiere un aumento de la melancolía, angustia mental, pecados; dolor en los oídos, enfermedad cardíaca, es el trigrama de la sangre; carruajes defectuosos; penetración atravesante; esfuerzo; la luna; los árboles fuertes y sanos en su corazón.
Dios hace trabajar afanosamente en ☵.

LO ADHERENTE / EL FUEGO

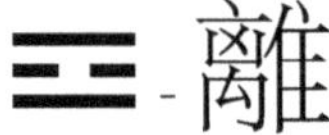

El Fuego simboliza lo que es luminoso y lo que es adherente.

Trigrama relacionado: ☵, el hermano del medio, con quien no compite.
Acción: calienta y seca.
Pronunciación: lí.
Símbolo natural: el sol, el fuego del rayo.
Miembro de la familia: la hija del medio.
Parte del cuerpo: los ojos.
Animales: faisán, vaca, tortuga, cangrejo, mejillón, caracol.
Estación: verano.
Punto cardinal: sur.
Otras asociaciones: peto de cuero y yelmo; lanza y espada, armas, objetos dañinos; referido a hombres, los de gran vientre; hornear; es el trigrama de la sequedad; referido a los árboles, sugiere aquellos huecos y podridos por encima; claridad, discernimiento, percepción clara.
Dios hace que todo salga y se manifieste en ☲.

EL AQUIETAMIENTO / LA MONTAÑA

La Montaña simboliza detención.

Trigrama relacionado: ☱, la hija menor, con quien une e intercambia fuerzas.
Acción: detiene las cosas, las mantiene en su lugar.
Pronunciación: gèn.
Símbolo natural: la montaña.
Miembro de la familia: el hijo menor.
Parte del cuerpo: las manos, los dedos, el dedo anular, la nariz.
Animales: perro, rata, pájaros con poderoso pico.
Estación: invierno.
Puntos cardinales: sur-este.
Otras asociaciones: una montaña, un camino secundario, una puerta; una roca pequeña; los frutos de los árboles y las plantas trepadoras; un portero o un eunuco (guardianes); entre árboles, aquellos que son fuertes, con muchas junturas; retener y sostener, reglas firmes, mantenerse quieto, descanso; fin y comienzo.
Dios completa (el trabajo del año) en ☶.

LO SERENO / EL LAGO

El Lago simboliza placer y satisfacción.

Trigrama relacionado: ☶, el hermano menor, con quien se une e intercambia fuerzas.
Acción: regocija.
Pronunciación: duì.
Símbolo natural: lago, pantano, marisma, ciénaga, charca, aguas bajas, tranquilas y profundas. El espejo de agua del lago.
Miembro de la familia: la hija más joven que esparce regocijo y alegría a su alrededor.

Parte del cuerpo: la boca y la lengua. Se relaciona no sólo con los placeres de la mesa pero también con el habla, palabras, órdenes, la risa y los besos

Animal: oveja, los dos trazos separados al tope son sus cuernos, la oveja es un animal del oeste (la oveja y la cabra llevan el mismo nombre y tienen las mismas connotaciones en China).

Estación y hora: mitad del otoño (tiempo de la cosecha); el atardecer.

El tiempo: nublado.

Puntos cardinales: oeste.

Otras asociaciones: una hechicera; decadencia y descarte de las cosas (en la cosecha); podredumbre y rotura; remoción de los frutos que cuelgan de las ramas; caer a suelo y estallar (como los frutos de la cosecha); romper, quebrar; metal; defensa, armas; metal; matar; tierra dura y salada; una concubina.

La estructura del trigrama indica dureza, tenacidad y obstinación interior, pero por afuera (la línea *yin* superior) es flexible y dócil.

Dios les brinda a las creaturas placer en ☱. Pero el exceso de placer tiene sus peligros, por eso la dupla placer / destrucción es el eje de significado de este trigrama.

Pronunciación de los caracteres chinos

Para indicar la pronunciación de los caracteres chinos se utiliza la romanización *Pinyin*, que es la transcripción en caracteres latinos de los sonidos de los caracteres chinos que se viene utilizando en las últimas décadas. Como los sonidos no son iguales que en castellano se muestran a continuación las equivalencias:

b como la p de papá
p más abierta, como put en inglés
m como en castellano
f como en castellano
d como la t en castellano
t más abierta, como tea en inglés
n como en castellano
l como en castellano
g como la c de corazón
k más abierta, como key en inglés
h aspirada
j como una ch un poco aspirada
q el sonido ch en castellano
x bastante semejante al castellano
z como en italiano, algo como ts
c un sonido algo semejante, más sostenido
s como el castellano en sal
zh como la ch en muchacho
ch como la ch de church en inglés
sh con cierta semejanza al sonido inglés
r muy suave, como la de loro en castellano

Las vocales son a, i, o, u, que se pronuncian igual que en castellano; e, que se pronuncia colocando la boca entre la e y la o del castellano y ü que es un sonido entre el de i y el de u.

Además, el chino es un idioma con 4 tonos.

Primer tono	alto y sostenido	*mä*
Segundo tono	ascendente	*má*
Tercer tono	descendente-ascendente	*mâ*
Cuarto tono	descendente	*mà*

Los tonos también pueden indicarse con números: *ma1, ma2, ma3, ma4.*

El ejemplo más común para ilustrar la importancia de los tonos y la multiplicidad de significados para la misma sílaba *Pinyin*, es el del sonido *ma*: En primer tono significa 妈, mamá o 抹, limpiar, en segundo 吗, preguntar o 麻,cáñamo, o 蟆, rana, en tercer马, caballo y en cuarto 骂, insultar o 杩, cabecera de la cama. En todos los casos el contexto aclara el significado.

Glosario

Las palabras señaladas con negrita en el texto subsiguiente tienen entradas en el Glosario donde se explica su significado.

Cruzar (o cruzando) el Gran Río: En la antigua China, cruzar ríos, ya fuera vadeándolos o pasando sobre el río congelado, no era una tarea fácil porque había muy pocos puentes. El cruce implicaba peligros y dificultades, por eso cruzar el gran río significa llevar a cabo una tarea difícil.

Defecto, Sin (no hay defecto o no cometerá errores): Los caracteres chinos para este término son *wú jiù*, que se pueden traducir como "sin culpa, sin error". Observe que este pronóstico no promete el éxito, sólo dice que no habrá culpa ni sucederá ninguna calamidad.

Determinación: El carácter chino *Zhen*, traducido como "determinación", también significa "perseverancia, persistencia, constancia, firmeza, recto, correcto, verificado, cierto; puro, leal". El significado original de *Zhen* era "determinar un asunto incierto a través de la adivinación", pero con el tiempo se utilizó para indicar un fuerte compromiso para proceder correctamente, por lo tanto, en otras versiones del *Yijing* suele traducirse como "perseverancia", pero la palabra "determinación" es más fiel al significado de *Zhen*, debido a que abarca tanto el significado original como el posterior.

Dictamen, El: Se trata de un texto (llamado *Guaci*) que explica el significado del hexagrama y del cual se toma el título de los hexagramas, generalmente usando el primer carácter del mismo, aunque algunos hexagramas toman los dos primeros caracteres del Dictamen como título.

Diez Alas: Las **Diez Alas** son diez anexos añadidos al **Zhouyi** varios siglos después de ser escrito. Provienen de varias fuentes; algunas de ellas son de la escuela confuciana, pero no se cree que sean un trabajo directo de la mano de Confucio. Probablemente las Diez Alas fueron compuestas entre el 200 a. C. y el 200 d. C., durante la dinastía *Han*. La única parte de las **Diez Alas** incluida en esta traducción es La Imagen (*Daxiang*).

Hexagrama: Es un símbolo gráfico (*Gua*), un dibujo compuesto por seis líneas paralelas, combinando líneas enteras y partidas (exceptuando los dos primeros hexagramas que sólo tienen líneas enteras o partidas). Ejemplo: ䷬. Hay 64 hexagramas diferentes. Cada hexagrama también incluye textos como El Dictamen (*Guaci*), los comentarios para cada línea y en ocasiones otras secciones de las **Diez Alas**, como La Imagen (*Daxiang*). Es común el uso de la palabra hexagrama para referirse no sólo al dibujo, sino a todos los textos relacionados. Lo más probable es que los hexagramas precedan al **Zhouyi**. No se sabe si fueron creados mediante la combinación de diferentes trigramas o si los trigramas fueron abstraídos de los hexagramas.

I Ching: Ver **Yijing**.

Imagen, La: La Imagen (*Daxiang*) proviene de las **Diez Alas**.

Noble: Los caracteres chinos traducidos como noble son *jūn zǐ* y originalmente designaban a los descendientes de los príncipes y la aristocracia menor. Con el tiempo, se añadieron otros significados a esa palabra:

- Una persona de carácter noble o principios elevados.
- Una palabra honorífica usada por las mujeres para referirse a su marido.
- La filosofía confuciana añadió el concepto de "hombre superior" a *jūn zǐ*, como un paradigma del hombre perfecto que todos los confucianos toman como modelo.

En muchas traducciones del **Yijing** *jūn zǐ* se traduce como "hombre superior", siguiendo las filosofía confuciana, pero la palabra "noble" es más incluyente, ya que abarca tanto el significado original de la palabra, como significados tales como "altos principios" y "hombre superior", que fueron agregados más tarde. Traducir *jūn zǐ* como "hombre superior" es un anacronismo, porque este significado fue acuñado varios siglos después que el **Zhouyi** (la primera parte del **Yijing)** fuera escrito.

Préstamo: Se utiliza el término "préstamo" o "préstamo fonético" como una referencia a un carácter chino que sustituye a otro carácter distinto porque tiene un sonido similar.

Rey: El rey es un líder que controla un territorio y gobierna al pueblo. Puede simbolizar a cualquier persona que es una autoridad en su propio dominio (como un gerente, el jefe de una familia o un gobernante). Por lo general, la quinta línea de los hexagramas es el rey o regente del hexagrama, porque el quinto lugar es el puesto del rey, pero ocasionalmente una línea diferente puede ser el regente.

Rey Wen: ver **Wen, rey**.

Shang: La dinastía **Shang** gobernó desde el siglo 17 a. C. hasta el siglo 11 a. C. y fue seguida por la dinastía **Zhou**.

Shijing: El Libro de las odas proviene de la misma época que el **Yijing**; varias imágenes y palabras poéticas son comunes a ambos libros.

Suroeste: El suroeste significa retroceder y el noreste indica el avance, porque la dinastía **Zhou** se originó en la zona situada al suroeste de la ciudad capital de los **Shang**. Asimismo, el sur está asociado con el trabajo comunitario y el verano y el norte con la presentación de informes al amo y el invierno oscuro y frío. El ir al sur también indica la vuelta a la vida normal y evitar problemas y peligros.

Templo: El templo simboliza un proyecto compartido o una idea que convoca a la gente a su alrededor.

Trigrama: Consulte **Los Ocho Trigramas**, en la página 395.

Vergüenza (humillación o arrepentimiento): Se refiere tanto a una situación objetiva externa como a los sentimientos subjetivos involucrados en ella. Otros significados asociados son "angustia, dolor, tristeza".

Wen, Rey: El rey *Wen* fue el fundador de la dinastía **Zhou**, alrededor del año 1000 a. C., en la Edad de Bronce china. Según la tradición, fue el autor de El Dictamen de los hexagramas del **Yijing**, pero su obra, junto con la interpretación de las líneas añadida después, fue conocida como **Zhouyi**. La dinastía **Zhou** sustituyó a la dinastía **Shang**. Ver también **Zhouyi**.

Yang y Yin: En el **Yijing**, con su filosofía de cambio y transformación de los opuestos, existe el germen de las ideas que conducen a la doctrina del *Yin-Yang*, varios siglos más tarde. Tenga en cuenta que sólo el carácter chino para *Yin* aparece en el **Zhouyi**. En este libro, usualmente usamos los términos *Yin* y *Yang* para indicar los dos diferentes tipos de líneas en los hexagramas: rotas (que son *Yin*) y enteras (que son *Yang*). *Yang* se asocia a atributos tales como: masculino, activo, luz, caliente y duro y *Yin* con los atributos opuestos: femenino, pasivo, oscuro, frío y suave. Son principios interconectados y siempre se alternan constantemente en el flujo del cambio, *Yang* se transforma en *Yin* y viceversa. Las fuerzas *Yin* y *Yang* están presentes en cada persona, creciendo y menguando armónicamente con el paso del tiempo.

Yijing: Ver **Zhouyi**.

Zhou: La dinastía **Zhou** gobernó desde alrededor 1000 a. C. hasta 221 a. C. Sustituyó a la dinastía **Shang**. Ver **Wen, Rey**.

Zhouyi: El libro de los cambios originalmente era conocido como **Zhouyi** (El cambio de los **Zhou**). La tradición nos dice que el rey **Wen** escribió el texto que acompaña a cada hexagrama: "El dictamen" y que su hijo, el duque *Dan*, añadió textos explicativos para cada línea de los hexagramas. Los textos debido a rey **Wen** y su hijo fueron conocidos en su época –la Edad de Bronce en China– como **Zhouyi**, siendo **Zhou** el nombre de la dinastía iniciada por el rey **Wen**. Después que se le añadieron las **Diez Alas**, el **Zhouyi** fue llamado **Yijing** (Libro o Clásico de los Cambios).

Consultando al oráculo con los palillos de milenrama

Los palillos o tallos de milenrama se han usado durante los últimos tres mil años como la forma tradicional de consultar al *Yijing*.

Los palillos utilizados originalmente para la consulta oracular, eran tallos de la milenrama asiática, *Achilea mongolica;* en Europa, la especie más parecida es la milenrama europea, *Achilea millefolium*. Muchas personas utilizan palillos delgados de madera o bambú en lugar de tallos de *Achilea*, que muchas veces es difícil de conseguir.

Ignoramos el tamaño de los palillos usados en la antigüedad, pero cualquier grosor, longitud y material serán adecuados si usted puede manipularlos con comodidad.

El número de palillos a usar es cincuenta. Si el número de palillos no es el indicado no se obtendrán resultados correctos, por eso ellos deben ser almacenados de manera segura para evitar la pérdida de cualquier palillo. Es recomendable guardarlos envueltos en un lienzo limpio o dentro de un recipiente.

Observe que las probabilidades de obtener líneas mutantes *yang* o *yin* en una consulta oracular, no son las mismas usando palillos que si se emplean monedas.

Con las monedas existe la misma probabilidad de obtener líneas mutantes *yang* o *yin*, pero con los palillos, hay más posibilidades de obtener líneas mutantes *yang* que *yin*.

Al tirar las monedas hay una probabilidad de uno en ocho de obtener una línea mutante, ya sea *yang* o *yin*, pero si se usan los palillos habrá una probabilidad en dieciséis de obtener una línea mutante *yin* y tres probabilidades en dieciséis de conseguir una línea mutante *yang*. Las líneas estáticas que no mutan, ya sean *yang* o *yin* tienen las mismas probabilidades de aparecer usando las monedas, pero con los palillos hay un poco más de probabilidades de obtener líneas estáticas *yin* que *yang*.

En la práctica, ambos métodos oraculares funcionan igualmente bien. La principal diferencia es que lanzamiento de las monedas es más sencillo y veloz, mientras que el uso de los palillos es más complicado –por lo menos hasta que uno se acostumbra a usarlos– y toma más tiempo. Puede ver cómo consultar el oráculo con monedas en la página 15.

Como usar los palillos

Desenvuelva los 50 palillos, pero vuelva a poner uno de ellos en su envoltorio original, porque sólo usará 49. Repita seis veces los pasos indicados a continuación, para obtener las seis líneas del hexagrama –puede llegar a obtener dos hexagramas distintos, de haber líneas mutantes–. Al dibujar un hexagrama siempre hágalo desde abajo hacia arriba.

1. Divida los 49 palillos al voleo en dos montones, que colocará sobre la mesa, uno a su izquierda y el otro a su derecha.
2. Tome un palillo del montón de la derecha y colóquelo entre los dedos meñique y anular de su mano izquierda.
3. Tome el montón de la izquierda con su mano izquierda y comience a sacar grupos de cuatro palillos del mismo colocándolos aparte (en un montón al que llamaremos Grupo A), hasta que queden 4 o menos palillos en ese montón. Coloque los palitos remanentes entre los dedos medio y anular de su mano izquierda.
4. Agarre el montón que dejó a su derecha con su mano izquierda y comience a sacar grupos de cuatro palillos del mismo, colocándolos aparte (en el Grupo A), hasta que queden 4 o menos palillos en ese montón. Coloque los palitos remanentes entre los dedos medio e índice de su mano izquierda.
5. Si hizo todo bien, le quedarán 9 o 5 palillos en su mano izquierda: el primero que colocó entre sus dedos meñique y anular mas los dos remanentes del conteo. Si hay 9 palillos anote un número 2, si hay 5 anote un 3. Usted tendrá que escribir tres números para cada una de las seis líneas del hexagrama, los que luego sumará. Por ejemplo 3 + 2 + 3.
6. Ponga aparte los palitos que tiene en su mano izquierda (exceptuando el que tiene entre los dedos meñique y anular) en un montón que llamaremos Grupo B. Divida al voleo los palitos que quedan en el Grupo A en dos montones, que colocará sobre la mesa, uno a su izquierda y el otro a su derecha. Repita los pasos del 3 al 6 hasta que haya escrito los 3 números que necesita para obtener la línea que está calculando.

7. Después que haya escrito los tres números que forman la línea recién obtenida, junte todos los palillos que hay sobre la mesa (grupos A y B) y repita nuevamente todos los pasos previos desde el principio. El proceso terminará cuando haya escrito los tres números que definirán cada una de las seis líneas del hexagrama. Los números para cada línea se escriben en renglones sucesivos, de abajo hacia arriba, como se muestra en la tabla inferior

Después de terminar su consulta con los palillos, habrá escrito seis renglones con números, como muestra el siguiente ejemplo:

6ta línea	2 + 3 + 3 = 8	→	Una línea *yin* estática
5ta línea	2 + 3 + 2 = 7	→	Una línea *yang* estática
4ta línea	3 + 2 + 2 = 7	→	Una línea *yang* estática
3ra línea	3 + 3 + 3 = 9	→	Una línea *yang* mutante
2da línea	3 + 2 + 3 = 8	→	Una línea *yin* estática
1er línea	2 + 2 + 2 = 6	→	Una línea *yin* mutante

Cada distinto número corresponda a diferentes tipo de línea:

8 =	Una línea *yin* estática
6 =	Una línea *yin* mutante
9 =	Una línea *yang* mutante
7 =	Una línea *yang* estática

Las líneas partidas son *yin* y las enteras son *yang*. Si usted obtiene una o más líneas mutantes, eso generará un segundo hexagrama, que será similar al primero, pero con todas sus líneas mutantes invertidas. *Yin* se volverá *yang* y viceversa.

Ejemplo:

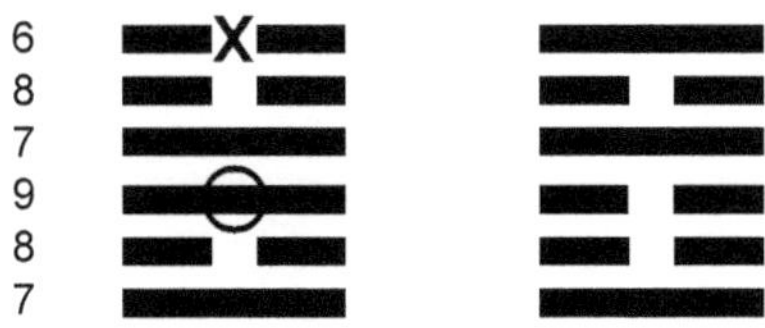

El primer hexagrama (55) tiene dos líneas mutantes, una *yang* en la tercera posición y otra *yin* en la sexta posición.

El segundo hexagrama (21) se forma copiando el dibujo del primero, pero reemplazando cualquier línea mutante (*yang* o *ying*) por su inversa. Si la línea mutante es *yang*, una línea *yin* se dibujará en el mismo lugar en el segundo hexagrama, si la línea mutante fuera *yin*, se dibujará una línea *yang*. En este ejemplo sólo cambian las línea tercera y sexta.

De no haber ninguna línea mutante, sólo obtendrá un hexagrama.

Para saber como interpretar la respuesta vea **Cómo consultar el oráculo**, en la página 13. Para saber qué número de hexagrama le corresponde a su dibujo vea la tabla que está en la próxima página.

Tabla de trigramas y hexagramas

Superior ▶ Inferior ▼	*Quian* ☰	*Zhen* ☳	*Kan* ☵	*Gen* ☶	*Kun* ☷	*Xun* ☴	*Li* ☲	*Dui* ☱
Quian ☰	1	34	5	26	11	9	14	43
Zhen ☳	25	51	3	27	24	42	21	17
Kan ☵	6	40	29	4	7	59	64	47
Gen ☶	33	62	39	52	15	53	56	31
Kun ☷	12	16	8	23	2	20	35	45
Xun ☴	44	32	48	18	46	57	50	28
Li ☲	13	55	63	22	36	37	30	49
Dui ☱	10	54	60	41	19	61	38	58

Cada hexagrama está compuesto por dos trigramas, uno encima del otro. El inferior está formado por las tres líneas de abajo y el superior por las tres líneas superiores.

La tabla de esta página muestra los números de hexagrama para todas las combinaciones posibles de los ocho trigramas.

DEL MISMO AUTOR

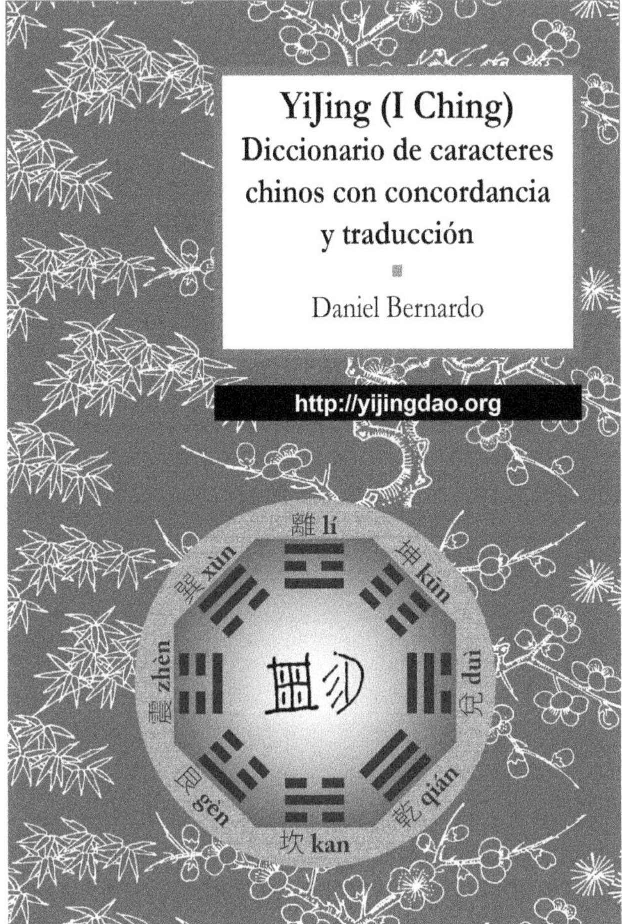

Esta obra incluye una presentación bilingüe, español/chino, del texto original de los 64 hexagramas del Libro de los Cambios, mostrando los caracteres chinos junto al texto de la traducción en español.

La traducción intenta ser tan literal como sea posible al texto chino original. La mayor parte del libro la ocupa un diccionario chino/español de caracteres chinos que comprende los 993 ideogramas utilizados en el texto de los 64 hexagramas. Asimismo tiene una concordancia para ubicar la presentación de cada carácter a lo largo del texto de los hexagramas y otros apéndices.

Tapa dura: 319 páginas Idioma: Versiones en inglés y español

Tamaño: 152 x 229 x 23 mm

Puede conseguirse **Amazon.com, Amazon.co.uk** y **Amazon.es**

Puede descargar una versión resumida gratuita desde **http://yijingdao.org**

Ingram Content Group UK Ltd.
Milton Keynes UK
UKHW051648200723
425463UK00024B/142